就业流动中的生存图景和影响模型

南日女的个案研究

严静 著

THE LIVING PROSPECT AND EFFECT MODEL DURING JOB MOBILITY:

Take Nan-ri Females as the Example

社会科学文献出版社
SOCIAL SCIENCES ACADEMIC PRESS (CHINA)

摘　要

农村女性就业流动是和谐社会性别关系和“三农”问题的重要组成部分，该问题的妥善解决可以使农村女性获得经济独立，提高社会地位并争取男女平等。本书以空间迁移和身份变迁为切入点探讨女性就业流动，建构女性就业流动的理论解释框架和运作逻辑，并提出研究假设；通过问卷调查和个案访谈对女性就业流动进行多层次与多指标的统计描述和生存状况的全景呈现；多元回归模型的分析结果和结构方程模型的验证结果都表明，个体变量、家庭经济发展能力变量、社会性别系统变量对女性就业流动意愿、就业流动满意度有综合影响，多重形塑女性的思想逻辑和行为范式；最后从个体、家庭、社会三个层面提出优化女性就业流动的本土化路径和政策体系。

本书有如下的一些发现：

1. 探讨女性就业流动意愿和满意度对深化女性就业和社会分层研究具有指标意义，不同的选择逻辑会带来职业层级、家庭地位、社会地位变化而衍生的身份变迁，对于女性就业、社会地位提升、和谐两性关系的构建具有长远影响。

2. 女性就业流动的意愿和满意度受到个体、家庭经济发展能力、社会性别系统的综合影响。女性的人力资本变量会影响女性的就业流动，表现出差异化的流动意愿和满意度，从而带来女性身份的变迁；家庭经济发展能力是影响女性就业流动的家庭禀赋；社会性别系统业已形成的现实语境多重形塑女性的思想逻辑和行为范式。

3. 由女性就业流动而产生的变迁结果，会唤醒女性的阶级意识，使抗争表达成为弱者的社会行动隐喻，有利于女性家庭、社会地位的提升，但身份地位的提升又会异化为女性权力的过度膨胀和家庭责任感的缺失，对传统性别分工、夫妻权力地位、家庭功能带来挑战。

4. 合理引导女性就业流动的重点在于对女性的职业保护和女性人力资本的积累。

关键词：就业流动；生存图景；影响模型

Abstracts

Job mobility of rural women is an important part of harmonious gender relations and the rural society. A proper solution of the problem can realize the rural womens economic independence, improve their social status and striving for equality between men and women. The article uses the spatial migration and identity changes as a starting point, constructs theory explanation framework and operated logic, putting forward the hypothesis; It also uses multi statistical index to describe the women's job mobility through questionnaire investigation and case interview; the rusults of multiple regression analysis and structural equation model indicate that individual variables, family economic development ability variables, social gender system variables have comprehensibe effect on women's desire and satisfication of job mobility, multiply shapes women's thought of logic and behavior pattern; Finally, the article puts forward localization path and policy system from the aspects of individual, family, society.

It concludes as below:

Firstly, it has index significance to investigate the choose and satisfaction of female job mobility in deepening the understanding the female employment and social stratification. Different choose logic will bring identity change which has long-term effects on female employment, social status, the harmonious relations between the sexes.

Secondly, the choose and satisfaction of female job mobility are greatly influenced by individual, family economic development ability, social gender system. Female human capital variable will affect the job mobility with differentiation which brings female identity change. Family economic development is a family endowment which influences female job mobility. The realistic context of social gender system shaped female thinking logic and behavior model multiply.

Thirdly, the change result of female job mobility will arouse women's class consciousness which helps improving female status, but the improvement of identity status will lead to executive power and the lack of family responsibility, at the same time, it is a challenge to the traditional gender division, couple power status, family function.

Forthly, A reasonable way to guide female job mobility is the occupation protection and female human capital accumulation.

Key Words: Job Mobility; Living Prospect; Effect Model

目 录

Content

第一章
引　言

第一节　问题的提出

在外人的眼里，南日岛是从大陆分离出去的一个小岛，那里的人应该过着世外桃源般传统悠闲的农耕生活。而事实的情况却是，海岛位于台湾海峡上，是福建的第三大岛，总陆地面积 52 平方公里，岛岸线总长 66.4 公里。它由 111 个岛礁组成，其中面积 0.1 平方公里以上的有 18 个，故有“十八列岛”之称，论其人口也有 6.1 万之众。诚如笔者屡次踏访南日岛的经历，新鲜而充满着憧憬，神秘而带着亲切的盼望，总是在每次的停留后对海岛有着更深刻的认识和领悟。

之所以要将南日岛作为笔者博士论文的研究地点，有着多重的考量。南日岛最大的魅力在于其原生态的思想观念和生活方式，岛民自明朝以来陆陆续续由大陆迁徙而来，在岛上待久了，都不愿意回到大陆，于是就祖祖辈辈地生活栖息下来，而且海路的交通异常不便，轮船是最近几年才有的，要出岛就要坐很小的渔船，在海里迎着风浪前行，颠簸得很厉害，等到大陆早已去了半条命，因此，海上风浪的险恶使得岛民很少出岛，于是，岛上只有男人才经常有到大陆的机会，而女人却只能受限于海岛上，难得出岛，过着“不知有汉，无论魏晋”的世外桃源生活，因此，岛上的中年女人很少会说普通话的，普通话似乎成为年轻人和男人的特权。中年女人作为一个典型的群体，与男人相比有着研究的对比性，且与青年女性也在诸多方面有着强烈的反差，性别间的比较和女性群体内的比较恰恰成为本书的旨趣之一。除此，大部分的时间，岛民安心在岛上过着日出而作日落而息的生活，或捕鱼或耕作，与外界处于较为封闭的状态，这也使得海岛保留着更多传统的色彩，岛民的思想观念较为保守，生活方式也较为单一。而与此同时，随着海岛交通不便状况的打破，现代化的元素大量进入海岛，岛民为了谋生的需求，以就业作为媒介，开始如候鸟般往返于海岛和大陆，改变了海岛的生活习惯和思想观念。在现代化的冲击下，传统观念开始瓦解，但却还相当程度地保留着传统的残余。通过对海岛的考察，可以充分了解传统和现代两个利益链条的交融和博弈，以及岛民在现代化浪潮中，其思想观念、行为范式以及选择逻辑等方面有着怎样的变迁，从对其原因和影响因素的探索中，还原一个生动有趣的且多元立体的海岛。

而本书拟将女性就业流动作为研究的切入点，则有着时代和世界的语境考虑。布尔迪厄认为，“一个场域可以被定义为在各种位置之间存在的客观关系的一个网络，或一个架构。”（布尔迪厄，1998）在中国的现代化场域中，各个组织结构间的位置得到客观的界定，附着于这些位置中的权力和资本在结构中得以分配，并在此客观关系上形成支配关系、屈从关系、结构上的同源关系等。现代化要在中国这个场域中发展，必须符合场域的惯习，受到外在客观条件和内在关系的双重影响，遵守中国场域的“游戏规则”，在这一过程中，中国的现代化必然表现出不同于西方现代化模式的个体化路径。但是，也要清楚地看到，中国场域的现代化过程必然衍生出诸多现代化产物，如就业流动、城乡二元经济、劳动力市场分割等，与此同时，社会经济结构的转型、多种所有制的共同发展以及城乡区域间发展的差距，都为就业流动创造了可能性和现实性，在近年来的劳动力流动中，年轻女性作为重要的流动群体，成为区域流动的重要组成部分，其流动的人数、流动的区域、流动的速度、流动的频率可谓空前。据国家统计局公布的数据，2005 年全国流动人口有 14735 万，跨省流动人口 4779 万，其中女性流动人口占 49.5%，基本与男性持平（国家统计局，2006）。传统观念中女性在家相夫教子的形象逐渐被打破，父权制下女性依附和从属的角色地位受到挑战，女性的空间迁移带来身份地位的变动，女性更加追求经济和人格独立，在社会流动层级上更加追求向上流动。以就业流动作为切入点，更能体现女性发展的时代变迁，更具有现代化的气息，也能与传统女性和现代男性形成鲜明的对比，更具现实意义。

与此同时，对南日岛多次的造访也给笔者带来情绪和心灵的震撼，从南日岛匪夷所思的文化习俗、极端的生男偏好和婚配方式可见一斑，令人感到不可思议的“文化震惊”。于是，笔者也很想通过对南日岛的田野调查，探讨一下海岛女性的空间迁移和身份变迁。很想知道在这个相对传统和保守的海岛，女性身体被文化习俗规训的状况，她们如何适应并接受海岛的文化理念并转变为自觉的行为范式，以及在现代化的冲击下，海岛年轻的女性通过就业流动的方式，接触现代生产生活方式潜移默化的渗透，她们的身份地位有着怎样的变化，还带着多少的传统文化积淀？本书能否与潘毅对于珠江三角洲工厂打工妹的研究、何明洁对于和记酒楼姐妹分化的研究一样，以小见大，从个别推及总体，具有典型性和代表性呢？不同的研究对象、不同的研究方法、不同的调查地点，会对女性就业流动的意愿和满意度产生怎样的差异化影响？

再往下追问，传统利益链条对于海岛女性的角色期待是相夫教子、安于现状、恪守妇道，遵循父辈的生产和生活方式，多少海岛女性还是这样的生活模式，她们的年龄构成和区域分布有着怎样的差异化体现，她们在海岛上如何谋生并有着怎样的追求；而被现代利益链条所吸引着的海岛女性，她们就业流动的区域分布、从事的行业、职业层级、单位类型是怎样的现实状况，她们要突破传统的藩篱，面临着怎样的阻力，需要多大的勇气才得以成行。她们的父辈，她们的配偶，她们的身边人所形成的庞大的社会秩序网络，对于这样的就业流动趋势抱持着怎样的态度，给予她们多大的帮助和支持，抑或设置了怎样的障碍。我们能否就这样认定，传统利益链条代表着价值理性，而现代利益链条代表着工具理性，二者的交糅和博弈使海岛女性据此做出因应的行为选择。

在不断追寻原因的过程中，笔者的研究带着更多的是性别视角，就业流动模型和规律、就业流动的历史谱系、性别比较的差异性等，不断给笔者提供研究的闪光点和灵感，成为有力的分析工具。除此，笔者发现就业流动中，女性个体系统也在不断地形成和完善，促使她们能够与职位相契合，也在空间迁移和身份变迁中获得优势的地位。另外，家庭经济发展能力囊括着家庭经济资本、家庭人力资本、家庭社会资本、家庭自然资本、家庭政治资本五个维度，其中，家庭经济发展能力通过纵向渗透限制着女性就业满意度的效用函数，产生女性人力资本与非人力资本之间的交互作用，父母的投资理性对于女孩人力资本的投资也产生效用的差异性；家庭性别观念在家庭场域里对女性身体的还原和形塑，产生性别等级化身体，并通过家庭成员决策能力赋予女性不同的就业机会；家庭以礼物交换和夸富宴为媒的交往中，建构了家庭关系网络的规则秩序，使女性依附于家庭秩序中并产生弱嵌入性；家庭捐赠的遗传天赋又会带来男孩和女孩的竞争博弈；家庭身份的社会认同也在一定程度上对女性就业流动产生潜移默化的影响。同时，社会系统也有强大的解释力，父权制的生产机制压抑和控制着女性，使其受到一定的牵制而不能自由流动；弥散的低度不平等也造成了女性就业流动中就业满意度的差异；传统性别观念的沉淀也限制了女性内环境与社会外环境间沟通和资源互换的顺畅。

对于就业流动，她们的未来发展前景似乎复杂多变、难以预测，她们也迷茫，她们也在思考，出路和方向在哪里，就业流动会否带来一系列的身份地位变迁，谁能指给她们一条通往幸福的康庄大道?

简言之，本书将性别视角作为自始至终的主线，并糅入了家庭经济发展能力理论、社会性别系统理论、就业流动的多元回归模型等，试图以此解释女性就业流动的个体、家庭、社会三个维度的影响图式，也尝试采用管理学的结构方程模型加以论证，并力图将女性就业流动的意愿和满意度等问题的特殊性嵌入于现代化的社会场域中，获得富于学缘背景和价值尺度的科学论断，以资对女性的未来发展和相关政策的制定有所裨益。

第二节　研究的目标与意义

一　研究的目标

总体而言，本书所要达到的研究目标主要有如下几个：一是对前人的相关研究做一个系统的梳理，追溯国内外学术界对于女性就业流动研究的历史谱系，采用具有性别特色的研究视角和研究模型，实证分析的结果以及数据质量，了解不同学科对于女性就业流动的介入和学术产出，并对专家学者的学术努力给出尽可能恰如其分的评价，既为本书奠定一个扎实的学术基础，又为今后学者后续的探索研究提供一个新的学术起点，并在对前人研究成果的深刻理解中为本书进行学术定位。

二是对女性就业流动给出一个全景式的描述，这样的描述须涵盖女性就业流动的现状，如女性就业流动的特征、女性的年龄结构、女性的经济特征、女性的社会特征，涉及外在社会性别系统，如传统性别观念、父权制、性别角色期待、社会性别话语等，并跟进探讨女性的家庭经济发展能力这个以往学术界都还没关注的问题。基于女性就业流动的全景式描述，总结女性就业流动的规律和未来发展趋势，以此为就业流动的性别比较、女性不同生命周期、不同就业流动意愿的比较提供依据，并为后面的解释分析和对策讨论确定重点的研究对象和主要的现实问题。

三是对女性就业流动的影响因素予以比较科学的解释。在理论解释方面，通过多变量交叉互表的建立和包含中介变量的多元回归分析，揭示个体控制变量的年龄、文化程度、是否党员，以及家庭控制变量的婚姻状况、户口性质、7周岁以下子女数对于女性个体系统的形成和完善，使之得以与职位相契合，实现空间迁移；估计由家庭经济发展能力衍生的家庭经济资本、家庭人力资本、家庭社会资本、家庭自然资本、家庭政治资本对于女性身体和身份的塑造，以及影响的性质、程度和机制；剖析外在社会性别系统长期规制而形成的文化沉淀和制度体系给女性就业流动带来的性别障碍，使得她们在流动中要付出更大的代价。这部分是本书研究的关键环节，笔者尝试能给女性就业流动的影响框架体系和理论建构提供有价值的线索和内容。

四是对女性就业流动的未来发展做前瞻性思考，并从人文关怀、公共服务和建构和谐社会的角度，为更好地引导女性社会流动，使之能兼顾家庭并与社会有效对接和联动，进行系统的对策思考。笔者也希望能进一步拓展研究视野，探讨女性就业流动对家庭经济发展能力的反向影响，涉及女性就业流动这样的行为模式对于家庭收入与消费、子女教育、家庭网络资源和地位、家庭的乡城迁移、家庭养老诸多方面的影响；总结社会歧视的根源并促使社会性别观念实现再社会化；创新身体社会学的理论解释，从社会性别系统维度建构文化、权力对于女性身体的重塑；希冀通过女性就业流动的实证研究方法，能触类旁通地对女性就业流动所带来的正向和反向后果的反思；以资从个体、家庭、社会三个层面提出引导女性合理化就业流动的政策体系。

二 研究的意义

本书的意义主要体现在学术和现实两个层面：

（一）学术层面

从学术层面来看，它拥有理论、方法论和学科建设的多元价值。在理论方面，我们采用开放式的、头脑风暴式的研究，通过对西方相关理论成果有选择的借鉴，把过去比较封闭的国内研究扩展到国际化的前沿，这有利于我们对女性就业流动问题现有理论的不足进行润色补充，并加入多元化的国际元素，以此夯实该领域的研究基础和拓宽研究的视野。与此同时，我们对国内外文献的系统梳理和总结，也可以发现现有研究的不足和未来学术发展趋势，并以此作为日后进一步研究的理论起点，尝试以创新的思维和方法来跟进学术研究，避免低水平重复。再者，将家庭经济发展能力、社会性别系统作为影响女性就业流动的独立概念提出并系统研究，归纳整理与家庭经济发展能力和社会性别系统相关的文献，提炼内容并梳理和寻求文献蕴含的内在逻辑，上升到理性认识，并以此解释家庭经济发展能力和社会性别系统对女性就业流动的运作逻辑和影响机制，是具有创新意义的内容提升。

从方法论来看，本书所使用的理论工具是时段理论和现代化的典型学方法。在就业与流动的历史谱系方面，将历史分解为若干时段，并提出与时段相契合的概念和观点；在样本的选择上，不拘于社会统计上由部分推及总体的代表性，采用现代化的典型学方法，制定二分法概念，寻求每一端（传统与现代）所代表的典型特征，在互斥与交错中进行对比分析。而且，本书还采用多样本分析取代传统习惯的单一样本研究，用不同样本之间的外部比较替换过去局限于样本内部的分析，如男性和女性在就业流动方面的比较，女性在不同生命周期的就业流动比较，女性在不同就业流动意愿的比较，都可以从不同的维度探寻样本内部和样本外部的多元因素，达致“比较出真知”。除此，本书还从双变量对比扩充到多变量的交叉互表的统计检验，从理论假设分析发展到多元回归的统计估计，从单纯统计各自变量的影响程度和性质提升到对影响机制的运作逻辑的深入认知，并以更加科学和先进的抽样方法和统计手段获得翔实的数据资料，使调查数据更有解释力。而寓于其中的客观变量和主观变量，也嵌入于具体调查实践的操作中，互相影响，彼此建构。这些主客观变量以及由此衍生出的指标多重形塑就业流动的意愿和满意度，而对家庭经济发展能力的五个资本指标做科学化拟定，可以将多级影响指标量化、具体化并建立多元回归模型以探讨其作用机制。这较之于学界以往更多描述就业流动的宏观经济和社会影响因素，较少分析微观变量和影响因子，更加立体生动，也更有积极意义，有助于研究视角的拓展和认识的深化。

从学科建设来看，对于女性就业流动的研究推进了人口迁移的人口学、就业问题研究的社会学和社会性别视角的女性学三个学科的连接，拓展了三个学科的研究领域和学科视角，建构多学科体系。对人口学而言，就业流动更多是身体的空间迁移，对社会学来说，就业流动更多是身份的变迁，对女性学来说，就业流动更多是妇女挣脱现有体制的藩篱获得自身解放的方式，三个学科间的交融，有利于在研究人口迁移中加入非人口因素，在非人口因素中渗透性别的视角，使人口学的变量引入到制度和文化分析框架中来，作为控制变量起作用，还能把社会学的变量引入到对社会性别系统和家庭经济发展能力的理解中，在比较中获得对女性的独到认识，从而在社会和家庭层面探讨女性就业流动的未来发展，也促使婚姻家庭观念的转变和制度性变革能由此作为起点进一步展开。除此，本书还把管理学的结构方程模型运用到对女性就业流动影响因素的假设检验中来，有效地将因子分析和多元回归分析结合起来，在结构化的层面上探讨自变量对于因变量的影响路径，以此做出比较、检验假设和得出结论。此方法的采用将是女性社会学研究方法的挑战和创新。

（二）现实层面

在现实层面，本书的研究首先体现了以人为本的人文关怀。不论是她们的个体能力和素质，还是她们的整体性别属性，都在很大程度上受制于传统观念潜移默化的影响，使她们不得不在个人发展和家庭利益中做出选择和取舍。调查中抽取若干典型人物做个案访谈，可以从微观方面了解她们的情感变化和真实体会，形象生动地展示她们就业流动的经历，也可以有针对性地给予她们迫切需要的人文关怀，由此制定的政策和干预措施才能有的放矢。另外，基于个体和家庭控制变量、家庭经济发展能力变量和社会性别系统变量建构起来的指标体系，可以兼顾宏观和微观层面的考察，深入理解各变量影响的强度和方向，寻求女性就业流动的主体特征、变化趋势、运作规律、发展需求，可以方便本书提出兼具轻重缓急的差异化的、有先后次序的可行性路径，并能把女性个体和家庭、社会环境有效对接，这都是十分必要的。最后，本书的研究还符合男女平等基本国策的要求与社会长远发展的利益需要，从描述和分析女性就业流动的状况和未来发展趋势入手，估计传统性别文化和父权制的负面影响以及女性牺牲自己满足丈夫和家庭的发展需要所造成的负面后果，这使得本书能进一步强化妥善解决女性就业流动问题的性别意义，并推动政府、社区、家庭从社会和谐和可持续发展的角度统筹女性的未来发展。

第三节 研究的基本思路和主要内容

一、研究范式的选择

（一）理性的典型学研究范式

典型学研究范式是对现代化思考的古典研究范式，该研究范式认为要理解从现代前社会[①]向现代社会的转变，必须制定二分法的概念，此概念的每一端选择可以代表传统或现代社会的典型特征，以进行对比分析。在理论逻辑上，概念的两端是互斥的典型特征，在现实实践中，概念的两端则是交错渗透的，现代社会仍存在传统的因素，传统社会蕴含现代的萌芽（刘大可，2010）。本书对于质性研究部分基本采用典型学的方法，考察女性就业流动中理性行动的两端——价值理性和工具理性，以此来解释传统和现代双重利益链下个体行动者所寄寓的意义，一方面是价值合理的传统行为，代表社会和家庭对于女性的性别角色期待和行为塑造，规制和决定着女性的思想观念和行为模式；另一方面是手段合理的现代行为，代表女性作为个体行动者，有着积极性、主动性和创造性，对于社会和家庭传统藩篱的冲击，实现自我价值的努力，重构社会秩序的作用。这两个方面带有深刻的结构二重性的思想蕴含。

（二）批判性重构的女性主义研究范式

传统社会科学研究方法对于女性的研究建立在对女性经验的排斥和研究范式的男性化视角，批判性重构的女性主义研究范式则立足于女性，消除男权主义和性别压迫，重新诠释传统的社会研究议题和框架，建构新的女性主义研究主题和话语方式，并衍生出整合、分离和重构三种研究取向。本书在调查研究中，力求引入性别因素，融合了传统性别观念、父权制、性别角色期待、社会性别话语等性别变量，以女性经验和心理感悟作为研究的主要内容，规避了性别偏见的影响，更全面真实地体现女性就业流动的全方位图景；同时，将男性和女性分开来，将性别作为研究的虚拟变量，探讨男性就业流动和女性就业流动在流动特征、流动意愿、流动满意度等方面的差异性，遵循性别比较的分离主义；此外，本书还修正和补

① 现代前社会主要是指现代化发动前夕的社会形态，而非自古以降先于现代社会的一切社会形态。

充了现有文献综述中存在的不足，对理论体系和研究方法进行重塑和建构，基于女性主义的研究范式和知识理论，希冀使女性和女性经验在研究中得以呈现生动、鲜活的生存图景，真正从女性的视角审视女性就业流动，并在此过程中进行批判性重构，建构女性主义话语体系，以女性化的语言进行表述和阐释。

（三）同质异构的研究范式

西方现代美学的一个重要倾向就是重新建构艺术本体，用形式而不是用社会文化关系来解释艺术，在此趋势下，“异质同构”应运而生。“异质同构”是“格式塔”心理学的理论核心，该学派的代表人物是美国现代心理学家鲁道夫·阿恩海姆。“格式塔”心理学派认为在外部事物的存在形式、人的视知觉组织活动和人情感以及视觉艺术形式之间，有一种对应关系，一旦这几种不同领域的“力”的作用模式达到结构上的一致时，就有可能激起审美经验，形成“异质同构”。正是在异质同构的作用下，人们才对外部事物和美术品的形式中直接感受到活力、运动和平衡等性质（鲁道夫·阿恩海姆，1976）。可以说，“异质同构”试图跨越西方传统美学上的主体与客体的对立、情感与外物的对立，在不同领域建立一种“同构”。与“异质同构”相对的是“同质异构”，是指用一种元素的形，通过对形的巧妙变化来打破原有的形态，重新组成多种新的表现结构，用以表达多种意识形态和语言形态。一般而言，形、意并存是同质异构的基本特征。

本书将心理学和艺术领域的同质异构概念引入社会学领域的女性就业流动研究，将女性理想化地设定为同质性个体，具有共同的生理基础和心理状态，并且有着共同的社会性别分工和性别角色期待，在就业流动过程中遇到同样的性别歧视、同工不同酬、天花板效应等结构性制约因素；但在另一方面，女性作为同质性个体，在就业流动中分化出身体和身份两个不同的结构形式，表现为身体在不同区域的迁移和身份在不同社会层级间的流动，本书通过分别探讨身体在不同空间的迁移及其方向，以及这样的迁移所带来的身份在社会层级上的变动，可以描述同质个体在就业流动中所表现出的身体和身份两种结构状态，以及这样两种分化的结构状态受到社会、文化、家庭在多大程度上的规制和影响，并塑造出怎样的女性思想观念和行为模式，以此可以从身体和身份两个维度对女性就业流动乃至女性未来发展做前瞻性思考。

二 研究的基本思路

第一章，引言。叙述笔者创作本书的缘起，探寻女性就业流动的学术研究背景和现实背景，阐明本书的研究目标和拟达致的范式，以及本书对于学界的学术和现实意义，用图文生动呈现研究的基本思路并明晰本书的研究视角。

第二章，文献回顾与评价。着重梳理国内外关于就业流动的相关文献，追寻就业流动的历史谱系，按时间序列进行分阶段叙述，在就业流动的现代化语境中，基于社会系统（社会变迁与国家制度、劳动成本与收益、社会性别系统）、家庭禀赋（家庭经济状况、家庭决策、家庭关系网络、家庭户籍、婚姻状况、家庭结构）、女性个体因素（女性个体的人力资本、流动女性自身居留行为模式、女性个体的发展预期与成果、女性就业流动经历）等因素与女性就业流动的关联，从理论与实践层面理清学界关于就业流动的理论解释以及实证调查的数据结果和重要发现，并总结现有研究的不足、研究范式的选择、研究的创新点，兼具社会学、女性学、人口学的研究视角。

第三章，研究设计及其操作化。基于文献资料梳理和研究对象特殊性的把握，界定就业流动与女性就业流动、家庭发展能力与家庭经济发展能力、传统与现代、女性的身体与身份等概念体系，做明晰的辨别，对可能产生的理解差异做必要的澄清。同时，构建女性就业流动的测量指标体系和影响指标体系，对女性就业流动的实际评价和测量，主要采用主客观指标相结合、三级指标逐级深入细化的测量方法，将女性就业流动的测量指标细分为女性就业流动的意愿和满意度，并列举出三级指标；对女性就业流动的影响指标体系细分为个体和家庭控制变量、家庭经济发展能力变量、社会性别系统变量，由此再继续具体化为二级指标和三级指标，并与问卷的问题相对应。在建构指标体系的基础上，提出本书的理论解释框架，阐述影响女性就业流动的多重指标间的运作逻辑，明晰其中的量化指标在现实中如何运作并提出研究假设，研究假设的具体表述与女性就业流动的测量指标体系和影响指标体系一一对应，分别从控制变量、家庭经济发展能力变量、社会性别系统变量展开，兼顾内环境和外环境，全方位审视发展现状、未来趋势和变化规律。

本书选择南日岛作为调查地点，详细描述南日岛的行政区划、地理环境和资源状况、固定人口和流动人口情况，以及文化特质，尤其对南日岛文化外源的原生地沿袭、对传统文化的保留、海洋文化个性做简要的概述，对南日女个体成长的环境和文化氛围有深刻的理解。本书以18～60岁有就业流动经历的南日岛女性作为研究对象，这便于后面对于女性群体内部的分组比较。通过建立抽样框，以分阶段抽样法和滚雪球法抽取出需要的样本，形成完整的样本数据库。采用问卷调查和个案访谈相结合的调查方式，结合社会学实证调查的数据和人类学田野调查的“厚描述”，推进调查工作的进行，保证调查的科学性和客观性。针对获得的调查数据和访谈资料，描述所获得样本中的每一个被调查对象的个人基本情况，从户口类型、年龄、教育程度、政治面貌、健康状况、婚姻状况、家庭子女性别结构、7周岁以下子女数、个人年收入、职业类型等方面展开，并与获得的男性样本的基本情况作性别比较，对样本可能出现的问题进行估计，寻求解决的办法。

第四章，女性就业流动的日常呈现。结合具体数据和个案访谈，对调查样本的就业流动经历和选择进行全景描述，全方位呈现：女性就业流动中的身体流动与类聚本能；性别身份的空间分隔与再造，描述不同的文化背景、族群认同、语言分野造成的性别身份的空间分隔和职业层级的差异，女性积极的生存理性和就业入世，在就业流动过程中所遭遇的劳动异化、与父权制的博弈，性别化的自我认同与再生产，以及女性就业流动中正向的经济地位的提升和负向的夫妻权力的博弈与换位；基于女性流动所产生的空间迁移，从家庭决策的角度展现家庭决策影响女性流动选择的全过程；性别身份的认同与异化，探讨女性性别身份的自我认同与再生产，对于身体资本的自我规训与形塑，以及在就业流动中的性别歧视与弱势地位；女性群体阶级意识的觉醒与抗争，探讨生活世界殖民化和异化劳动的极限体验下女性群体阶级意识的觉醒，以及“用脚投票”等方式的抗争表达。

第五章，就业流动的群体差异及比较。基于不同变量间的关系特征建立交叉表并进行卡方检验，以此在群体内部的比较中，对不同生命周期的农村女性作纵向比较，采用时序分析法描述差异化的就业流动状况，由性别化年龄引致的姐妹分化，以及语言分野所衍生的层级分化；对就业流出的上楼女性和就业回流的居村女性作横向比较，寻求她们身体资本的若干维度所表现出来的经济资本、社会资本、人力资本、文化资本等的比较差异，以及由此带来的身份地位的不同；在群体间的比较中，区分男女在就业流动基本状况、行为模式、流动后果、迁移决策等方面的性别差异。

第六章，女性就业流动的影响模型与解释分析。采用具有Kaiser标准化的正交旋转法提取出解释变量的公因子，建立多元回归模型加以实证分析，根据 AMOS 运算的结构方程模型的拟合结果，分析家庭经济发展能力变量、社会性别系统变量对南日女就业流动的意愿和满意度的影响路径，验证研究假设，并结合前文的实证数据和个案访谈资料，对实证结果做全方位的解释说明。

第七章，总结与讨论。总结本书关于女性就业流动的数据质量、主要发现和研究不足。对于女性就业流动所产生的积极和消极后果进行充分的估计，以反向思维逆推跟进女性就业流动对家庭经济发展能力和社会性别系统所带来的影响和挑战；对女性就业流动进行深刻的反思和总结，提出引导女性合理化就业流动的政策体系，具体涉及个体、家庭、社会三个层面；从选题和研究视角、理论分析和解释框架、数据的实证分析处理、主客观指标和个案访谈的解释说明等方面对本书进行总结，指出本书在主观理解和客观实际中存在的不足，并由此拓展开来，从前瞻性的视野审视女性就业流动问题研究的未来发展（见图 1－1）。

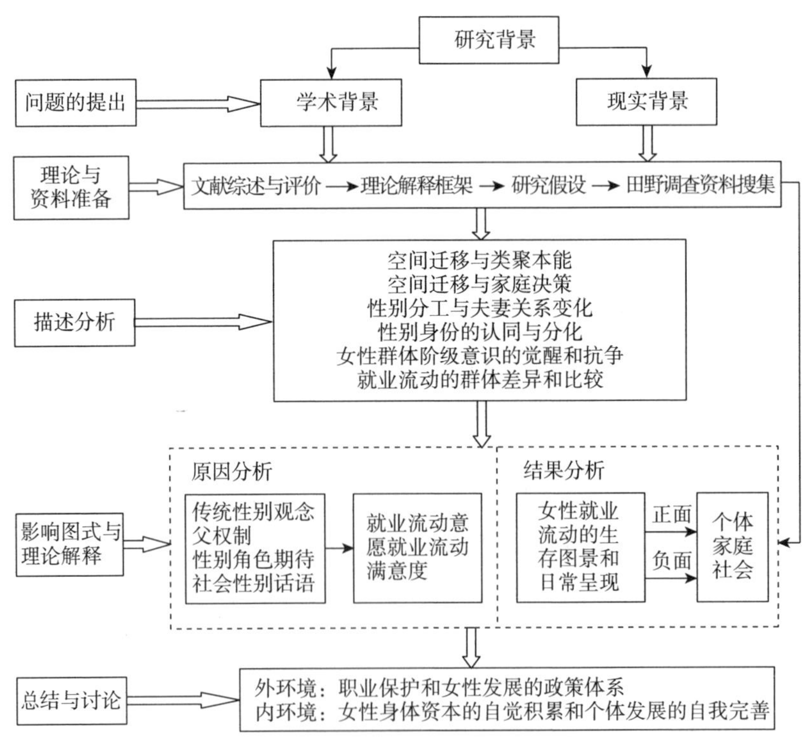

图 1－1　研究的基本思路

三 研究的主要视角

本书的研究对象为南日岛女性，通过问卷调查和个案访谈的方式，对她们就业流动的状况进行全景式描述，清晰呈现她们就业流动中的生存图景，探讨可能的成因和正负面结果，并对未来的发展提出建设性的建议。

（一）静态的状况描述与动态的过程研究相结合

用田野调查获得的数据描述女性就业流动的年龄特征、性别分工、家庭结构、子女状况、职业层级，全方位呈现就业流动女性的群体特征和流动状况；从就业流动经历的角度来研究南日女就业流动中的生存图景和日常呈现，对她们在该过程中所表现出来的流动意愿和流动满意度做生动的描述，以典型的个案访谈资料叙述南日女就业流动的经历，家庭、社会对她们的性别角色期待，以及她们所表现出来的与环境之间的互动和权力博弈，这是一个动态的过程研究，也就是把处于传统农村和现代城市语境下的女性作为一个假设的人口群体，然后跟踪她们流动中的选择逻辑和行为范式，重现这样一个人口群体特殊的流动经历。

（二）历史分析与比较分析相结合

采用历时性和时段论方法对文献资料进行全面梳理，归纳有关女性就业流动研究的历史谱系，探寻女性就业流动的现实状况、经济特征、社会特征、发展规律、未来趋势，基于时点论建构连续的研究体系，并做流动群体间的性别比较，流动群体内不同生命周期的女性、同期群不同就业流动意愿的女性做横向比较，探讨女性就业流动所经历的变迁以及这些变迁背后所隐藏的重要联系和内在归因。

（三）质性研究与实证研究相结合

在质性研究方面，坚持理性的典型学、批判性重构、同质异构的女性主义研究范式，兼以半结构式的个案访谈，基于阐释学的叙事方法收集即兴式的口述资料，使连贯的文化表述和碎片化的生活经验有效结合起来，形成对于社会事实的厚描述；在实证研究方面，以有就业流动经历的农村女性为研究对象；建立抽样框获取调查样本；利用问卷调查得来的第一手资料和相关信息，对女性就业流动的状况进行系统的量化展示，进而了解她们就业流动的主要特点、流动规律、流动趋势，并采用交叉互表检验法支持对女性就业流动的比较分析，探讨不同结构指标分组后表现出来的差异，同时运用因子分析和多元回归，从个体因素、家庭经济发展能力、社会性别系统三个主要维度进行统计分析并得出研究结论，更进一步建立基于 AMOS 运算的结构方程模型来检验研究假设的科学性。

（四）内在分析与外在分析相结合

女性就业流动是内因和外因共同起作用的结果，综合运用内在分析和外在分析方法，可以将内环境的女性身体资本的自觉形塑和就业流动选择意愿的思维逻辑，与外环境的家庭经济发展能力和社会性别系统对就业流动满意度的影响结合起来，多元立体加以考虑。从社会性别的角度来解释说明南日女就业流动中，由于个体年龄、素质、能力等方面的内在差异性而引致的就业流动意愿和满意度的不同，特别是在与男性就业流动的性别比较中，去发现有着同样就业流动经历的两个群体在选择逻辑和行为范式所表现出来的不同的变化模式，并给出一个较为科学的女性社会学的理论解释。与此同时，每个女性并不是独立的个体，她们处于特定的家庭、社会场域中，受到家庭经济发展能力、社会性别系统的外在规制，对她们有着女性化的性别角色期待和社会性别话语体系，顺应还是反抗，都会在就业流动选择中表现出来，并呈现不同的就业流动经历。

第二章
文献回顾与评价

第一节　国内外关于就业流动研究的历史谱系与述评

一　国内外关于就业流动研究的历史谱系

对于就业流动业已形成的国内外研究成果，本书采用年鉴学派的时段理论作为分析工具。年鉴学派的费尔南·布罗代尔在《菲力普二世时代的地中海与地中海世界》中用三个时间来作为度量标准，即地理时间、社会时间和个体时间（费尔南·布罗代尔，1996）。后来他又在《15 至 18 世纪的物质文明、经济和资本主义》中更明确地将历史时间分为长时段、中时段和短时段，并提出与这三种历史时间相适应的概念，即结构、局势、事件（费尔南·布罗代尔，1992）。其中，结构是指长期不变或者变化极慢的，但在历史上却起经常、深刻作用的因素，如地理、气候、生态环境等；局势是指在较短时期内起伏兴衰、形成周期和节奏的对历史起重要作用的现象，如人口消长、生产增减等；事件是指突发的事变，如运动、革命等。而本书对于就业流动历史谱系的综述，就有效地结合结构、局势和事件，把看似独立的、单调和表层的短时段事件，作为现象加以归纳总结，并放置于连续的、总体的长时段的社会生态环境中，寻求其中深层次的理解和认识。对就业流动历史谱系的研究是探讨既稳定又缓慢变化的社会演变的进程，作为中时段的局势是就业流动研究的重点，也可以有效衔接事件和结构，以此获得全方位的审视。因此，对于历史谱系的研究将不拘于事件的细节描写，也不泛化过于宏观的结构，而是结合宏观和微观的综述。

（一）国外就业流动研究的历史谱系

1. 古典理论研究阶段

古典经济学的创始人威廉·配第是最早从经济学的角度揭示人口迁移原因的学者。他认为人口迁移主要缘于比较经济利益的存在，由此促进人口从农业部门向工业部门流动，此观点在一定程度上影响当时经济学界对于人口流动原因的理解。英国人口学家 E. G. 列文斯坦（E. G. Ravenstein）是最早从人口学角度研究人口迁移，并于 1885 和 1889 年就“人口迁移规律”发表文章，在论及“经济目的的支配”中首次提出推拉规律，认为人口迁移的动因在于拉力强于推力。直到 20 世纪 50 年代，都没有学者能在人口迁移的研究上有所突破。

2. 注重空间特征和数量模型的实证研究阶段

1938 年，赫伯尔（R. Herberle）具体阐述了列文斯坦提出的推拉规律，认为导致人口迁移的“力”包括促使一个人离开一个地方的“推力”和吸引他到另一个地方的“拉力”；1949 年威夫（G. K. Zipf）则明确将引力概念用于人口迁移研究；1950～1960 年，计量方法开始被引入人口流动的研究，并用于空间特征和数量模型的分析中，学者们以发展经济学为基础，关注发展中国家的人口迁移，提出发展中国家人口迁移，特别是农村劳动力向城市流动的理论模型，并被不同时期的学者不断修正和完善。1959 年，博格（D. J. Burge）正式提出人口迁移的推拉模型，1954 年刘易斯（W. Arthur Lewis）在《无限劳动供给下的经济发展》提出二元经济结构发展理论，论证了发展中国家农业劳动力向城镇工业部门流动的两部门人口迁移模型；1955 年罗西基于费城居住流动性的调查提出人口迁移的生命周期模型；1961 年费景汉和拉尼斯接受二元结构的观点，但认为刘易斯模型忽视了农业劳动力生产率提高和农业剩余产品增加是农业劳动力转入现代工业部门的先决条件，加入时间概念而发展了费景汉—拉尼斯模型。同时期的李（E. S. Lee）也修正了列文斯坦的迁移规律，提出与迁出地和迁入地相关的正负因素、介入障碍因素和个人因素，博格更是全面而又简明地列举了人口迁移十二个方面的推力因素和六个方面的拉力因素，深化了对推拉理论的认识；此外还有乔根森（D. W. Jorgenson）于 1967 年在新古典主义框架内提出的农村剩余劳动力流动假设；1970 年美国发展经济学家托达罗（Michacl P. Todro）提出他的农村劳动力向城市迁移决策和就业概率劳动力流动行为模型，丰富和完善了人口迁移模型。

3. 注重微观环境中人的行为和动机的实证研究阶段

20 世纪 70 年代以来，行为科学革命开始渗透到人口迁移的研究中，学界将研究的关注点从空间结构和数量模型转移到微观环境中人的行为研究上，探讨个人或家庭户的迁移动机和决策。比较有代表性的是新家庭经济迁移理论，认为家庭迁移的动力来自于家庭净收益而不是个人净收益，只有当家庭收益超过成本支出时才会产生迁移行动。家庭成员将迁移看作人力资本的家庭投资，不仅可以增加个人收入的存量，还可以使家庭收入来源多元化和最大化，在外工作家庭成员的定期汇款会减轻家庭其他成员没有失业保险、没有退休金、没有医保所产生的风险。可以说，新家庭经济迁移理论的提出，是对人们集体行动会使预期收入最大化和风险最小化思想的继承和发展；1979 年，迈克尔·皮奥里（Michael Piore）提出“二元劳动力市场理论”并产生广泛的影响。与传统迁移理论有所区别的是，二元劳动力市场理论将迁移的动力放置于宏观背景下，认为城市经济二元结构及其内生的劳动力需求是迁移的动机。一般来说，在城市经济中，总是存在着工资待遇好、条件优越的主导部门和工资待遇差、条件较差的辅助部门，由此而产生对劳动力不同的需求。本地劳动力更趋向于去主导部门，主导部门常供大于求，而相对处于弱势的辅助部门，对本地劳动力没有足够的吸引力，常遇到劳动力紧缺的状况，不得不转向吸收外地劳动力，从而使外地劳动力产生迁移动机。而本地劳动力不愿在辅助部门工作也是基于如下的考虑：一是工资结构上涨的刚性，主导部门在工会组织的压力下，工资长期只涨不跌，且水涨船高，迫切需要引入低成本的劳动力解决工资通胀问题；二是动机，工资上涨的边际效应对于本地劳动力来说渐渐失去作用，他们更追求社会地位和职业声望的提升，常不甘于在辅助部门工作；三是经济二元性，主导部门属于技术密集型产业，培训合格的可以胜任工作的劳动力需要时间，因此主导部门需要稳定的劳动力来维持运作，而相比而言，辅助部门属于劳动密集型产业，对人员要求不高，因此流动性比较大；四是劳动力供给结构，辅助部门的劳动力供给常是妇女和年轻人，而这部分劳动力总是有着流动到主导部门的趋势，他们甚至情愿失业也不愿意在辅助部门工作，这也造成了城市居高不下的失业率，而他们的离开也加剧了辅助部门对于劳动力的需求，只能通过外来劳动力予以补充。

4. 注重宏观环境的实证研究阶段

20世纪80年代开始，人口迁移研究加入新的时代主题，侧重于新劳动地域分工、经济全球化和资本全球流动的宏观考量。克拉克和葛特勒（Clark. G. H，Meric Gertler）分析了美国1958～1975年资本与移民关系，认为资本的增长导致移民向经济增长快的地区迁移；波罗斯顿和哈利森也认为，在新劳动地域分工过程中分散的生产可能需要一些外地劳动力，外国直接的投资（FDI）会促进劳动密集型产业转移，随之带来劳动力迁移；克拉克和巴拉德则有效结合了新古典主义经济学理论和凯恩斯方法，认为劳动力流动与工资、就业机会的地理差异紧密相连。

5. 多学科渗透的多元化研究阶段

20世纪90年代以来世界经济结构的变革和经济全球化的国际背景，使人口迁移研究产生新的特点：一是研究内容被进一步拓展和深化，在社会经济结构调整、经济全球化和信息化的时代语境中探讨人口迁移，并糅合了人口周期与人口迁移、生命过程和人口迁移、国际移民的调整适应和对流入国的影响等时代元素的比较；二是研究的社会化倾向明显。新古典均衡理论、行为主义理论仍有广泛的市场和受众，但新的社会学理论形式也开始运用于人口迁移的研究，人口学、社会学、经济学等多学科视角的探讨呈现百家争鸣之势；三是研究的手段和方法论日趋多样化。不仅有传统的抽样调查、访谈和统计分析等，还采用其他学科的典型研究方法，如人类学的田野调查方法、历史学的跨时间纵向分析法、地理学的地理信息系统等方法，多学科方法广泛运用于人口迁移的研究，有助于研究视角的拓展和研究手段的多样化，保证调查资料的科学性和客观性。这时期比较典型的研究成果是卡林顿（Carrington et al.）于1996年提出的人口迁移过程模型，他结合了经济学和人类学的研究方法，探讨移民在城市中寻找工作的过程、做出迁移决策时的前瞻性思考以及移民过程的区位与社区选择等。除此，还有经济地理学框架下的人口迁移模型，学者认为经济全球化影响经济活动的空间区位，在相当长的时间内维持“核心—周边”的结构模式，国际劳工出现自发的非平衡发展过程，使人口迁移流动产生区位格局。

（二）国内就业流动研究的历史谱系

1. 就业流动研究的发展萌芽（20世纪70年代末到1988年）

早在20世纪70年代，学术界对于就业流动的认识还处于初始阶段，更多理解为人口的流动和迁移。早期的流动和迁移研究由于资料缺乏，研究多基于小规模的调查分析，以此作为讨论人口迁移的分析框架。比如仇为之1981年发表的《对建国以来人口迁移的初步研究》，第一次对中国的人口迁移问题进行专题探讨（仇为之，1981）；田方主编的《中国人口迁移》较系统地总结新中国成立后至80年代中期的主要迁移活动（田方，1986）；胡焕庸编著的《中国人口地理》（胡焕庸，1984）和孙敬之主编的《中国人口》（孙敬之，1987）都对人口迁移有了专门章节的讨论；李德滨的《黑龙江移民概要》（李德滨，1987）对于黑龙江移民的研究，也有着重要的学术价值。这些学者的论著都为日后人口迁移研究的进一步发展提供了重要的分析框架和资料基础。但当时获得的数据主要来源于户籍登记机关提供的全国人口迁移数据，与实际情况有较大偏差，难以形成系统、可靠的统计资料，因此这阶段对于就业流动的研究成果还比较少。

2. 就业流动研究的初步发展阶段（1988～1995）

1988～1995年为人口迁移研究的大发展阶段，学者们从人口学、社会学、经济学、管理学、人类学、地理学等学科背景深入探讨人口迁移，涌现了很多优秀的研究成果，初步确定人口迁移和流动研究的框架地位。而这一时期中国人口迁移的研究主要集中于迁移的综合性研究，涵盖人口迁移的现状、过程、流向和结构特征等方面；还有人口流动、暂住人口、民工潮等主题的研究；以及包括环境移民、开发移民、库区移民、婚姻迁移、跨国流动等专题的研究（杨云彦，1999）。70年代以来的研究文献和量化分析，主要集中在农业剩余劳动力转移、流动人口问题、迁移人口特征及其对地区社会经济发展的影响；政策性移民正确性的讨论，包括80年代向西北地区移民的讨论和90年代对三峡工程性移民的讨论；人口迁移与流动的政策研究，包括户籍制度改革等；历史上迁移人口的状况；国外华人的研究是此阶段的研究重点，既有全国范围的整体把握又有区域性的局部考察。在实证调查方面，80年代中期起，随着民工潮的产生和流入城市，我国东中部地区几个特大城市相继开展流动人口调查，1990年的全国第四次人口普查首次关注人口迁移流动问题，获得的有效数据成为人口迁移研究的重要资料。20世纪90年代以来，学界开始从经济学和社会学的学科视角审视80年代中后期产生的“民工潮”，并进行了深入的调查和研究。在数理统计方面，《中国人口》丛书的出版，户籍迁移统计资料的整理和发布，中国社科院人口所主持的“74城镇迁移调查”，若干特大城市

“流动人口调查”，以及1987年全国1%人口抽样调查和1990年第四次人口普查资料，都为人口迁移研究提供了丰富的数据资料和素材（庄亚儿，1995）。除此，还有李梦白对大城市流动人口状况全面而系统的调查和分析（李梦白，1991），杨云彦基于第四次人口普查资料抽样数据对人口流动状况的详尽分析（杨云彦，1994），彭勋对于人口迁移学科体系的探讨和构建（彭勋，1992），这些学者都以丰富的数理统计资料全面立体化地呈现当时人口迁移的状况，并形成丰富的研究成果。

3. 就业流动研究的稳固发展阶段（1995～2000）

20世纪90年代中期，人口迁移的研究开始引入国外的研究方法并加以创新，对人口流动问题的关注点主要集中于流动的动因、影响流动决策和行动的相关因素、流动人口的地理分布情况、农村剩余劳动力流出的数量和回流的存量、劳动力回流后的安置问题；以及流动人口对城市发展和市民生活带来的正向和负向影响，流动人口的城市融入和适应，流动人口与城市居民的社会距离，随迁子女的教育，留守子女的抚养和心理问题等方面，跨学科的研究方法及其应用，使人口迁移研究走向深入并取得一定的进展。对于流动人口迁移的动因，学者们也有自成体系的解释，比如推—拉作用说（辜胜阻、简新华，1994；陈吉元，1996），基于第一代和第二代流动人口比较的生存理性说和发展理性说（刘成斌，2007），农村劳动力剩余说（蔡昉，2002）。对于人口流动的影响因素，学界普遍认为，户籍制度是最主要的障碍，有着“社会屏蔽”的功能（刘强，2002），也造成流动群体的城市边缘化（王春光，2003）。该时期的研究还关注人口流动对城市的正向和负向影响（郝虹生，1998）。还有一些主题被重点讨论，比如环境移民、婚姻迁移、跨国移民和流动等。2000年的第五次人口普查，细化了人口迁移的统计项目，添加了对市县镇内部的迁移流量和流向情况的统计，还有2005年全国人口普查办公室进行的1%人口抽样调查，都为人口迁移研究提供了丰富可靠的数据基础。

4. 就业流动研究的蓬勃发展阶段（2000年至今）

针对流动人口群体的不断扩大和对城市、乡村造成的一系列变迁，学者们也探讨了流动人口的城市管理和服务，研究视角从加强管理到管理与服务并重，再到均等化服务的变化过程（李玲，2001；张枫，2006；曹景椿，2001）。还有对迁移人口的属性研究、人口迁移空间格局、人口迁移的影响因素、人口迁移对经济社会的影响、人口迁移的政策研究等方面的探讨，并形成一系列的相关文献（见表2-1）。随着农民工不断涌入城市，不少学者也开始将研究的视角转向新生代农民工以及他们的城市适应和城市融入问题、民工潮到民工荒的转变等。

表2-1　国内相关研究进展

研究方向	研究内容	研究方法	主要研究者
迁移人口属性研究	年龄结构、文化程度、就业结构、迁入和迁出地状况	实地调查与统计分析	顾朝林、杨云彦、张善余、范力达、沈建法
人口迁移空间格局	人口迁移的流向、源地、空间结构	空间分析方法	朱传耿、王桂新、屈琼斐
人口迁移的影响因素	区域经济差异、交通距离、资本投入、就业因素	引力模型、因子分析、回归分析	朱传耿、翟锦云、王桂新
人口迁移对社会经济的影响	对迁入地、迁出地正面和负面影响	基尼系数、模型回归	王德、王桂新、蔡昉
人口迁移的政策研究	户籍改革、完善劳动力市场、健全外来人口管理制度	地区个案研究	李玲、朱镜德、杨云彦

二　文献述评

纵观国内外对于人口迁移的研究文献和实证调查数据，可以看出，我国人口迁移的研究领域正在逐步拓宽，研究数量正在逐步增多，研究主题日趋多元化，对人口迁移的现状和特征、农村劳动力的乡城流动、流动人口的城市融入和适应都有相应的成果积累，并取得一定的理论建树。但我们也要看到，以往国内人口迁移研究的主要内容集中于对迁移人口的个人特征及其与经济社会之间的关系研究，缺乏系统数量模型的建构；即使是定量分析，也主要采用简单的相关和回归分析，没有采用经济学和管理学的测量指标和结构方程，所得到的结果也仅仅表明人口迁移与经济社会发展的关系，忽略了家庭和个人主观感受等微观层面的考量，没有形成全方位立体式的理论体系。对于人口迁移的基本概念、理论体系和方法论没有相应的理论提炼，高级统计方法和数学模型的运用以及纵向的数据比较还没有形成惯例；此外，对国外迁移模型和研究视角的把握也主要是模仿和借鉴，并没有结合中国特殊语境的本土化研究方法，无法形成自成一体的方法论体系；且对于未来迁移方向和迁移流量的预测和估计，缺乏指标体系的有力支撑，不足以提出切合的有针对性的政策建议和决策支持。

因此，未来人口迁移研究需要高度重视和着力解决的问题是：第一，对迁移和流动，以及与此相关的概念作标准化界定，提出能涵盖多方因素的概括性认识，并结合实践进行解读；第二，调查问卷设计的问题如何与调查实践结合起来，并以此获得更为准确详尽的数据，用以体现研究的调查目的；第三，迁移研究的方法论问题。现有的研究更多是文献综述法、问卷调查法等，可以增加人类学的个案访谈法和情境分析法，设计结构和半结构的访谈问题，使访谈对象表达对问题的理解和认识，又能有心理学中头脑风暴法式的畅所欲言，并对访谈资料进行深加工和厚描述，深化对问题本质的进一步了解；第四，迁移研究中的模型和方法运用问题，应结合多学科的理论视角和研究模型，对其运作逻辑和规律进行总结和提炼，创造出体现本学科特色的研究模型，另外，测量指标体系和影响指标体系的构建要形成全面系统的建构，特别是论证的工具，不再囿于传统简单的相关和回归分析中，而能采用其他学科适合的分析工具，如管理学的结构方程模型；第五，对于迁移的前瞻性和预测性研究，预测未来可以有助于政策建议的拟定，并使得政策的实施更有落脚点和实际操作性，但对于未来预测的前瞻性思考总是带有风险性，没有基于实证数据和访谈结果的任何结论都是武断，都无法体现研究的科学性和客观性，因此，必须有甘于吃苦的精神和科学严谨的治学态度，才能把握数据的联系和规律性，并达致高瞻远瞩的预测，从而对政策建议和宏观管理有所裨益；第六，加强多学科、多视角、全程性的人口迁移研究。将多学科的理论成果和方法体系渗透到研究中去，使研究不局限于社会学固有的思维定式和方法运用，得以拓展视野并进行整体把握。此外，人口迁移的研究是个长期动态的过程，对一个地区和一个时间点的描述和探讨总是有失偏颇，需要把研究放在社会大背景下，进行经常的跟踪调查和访谈，对研究加以补充和润色，使之更合乎社会变迁的逻辑。

第二节　国内外关于女性就业流动的文献回顾与述评

对于女性就业流动问题的研究要追溯到 20 世纪 90 年代，当时人口学、社会学、经济学对该领域都有相关的学术贡献，但早期的研究更多是简单的描述性分析，定量方法较少采用，侧重于描述宏观层面上女性就业流动的整体状况，探讨女性就业流动的动因、特征、流向等（中国妇女管理干部学院课题组，1992；孙淑清，1996），对于影响因素的分析较少，无法解释女性就业流动的个体差异性。2000年以来的研究引用国内外对于女性就业流动的文献，形成独树一帜的理论体系，建构了较为完整系统的理论解释框架，并更多地采用定量的实证分析方法，从社会与制度、经济成本与效益、家庭禀赋、个体成长因素等方面作为切入点，对相关影响因素的探讨更加到位。

一　女性就业流动的理论基础

（一）就业流动中的女性身体与身份

1. 结构二重性的女性身体与流动

国外学者对于身体的关注，主要沿袭了经典社会学的思想要义。比如马克思认为身体是社会阶级和社会关系再生产的结果；韦伯认为身体确立地位群体的特定生活方式和声望分配；涂尔干则将身体原始分类为认知功能和实践功能；布尔迪厄将身体与社会世界相关联，表现为“结合”“吸纳进来”“成为整体”，教育培育规范内化的身体，使之呈现出文化资本的形式并表现出差异性，从而再生产出社会规范。女性身体就是在流动迁移的过程中，与社会场域产生种种联系，一方面明显地体现着技术化所带来的社会变迁，成为历史和社会的寄存之所在，在这样的背景下做出流动的选择，受制于社会语境的规范化规训，以及道德性和技术性因素的框约，成为无意识的“柔顺身体”；另一方面社会世界寄居于女性身体之中，女性身体化的倾向体现着与社会世界的现实客观结构之间的契合性，表现为“身体—权力”的范式转换。女性身体会在特定场域表现为对社会世界的消释和解构，通过女性群体间的“合谋”，达致社会规范的重塑。正如女性就业流动的行为选择，就要受制于家庭秩序、父权制和社会规范的牵制，在其流动的性质上体现为符合女性身体的秩序。但随着女性流动的频繁和职业层级的变动，女性的身体会对家庭秩序、父权制和社会规范等产生冲击和消解，通过女性话语体现象征权力，女性权力逐渐获得有效性和合法性，并为社会和男性世界所接受和内化。可以说，女性就业流动的过程，体现着明显的结构二重性的思想。二重性指的是女性身体和制度场域两方面。社会世界寄居于身体之中，身体化的倾向体现着与社会世界的现实客观结构之间的契合性，而制度场域则经由仪式化的行为，表征着对社会世界的认识。女性通过权力的运作，使制度和规范得以重塑并内化于心（Pierre Bourdieu，2000）。

2. 女性身份的变迁与流动分层

英国的女权主义思想家朱丽叶·米切尔在《妇女：最漫长的革命》中提出女性受压迫的“四大机制”理论，即生产、生育、性和儿童的社会化。她指出当技术发展已经使得体力不再成为决定性的因素时，妇女参与社会生产并没有改变她们的劣势处境，反而使职业成为女性更大的负担，女性既是劳动力的蓄水池，更是劳动力市场最不稳定、最易受剥夺的群体。除此，女性职业身份的流动还要受制于生育功能和子女社会化的社会角色期待，就是“生理即命运”。米切尔进一步指出，生育和子女教化是女性的生物本能，占据妇女生命的很大部分，加上与人口生产相联系的家庭职能，使得女性在就业流动中的社会角色无法充分扮演和发展，只能维持比男性低的角色地位（米切尔，1997）。美国人类学家盖尔·卢宾在1975年写作的《女人交易——性别的“政治经济学”初探》，力图阐明社会性别制度造成性别分层，卢宾指出，社会性别是社会强加的两性区分，是社会关系的产物。社会性别制度为了将两性做明显的区分，压抑了男性的女性特征和女性的男性特征，压抑人的原始本性，使得男性在社会分层中占据主导地位。同时，社会性别制度与社会其他制度相互关联，女性一旦在社会性别制度中处于下风就意味着在所有的社会制度中居于弱势（王政、杜芳琴，1998）。凯特·米利特在1969年的《性的政治》一书中，指出“我们的社会仍是男权制社会，因为我们的军队、工业、技术、高等教育、科学、政治机构、财政等所有通向权力的途径，全都掌握在男人手里”，并提出“男权制理论”，认为男权制就是按照性别区分的集团（男人和女人）之间所建立的权力关系，是生理因素以及文化、制度因素所决定的差异。男性和女性之间的支配与从属关系是性别分层最明显的表现。人们接受文化性而非生物性的差异，使得男权制的存在合理和必然（凯特·米利特，1999）。

现代社会存在着明显的社会分层，在这个分层体系中，女性分布在每一个不同的层级中，女性是一个受各种社会等级分割的非同质性群体，基于出身和地域分散于不同的阶级与阶层中，在身份层级中产生变动不居的发展轨迹和现代化历程。现代社会的分层机制，则是通过职业、职位及报酬体系将女性分别按照能力、学识划分于不同的社会阶层中。在这里，职业不仅体现为向人们提供不同的物质报酬，而且还给予地位、声望等精神补偿。研究中常依据职业所占有的组织资源、经济资源和文化资源的拥有量，将女性归入不同的社会阶层结构中（郑杭生，2007）。但女性究竟会被归入哪个社会层级，取决于其所从事的职业，这就涉及性别等级的问题。一般而言，每个阶层中都有女性，但高阶层所占比重较小，而低阶层所占比重较大，总体呈现出男高女低的性别分层状况。正如费孝通在《生育制度》中所言，“男做女工，一世无功”（费孝通，1982）。人类学家古德曾说：“无论男子的工作有多么严格的限制，其中多数都被看成是高贵的工作。”（金一虹，2000）说明了男女所从事的职业是有高低之分的。跨文化的研究表明，女性大都位居职业阶层底部，即使男女从事相同职业的工作，整体而言却同工不同酬。较低的工资收入导致女性对于男性的依赖，也造成男性对于女性的权力。同样，男性也会面临着传统性别等级带来的压力，如果他们发挥不了养家糊口的工具性功能，就会自觉角色失败，陷入角色期待的困境。在就业流动中，女性由于制度和秩序的制约，只能在较低的职业层级上找到适合自己的工作，由于传统的性别结构与性别观念，以及职场性别歧视等因素的存在，女性向上流动的机会和频率较低，常遭遇“玻璃天花板”效应（沈奕斐，2005）。在现存的社会结构中，男性为了保持在政治资源、经济资源和文化资源拥有上的优势地位，常设置障碍来阻扰女性的竞争。而女性由于生理方面的弱势和家庭的性别期待，又使得雇主和用人单位出于成本和效用的考虑，无法给予重要的岗位，在招聘雇佣、职业晋升和退休等职业阶段体现出性别歧视，即使她们付出同样的努力。

（二）就业流动中的性别分工

正如费孝通所言，“社会的形成是靠分工”（费孝通，1982）。就业流动中的性别分工并存着学界的解释系统。以帕森斯为代表的结构功能主义的两性分工理论强调结构和过程对于维护社会系统的重要性，一切行动都要维护系统的稳定功能，都要符合社会结构和过程。他在《美国社会结构中性别作用分析》中指出，传统的两性劳动分工有利于社会稳定。适度不平等的男性和女性的角色分工和功能分化，可以有效维护家庭的团结和家庭稳定功能的发挥（贝蒂·弗里丹，1999）。男性的工具性角色和女性表意性角色分工有利于社会的发展和性别关系的深化。这可以解释就业流动中，女性更多承担抚养子女、赡养老人的工作，成为留守妇女，或者家庭迁移时，女性承担更多的家庭责任，从事低级的、无价值的家务劳动，或者在职业的选择上从事女性化的职业类型，其活动场所更多是家庭私领域；而男性更多承担养家糊口的义务，工作场所更多是实现自我价值的公领域，呈现出此岸和彼岸的分化，如此的性别分工都是为了家庭功能合理有效的发挥和运作。

经典社会学家们往往基于男性立场和价值取向，由男人掌握话语权建构起对社会分工的见解。公领域与私领域，男性与女性的劳动和角色划分是生物决定论的文化诡计，预设了男性和女性在家庭和社会中角色扮演的合理和不平等地位存在的合理，让处于支配地位的女性认同于现有的制度安排，接受分工带来的社会定位。女性主义学者对劳动性别分工理论提出多元的理论阐释，批判了传统的劳动分工方式，认为传统的劳动分工方式造成了男性在公领域，女性在家庭私领域的分工状况，女性附属于男性并屈居次要的权力地位。对此，朱丽叶·米切尔指出生产、生育、性和儿童社会化四个因素将女性排除在生产之外而局限于家庭之中，导致女性的从属地位；美国马克思主义女性主义者凯琳·萨克斯在《重新解读恩格斯——妇女、生产组织和私有制》中，分析了最新的民族志，认为“阶级社会中妇女的从属地位在很大程度上不是家庭财产关系造成的，而是妇女没有社会性承认的地位造成的”（凯琳·萨克斯，1998）。她还指出“阶级社会趋向把男人的工作社会化，把妇女的工作家庭化。因此就产生了否认妇女的社会性成人的物质基础，从而统治阶级把女人限定为男人的被监护人”。为此，她主张家庭个体劳动必须成为公共劳动，打破家庭和社会、公领域和私领域的分隔，使家庭个体劳动成为公共劳动的组成部分，使女性真正成为社会性成人；20 世纪 70 年代末美国女权主义者海迪·哈特曼的二元制理论阐释了资本主义制度和父权制度与性别分工的内在关系，她认为性别分工维护男性对女性的优势，等级制家庭分工在劳动力市场中永久化，女性被资本主义国家机器排斥于市场之外，“家长制和资本主义的相互适应给女性带来恶性循环”（海迪·哈特曼，1997）。资本主义利用父权制，加剧性别差异，使女性缺少技能和获得较低报酬，使父权制呈现等级化特点，达到男性对女性的支配。与此同时，世界体系又使得女性的分层和差异扩展到世界范围并固化成等级结构（佟新，2001）。

建构主义的两性劳动分工理论也为性别分工提供强有力的解释框架。

建构主义论者认为劳动的性别分工建立在公私领域划分的基础上，不是自然就有，而是被社会建构出来的。学者对性别分工的理论预设是，性别分工是人们有意建构的衍生物；规范人们的选择机会和行为模式，呈现结构化的特征，并为个体所重塑；公私领域也属于性别分工的范畴，社会将男性界定于公领域并保证高报酬的合理性，将女性界定于私领域，即使进入公领域也只能从事低报酬的职业。法国存在主义女权主义者西蒙娜·德·波伏娃在《第二性》中指出，"女性所拥有的身体和心理是被建构出来的，所面临的社会与文化也是被建构出来的"（西蒙娜·德·波伏娃，2011）。后结构主义女权主义也认为性别不平等是被社会建构出来的，存在男性为中心的符号体系，不是自然或生物使然，但也存在被重构的可能性，可以寻求妇女解放对社会重新组织，确保男女能平等地参与社会生活。最具代表性的是美国人类学家玛格丽特·米德的理论，她认为女性从属于男性是社会文化建构出来的性别制度，并由生活方式来强化两性的角色期待，性别分工的文化一旦被建立，就会被不断地描述和再生产，以此强化两性差异，规范两性行为模式，所谓的性别、性别角色、性别分工等都是相对的概念（玛格丽特·米德，1949）。

（三）女性主义迁移理论的解释

就业流动和人口迁移研究共同支持这样一个基本假定，那就是男女在就业流动的选择上具有同样的价值判断标准和行为方式，女性在迁移中主要处于从属依附的地位，这是社会期待赋予其人口再生产、家务劳动、养老抚幼等社会角色使然（Pedraza Silvia，1991；UN，1998）。20 世纪下半叶，鉴于女性迁移人数的增多和在劳动力市场中扮演的日益突出的角色地位，女性主义迁移理论开始系统化发展并形成专业的研究框架。该理论不仅描述迁移过程中的性别差异，分析女性迁移的特点、规律、群体特征、性别歧视的表现形式，探讨表象背后深层次的经济、社会、文化因素，并形成理论假说。

第一种是性别选择理论。人口迁移过程中会表现出迁移选择性，这成为一个普遍的人口特征，在开放式的就业流动中，混杂着迁出人口和迁入人口，但却都是遵循特殊的社会经济和人口特征，并非简单随机的过程。在迁移对象的选择性中，年龄是重要的评价标准。一般情况下，年龄在 15～35 岁的年轻人，其迁移倾向较为明显，这可以从生命周期和成本—收益的角度来分析。年轻人一般还未组建家庭，有着行动的自由性，且年轻人迁移的机会成本较小，没有家庭的拖累，在劳动技能的学习、人际关系方面的适应较为容易，并能获得最大化的预期收益，他们拥有比年长者更多的就业机会，在就业流动中就表现为年龄高度集中的特征。而青年人中的年轻女性，更具有年龄高度集中的特征，社会传统对于性别角色的安排和生命周期中的重要事件，大都未涵盖未婚的青年女性，宽容的社会舆论环境和角色期待使得女性迁移人口主要为青年女性，而其他年龄段的占大多数的女性，则遵循社会传统选择留在原生地，这可以解释处于家庭生命周期不同阶段女性差异化的迁移水平。

第二种是角色地位理论。该理论认为社会角色对女性所从事工作有角色期待，希望女性能更多地照顾家庭，这就使得女性有较大的就业灵活性，但也造成女性在就业流动中受到社会期待和个体生理、文化素质的综合影响，女性常只能在非正规部门就业，或在以家庭为基础的生产单位中从事非付酬的劳动，在工作环境和收入待遇方面遭受歧视，在市场竞争中处于不利的角色地位。

第三种是性别分化理论。该理论考察女性所属的环境和地位的因素，特别是其中有关性别分化的观点对于女性就业流动研究有较强的解释力，比如父权制，对于女性就业流动来说，她们是否就业、是否流动，以及流动的地点，在很大程度上要受制于男性（父亲或丈夫或儿子）的决策安排，女性在自身行为模式的选择方面常处于从属被动的地位，对于社会网络资源的利用只能通过家庭中的男性间接获得，导致就业流动中的性别差异和分化（杨云彦，2001）。

（四）新迁移经济理论

以家庭决策为基础的新迁移经济理论认为人们的迁移决策取决于三种家庭效应：一是风险转移。这与“风险厌恶”理论有相似的论调，认为家庭为了规避家庭收入紧缺和本地单一收入来源的风险而选择将家庭成员流出到异地赚取更多收入，促使家庭收入来源的多元化；二是经济约束。家庭在当地遇到资源供给和制度支持方面的困难时，就会选择外出务工来解决困难，获得预期的收入、技术等资源；三是相对贫困。Stark 调查了墨西哥的移民，认为移民迁移的动因是与同期群群体参照比较后产生的“相对失落感”，而不全都是因为流出地和原生地的绝对收入差距；持有该理论的学者们认为，就业流动是家庭集体决策的选择（Stark，1982；Mincer，1986），家庭成员的就业流动是一种家庭生计策略（Chambers & Conway，

1992），家庭成员为了实现全体成员福利最大化，就需要对家庭成员的分工进行理性选择，一般情况下，会依照家庭的性别分工决定外出还是回流（Stark，1982），比如男方外出打工赚钱将收入寄回家庭以贴补家用而女方留守家庭养老抚幼和从事农业劳动，家庭成员间对于就业流动的选择实行分工合作，对家庭成员来说，是在完全不同的工作环境下承担不同的家庭责任。同样的道理，当家庭成员在外打工没有获得预期的收入或因个体原因被迫回流家庭的，家庭会给予其关心和支持（Stark & Taylor，1991）。

（五）与家庭相关的理论解释

学界常将家庭作为研究城乡之间人口流动的一个重要的切入点。他们对于家庭的考察不是简单地将其作为社会变迁的结果，而是从动态的角度强调家庭自身变化的动力以及家庭与社会变迁的相互影响，尤其还放到更广阔的社会领域，探讨家庭与工业化的关系等（张永健，1993）。中国是家庭本位的国家（冯友兰，2007），家庭已成为考察中国城乡之间人口流动的重要因素。

1. 混沌理论：原生家庭对个体行为选择的影响

原生家庭即个体出生和成长的家庭，渗透着父母与子女的互动，全方位塑造着子女的思想观念和行为特征。原生家庭在居住安排、经济援助方面的频率不再遵从于父权制的传统思维，而是对子女施以同样的影响力，在某些情况下甚至倾向于女儿，使子女与原生家庭保持着经济上和亲情上的互动。而子女行为决策也在一定程度上受制于父母。国外学者 Contrary & Treas 的研究发现，父母会对子女的就业提供帮助，而子女并不因工作后身份的改变或工作的繁忙而放弃照顾父母的权利与义务（蔡沛婕，2003）。由原生家庭对于子代的影响而衍生出诸如“应付框”“模范框”“角色框”“定义现实框”“倒转框”“效忠框”等理论形态。在具体操作中，心理学家常在混沌理论视角下，利用洛伦茨模型来探讨原生家庭对于子女行为选择的影响（见图 2－1）。在洛伦茨模型中，左右两个不动点位于吸引子的两侧，代表父母双方的思想态度，左右两个运动轨迹所形成的场，代表父母各自的影响力，子女的行为决策就是在这两个轨迹所形成的场中不断变化发展。当轨迹经过不动

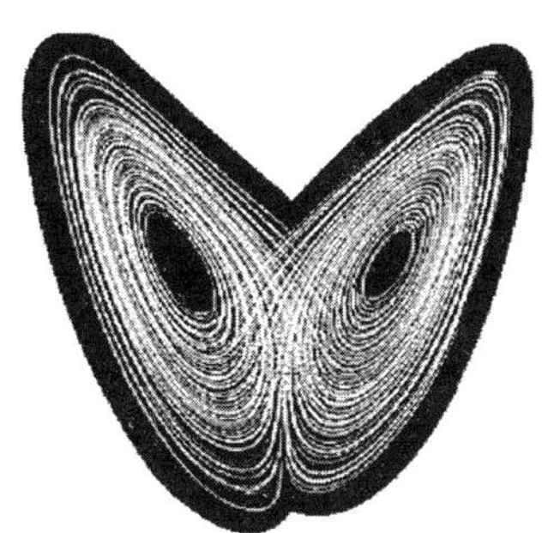

图 2－1　洛伦茨吸引子

点附近时，父母的影响力达到最大值，与此同时，子女逆反心理和趋向自由的本能促使运动轨迹绕到另一个簇的边缘并向内绕行，代表着理解和接纳父母另一方的思想观念。子女就是通过随机性的运动轨迹，对于父母的思想观念不断地吸纳—排斥—再吸纳—再排斥，逐渐形成个性化的行为决策。可见，对于就业这个个体的行为选择，此过程就是父母的想法与子女决策间的动态平衡，交织着父母与子女对于利益的考量和权力的博弈（卢婧，2011）。

2. 系统论：家庭决策形成的基础

贝特森“将家庭作为一个系统来理解”，强调个体的行为模式和选择意愿要放诸多重化的家庭背景来认识。1975 年卡恩特和莱尔将家庭界定为“家庭系统，像其他所有社会系统一样，是有组织复杂性、开放性、适应性以及信息运作的系统”，强调了家庭是由反馈机制控制的、相互依赖的因果联系网络，内部关系处于循环和彼此相互影响的状态；家庭与外界环境保持着相互的能量交换，不断改进家庭的生存、变化和延续能力；家庭成员对外部环境的变化具有主观能动性，能自觉地调整行动方式来适应并改造环境；家庭系统与其他系统或环境间通过信息来沟通和交换。家庭通过双向的信息运作，获取外界信息，以此做出判断和决策。可见，系统论既关注家庭系统的整体性，又关注家庭成员的组分构成，对于家庭决策的做出，通常要考虑家庭的整体利益最大化和家庭成员的具体实际，综合权衡判断，得出最优化的决策。同时，家庭作为一个系统单位，从横向来看，系统内部存在着各种复杂的关系链条，如亚系统、界限、缠结、三角化、疏离、融合、共生等，家庭成员彼此之间通过互动形成错综复杂的关系网络；从纵向来看，家庭系统是非线性的连续动态系统，呈现出阶段性和变化性的特征，也就是我们常说的家庭生命周期。从家庭系统横向和纵向的比较可以看出，家庭系统内部存在各种利益关系群体，通过竞争和博弈，在家庭网络中占据不同的地位，家庭主导者会通过家庭整体利益的考虑，对家庭成员的分工做出安排，比如男主外女主内、谁流动谁留守等。但同时也要看到，家庭是个开放的系统，家庭植根于特定的经济、社会、文化、历史环境中，家庭成员的思想观念和行为模式必然受到外界环境的影响，家庭主导者决策的做出在一定程度上会受制于传统的家庭观念、性别观念、父权制的深刻影响，在决策判断中突出表现出来。但随着家庭日益核心化和女性权力的崛起，家庭决策主导者逐渐让位于核心家庭的集体决策，甚至出现妻管严、女性讨价还价能力高于男性的状况，而对于就业流动的决策选择，相当部分属于夫妻外出共同经营、共同务工的情形，还有部分属于女主外男主内，这充分体现了平等的性别意识和女性权力对于家庭系统的冲击，改变了家庭决策主导权的男性归属（黄华，2006）。

3. 控制论：家庭影响力的潜移默化

控制论可以有效描述家庭的整体运转，是以信息为媒介进行输出和反馈双向循环的恒定系统。控制论认为控制的基础是信息，一切信息传递都是为了控制，任何控制又都有赖于信息反馈来实现。系统将信息输送出去，将其作用结果折送回来，并对信息的再输出发生影响，加以控制以达到预定目的。控制论常用于家庭系统中，家庭系统的“内稳态”失衡可以通过内部负反馈得以纠正，或通过正反馈改变家庭系统的固有规则（卢婧，2011）。在现实生活中，工业化和城市化的到来改变了人们的生活方式，影响了人们的家庭生活模式，传统男耕女织、男主外女主内的状况被打破，女性角色出现颠覆性的革命，不少女性走出家门成为职业女性，融入就业流动的群体中，而且女性的社会和家庭责任的变化使女性从生育束缚中解脱出来，家务劳动社会化促使女性可以承担家庭以外的角色，女性广泛参与社会劳动，在社会关系网络中与男性同台竞争，积累社会资本，实现向上流动和个体发展。女性的根本性变化使得家庭的“内稳态”出现失衡，家庭的控制力趋于弱化。于是家庭通过负反馈和信息传递维护固有的规则。比如为男孩提供更多的受教育机会，提升其人力资本，将社会资源更多向男孩身上倾斜以使男孩得到更多的就业和发展机会，而女孩受制于家庭和社会设置的障碍，在就业竞争中没有占据优势地位而回归家庭，或在职业发展体系中从属于男性。

（六）女性就业流动的地位实现模型

在传统社会，女性个体的代内流动和代际流动很少，或者足不出户，或者奔波于单位和家庭间，而现代社会的流动机会大大增加，女性就业流动成为一种常态。这不仅源于女性教育水平的提升，使得女性在就业流动中有较高的竞争力，而且相较于传统社会，现代社会的地位获得自致性高于先赋性。对此，美国学者布劳和邓肯于 20 世纪 60 年代在《美国职业结构》提出的“地位实现模型”，通过职业地位和职业活动来了解社会流动的具体途径（Peter M. Blau & Otis Dudley Duncan，1967）。他们认为，现代社会中，个人所从事的职业在一定程度上可以反映其经济地位、社会地位和政治地位。地位实现模型采用路径分析统计方法和线性回归技术，通过对职业地位和职业流动的分析，可以把先赋性因素和自致性因素作为因变量，以个体在社会流动中获得的社会地位来表示，建立包含四个自变量的多元线性回归模型。

$$地位获得=\left\{\frac{父亲职业地位，父亲教育程度}{先赋性因素}，\frac{本人教育程度，初职和现职}{后致性因素}\right\}$$

此回归模型将就业流动分解为职业起点和职业终点，明晰了职业流动的内在逻辑和地位获得路径。假设个体地位获得主要由先赋性因素来解释，则社会较封闭，就业流动的频率和速度很低，父辈的职业地位和业已存在的不平等会在子代程度不同地再现，出现“地位恶性循环”和“贫困循环”；假设个体地位获得主要由后致性因素来解释，则社会较开放，就业流动的广度、频率、流出率、流入率和社会距离流动比等参数较高，社会的地位获得路径较为合理和平等。究其四个变量，模型表明，教育在社会再生产和流动中起着主导作用，调查中大约 2/3 人的职业获得可以由个体的教育程度来解释（Ganzeboom，et al.，1989）。除此，初职、现职的获得也与个体受教育程度高度相关，而先赋性因素中，约 1/3 的子女地位获得与父亲教育程度显著相关。

对于地位实现模型的提出，兼顾了先赋性因素和后致性因素，但随着女性就业流动的规模拓展和人数的增加，性别因素成为地位实现模型不可或缺的重要变量。市场隔离理论认为，即使在生产能力相同的条件下，由于劳动力市场和单位组织对于女性的歧视，相当部分的女性难以进入初级市场，只能在次级市场获得工作机会，且难以有工作变动的可能性；拉斯莱特的玻璃天花板理论则认为，女性在职业升迁中，尽管具备与男性同等的竞争力且付出与男性一样的努力，但到一定程度会遇到玻璃天花板，难以进入管理阶层的权力位置，成为可望而不可即的目标。在社会流动的话语体系里有“女性难以流入最高决策层”的推论（Murrell & James，2001）；英格兰德在 1992 年出版的《可比的价值：理论与验证》中比较了男女两性的工资差异，用实证数据对其原因进行探讨和验证。他的理论解释了受制于传统观念的左右，已经成形的制度化惯习深刻影响着职业竞争，产生社会歧视和性别社会化，女性在劳动力市场中遭到排斥。性别社会化使得男女两性不同的人力资本投资取向导致女性个体角色社会化影响职业地位获得和同工同酬，即使女性进入男性职业领域，也被社会角色期待到女性化的工作岗位，并贬低女性的工作技能和经验积累，造成工资差异。正如英格兰德经验研究的实证调查数据所表明的，性别偏见和女性工作贬值作为劳动力市场的一个持续而显著的特征，是造成两性工资差异的重要原因之一（England，1992）。玛瑞尼在1989年《社会学年评》也全面讨论过“性别工资差异”。他引用经济学供需关系的市场概念对性别工资差异做理论解释。强调女性个体在教育机会、工作训练、工作技能和心理适应等“供”方面的弱势，以及劳动力市场歧视的“需”方面的弱关系。玛瑞尼验证了“性别因素对个人酬劳有独立的影响，进而影响其地位”（Bridges & Berk，1974）。

对于地位获得模型，学界在布劳—邓肯模型的基础上进行拓展和补充，进一步提出了政治—经济模型，即核心模型。同时，林南与边燕杰还发现地位获得模型对中国社会的效用，为地位获得模型添加了具有中国特色的“单位地位”变量。他们糅合了单位地位、职业地位、党员身份、国有企业与国家机构的差异这四种测量方法，考察中国的地位获得过程及性别差异。发现在初职的获得上，父亲单位地位对于男性影响较大，而教育程度对女性影响较大，父亲单位地位只是间接的微弱的代际传承作用；男性在跨单位的向上流动中比女性获得更多的机会，流动率较高；男性更容易在网络中获取所需的资源（Lin & Bian，1991；李路路，2000）。

（七）新家庭经济模型的解释

从新家庭经济理论的视角来看，在新家庭经济模型中，家庭作为生产和消费的单位，家庭消费品的价值是市场价格和家庭生产所消耗的劳动时间而形成的影子价格的统一体，女性在家庭生产中主要承担家务劳动，家务劳动的影子价格成为女性是否参与就业的保留工资水平的比照以实现家庭效益最大化（Becker，1965；Gronau，1973、1977、1980）。当家务劳动的影子价格高于劳动力市场工资时，女性就会选择在家从事家务劳动而使就业流动局限于家庭的范围内，“迁而不工”。此外，保留工资水平是女性就业流动选择的关键，家庭结构和人力资本显著影响女性的保留工资水平，对人力资本的实证研究表明，培训、技能等级和受教育程度等变量在入职前的就业选择和入职后的工资获取阶段分别发挥不同的作用（王德文，2008），对家庭结构的考察也支持了子女学前教育可获得性增加会提高女性就业率，而学前儿童较高的抚养教育成本会提高妇女家务劳动的价值，促使其就业流动方向的改变（杜凤莲，2010；Kilbum，2002）。李强通过对2007年北京市城八区844个农民工家庭化迁移的实证调查也印证了以上的结论，他认为城乡迁移和家庭迁移同时发生的“双重迁移”，在很大程度上改变了女性的就业和生活状态，受到传统家庭性别分工的影响，“双重迁移”会改变女性就业流动的选择，女性常倾向于较低的劳动参与率，“迁而不工”，且这是个长期普遍的现象（李强，2012）。

二　女性就业流动的特征及规律

20世纪90年代初，国内学界对于女性人口迁移的研究已初见端倪，但那时的研究成果主要集中于女性劳动力的乡城流动，探讨流动的整体规模、人口特征、流动方向、动力机制等，且更多是静态的描述分析，关注年龄、性别、文化程度、职业状况、婚姻、家庭等静态的数据资料，缺乏定量的数理统计方法的运用和多维影响因素的挖掘（中国妇女管理干部学院课题组，1992；王树新、刘秀花，1995；孙淑清，1996；谭深，1997）。随着对女性人口迁移研究的日益增多，社会学、人口学、经济学等学科的涉入，学者们尝试着从流入地的生存状况、适应状况、心理状况以及行为方式的变化、女性迁移对城市化的影响等社会经济动态特征加以探讨（杨云彦，2001；苏群，2003；戴霞，2005；何明洁，2007）。

（一）就业流动的方向

根据第三期中国妇女社会地位调查的主要数据，可以发现，目前正在外出流动的妇女中87.9%从事有收入的工作，主要集中在制造业和服务业；61.5%的人对在外期间的工作感到满意，52.4%和50.9%的人认为外出务工经商使家庭住房和子女教育状况得到了改善。她们中有46.9%希望能留在城里，30岁以下的有48.8%更希望能在城镇中寻求个人的发展机会。流动妇女在外打工期间遇到的主要问题是“被人看不起”和“工资被拖欠或克扣”，分别占14.7%和14.2%。未实现就业流动的农村留守妇女，考虑较多的问题依次是：丈夫在外的安全（91.7%），家里有事没人商量（61.5%），老人生病没人帮忙（60.1%），农忙时没人帮忙（56.0%）。在回流的妇女中，由于婚姻和子女原因返乡的占74.3%，男性为30.0%（第三期中国妇女社会地位调查课题组，2011）。

第一，农村女性在就业流动中表现出家庭化迁移和城乡迁移同时发生的“双重迁移”。不管是就业回流还是流出，家庭化迁移使得女性处于原来的传统家庭结构中，深受男性占据明显优势地位的父权制家庭特征的影响（金一虹，2010），尽管就业流动到城市也没有因此而减少家务劳动时间（MacPhail，2007），而且还降低女性的就业水平，出现“迁而不工”现象（李强，2012）。

第二，女性就业流动以平行流动为主。在所有经历过就业流动的女性中，平均有52.5%在同一层次职业间流动。在各类职业中，平行流动最大的是农、林、牧、渔业劳动者，其平行流动率为63.5%，第二是生产、运输工人及有关人员，流动率为57.2%，第三是党政机关、企事业单位负责人和专业技术人员，平均流动率为49.4%和50.6%。另外，有28.2%的中国妇女的职业变动以向上流动为主，从较低的职业层次流动到较高的职业层次。如在专业技术人员中，有17.9%来自农民，5.8%来自工人，8.2%来自办事人员。与男性相比，男性向上流动率为37.3%，女性则为28.2%。女性向下流动的就业变更占20.1%，流动原因主要为下岗分流、政府裁员和撤职降职。这源于市场转型中，企业减员增效、改革用工制度的考虑，使得女性向下流动率高于男性（王国敏，2000）。

第三，女性在就业流动的方向选择上表现出与家庭生命周期对应的发展规律性。无论是就业流出还是回流，都受制于家庭生命周期中的重大事件。据全国人口变动情况抽样调查，2009年我国迁移流动人口中男性略多于女性，男性占57%，女性占43%；迁移流动人口主要是青壮年，15~59岁年龄人口是流动人口的主体，达到1.6亿，占全部流动人口的89.8%（国家统计局人口和就业统计司，2011）。从2005年全国1%人口抽样调查分年龄段的数据可以看出，在0~14岁进入青春期之前，女性与男性在社会参与方式上没有显著的差异，该年龄段迁移性别比较为接近，属于正常范畴；在15~29岁这个年龄段，迁移性别比小于100，说明女性迁移的人数多于男性，而这个年龄段，女性正处于未婚到年轻夫妇家庭这样的生命周期中，外出求学、打工的数量多，且初婚年龄集中，成婚成为普遍现象，通婚范围扩大，婚姻迁移规模大，处于流动的活跃期，在流动方向上表现为更多的是从原生地流出；而男性的初婚年龄相对较晚，且所受教育年限较长，因此流动的数量低于女性。在30~64岁的年龄段，迁移性别比超过100，而该阶段女性正处于成长中的核心家庭、成熟的核心家庭、扩大家庭和空巢家庭阶段的家庭生命周期中，社会角色期待女性能养老抚幼，承担起家庭的责任，受到更多的家庭牵制，而家庭分工倾向于让男性出外打工，因此该年龄段女性迁移数量低于男性，而65岁以后的年龄段，迁移性别比低于100，该年龄段女性进入空巢家庭，或者为了照顾孙辈的需要或者是丧偶的原因而迁往子女所在地，老年女性的迁移数量也就多于老年男性（国家统计局，2006）。

（二）就业流动的选择意愿

英国统计学家拉温斯坦在对迁移的调查中观察到，迁移人口中女性多于男性（李竞能，1992）。而有些国家的事实表明，情况往往依特定的条件而变化。例如在印度，考姗姆比发现这样的现象：在一定的距离内，迁移者中的女性多于男性；而随着迁移距离的增加，迁移者中女性的比例下降，而男性比例上升（考姗姆比，1997）。相比较而言，中国的情况则是，女性就业流动的选择受制于家庭角色和性别特征（蔡昉，2000）。蔡昉解释了流动决策的选择取决于家庭内部劳动力之间的比较优势、不同家庭成员留在土地上的生产率，以及外出赚钱能力的差异，并估计家庭成员去留之间的相对收入，判断时间成本和心理成本。以此认为在家庭成员中，受教育程度越高、年纪越轻，外出后的终身预期收入越高，承受的心理成本也越低。因而，具有这样的人力资本比较优势的家庭成员外出，而另一部分成员留在土地上，可以使家庭收入最大化。对于山东省济南市的调查也支持这样的提法，女性在外出打工的实际收入和预期收入方面不占优势（蔡昉，1997）。

（三）就业流动的满意度

宋冬霞通过对江苏沿海乡村的问卷调查所获得的第一手资料，指出女性就业流动呈现出阶段性特点：18岁至婚前较少从事农业生产劳动，多数在周边工厂或外出打工，就业流动呈现向上流动的趋势；生育后直至50岁前，为了照顾家庭的需要，大多在周边就业，就业流动保持向上流动的状态；50岁以后，出于照顾孙辈的需要回归家庭，或者年龄大难以找到合适的工作而回归农业，就业流动表现为逆向、被动或向下流动（宋冬霞，2012）。土地流转和城镇化，使得年轻女性的就业流动机会增多，对其家庭地位、社会地位、婚恋观念、生育观念产生正向改变，但在女性所处的生命周期后期，会产生农业女性化，女性身兼农业生产和家务劳动，家庭地位和社会地位下降，远离集体事务、缺乏参与制定“游戏规则”的机会而难以公平享受公共资源和公共服务。此外，女性就业外流会冲击原生地的人才结构和经济发展后劲，也产生留守儿童现象，影响儿童的教育发展，频繁的就业流动也会加剧社会焦虑、婚姻危机，挑战传统家庭伦理秩序（宋冬霞，2012）。女性受教育水平会影响女性的就业流动性、就业能力、工资收入、职业分层（段成荣，2009；戴霞，2005；叶文振，2005；张志敏，2003）。陈金梅通过对福建省 17 个县（市、区）女性流动人口的调查所掌握的就业信息，发现受教育水平高的女性就业流动的层次较高，往往通过正式的市场选择职业并获得较高的工资收入和工作稳定性（陈金梅，2012）。受教育水平、技能培训等公共服务的可获得性可以有效提高女性就业流动的机会和工资收入（李强，2012）。

女性在就业流动中，常遇到玻璃天花板效应①，使其向上流动的速度和机会受到一定限制，在就业流动中处于较低的、辅助性的层次地位，即使能跻身管理层，其收入也低于同一级别的男性（杜政璇，2008）。经济结构的调整改变了传统产业结构的布局，也扩大了非公经济和非正规就业的范围，女性就业流动呈现跨行业和跨所有制的流动。部分女性进入第三产业和技术管理岗位，获得城市稀缺的就业资源，实现向上的就业流动；部分农村女性抓住非农就业的机会，实现经济身份的转变，她们在工资收入、生活方式和性别理念等方面有了明显的提升（郑真真，2004），但仍面临行业和职业的性别隔离，遭遇性别歧视（谭深，1997；李实，2001），并且由于流动的频繁，她们难以形成一个稳定的群体（李小星，2010），不少女性结婚后不再外出就业，而是选择留守农村从事农业劳动；国企下岗女工深受国企改革的冲击，更多转向非正规就业，从“体制内”向“体制外”流动，历年劳动统计资料显示，工业化程度较高的地区和改革力度最大的制造业和零售业，很多女性被迫回归家庭，或提前退休，或进入低保状态（李实，2004）；男性外出打工和女性在家务农的“男主外女主内”分工模式，农村女性特别是已婚女性别无选择地留在农村种地养家，肩负照料家庭和土地劳作双重任务，呈现出“男工女耕”的分工格局，留守女性在工业化进程中逐渐被边缘化，她们在土地、融资等农业资源的占有方面明显处于弱势，在基层政治中缺位严重（蒋永萍，2006）。

三　女性就业流动的多维影响因素

国外学者对于就业流动更多是理解为迁移，对此往往从流动的社会经

① 玻璃天花板效应是一种比喻，指的是设置一种无形的、人为的困难，以阻碍某些有资格的人（特别是女性）在组织中上升到一定的职位。

济动机和决定因素进行探讨，主要集中于就业流动所耗费的时间总量，以及回流的决定因素，比如就业流动的方式、在外地逗留的时间和流动的频率（Radu and Epstein，2007）；Hill 则将就业流动与家庭紧密联系起来，假设个人效用依赖于在迁出地和迁入地之间停留的时间路径，该路径是通过在迁入地度过的最佳时间总量和往返频率的最大化而实现的（Hill，1987）；对于就业流动中的往复现象，世界上某些行业的招工计划就增加了很多奖励措施和迁移的条件来保持人员的稳定性（Dayton Johnson，2007）；Florin and Matloob 还发现往复式流动与就业迁出地和迁入地以及家庭的共同受益预期有密切关系（Florin and Matloob，2009）；对于就业流动的决策动机，主要采用"推—拉理论"，认为就业流动的动力来自于推力和拉力、迁出地的消极因素，比如自然资源的枯竭、农业生产成本的增加、农村劳动力过剩、收入水平降低等，促使迁移者迁出原住地，而迁入地的积极因素，比如较多的就业机会、较高的收入水平、较好的文化和公共设施、较好的受教育条件等，对劳动力起着拉力作用。但迁出地并非都充满消极因素，也有一些积极的可挽留因素，比如熟悉的环境、人情关系网络等；同理，迁入地也存在排斥的消极因素，比如陌生的环境、激烈的竞争以及生活压力等。就业流动者往往要权衡各方面的利害得失，因此做出迁移的决策（郑杭生、李路路，2005）。陆益龙则更侧重于就业流动的决策权衡，认为个人因素、城市或迁入地的因素、农村或迁入地的因素综合的多维指标影响流动的决策（见表 2 -2）。

表 2 -2　影响迁移的主要因素

个人因素	城市或迁入地的因素	农村或迁入地的因素
出生地、性别、年龄、种族、家庭、婚姻、子女数、受教育水平	到迁入地的年龄和婚姻状况、迁移年份、迁移前职业、迁移前收入、迁移的期望、家庭其他成员的迁移情况、迁移费用、迁移信息来源、迁移费用来源、刚到时的生计手段、建立独立经济来源的时间、返回原住地的频率、向原住地汇款数量、现在的职业、收入和工作单位情况、迁移时的家庭安排	独立时的经济收入、迁移史、家庭资产、工资收入、受雇佣历史、土地规模、对别处机会了解的情况

我国女性就业流动的原因很多，比国际人口迁移更加复杂，有经济性迁移、非经济性迁移等，但最普遍的是经济性人口迁移。我国理论界根据我国农村的实际情况，借鉴国外相关的经典理论，对影响我国农村劳动力流动的因素进行了诸多的实证研究。综合起来看，可以归纳为几个方面的因素：

（一）社会系统因素与女性就业流动的关联

1. 社会变迁及制度体系

第一，工业化和城市化。当前我国存在的女性就业流动，主要是由于工业化和城市化引起的农村人口向城市流动，一方面促进工业化和城市化的发展，带来经济效益的同时也促进流入地经济的发展，但另一方面，对于流出地来说，女性特别是年轻女性的大量外流，使得养老抚幼的家庭责任无法正常履行，农业生产缺少劳动力，降低了地域的边际生产力，影响流出地经济的发展（王春光，2006）。

第二，户籍制度。林善浪将影响就业流动的制度因素归结为城乡分离的二元户籍制度，以及农村极不健全的非农就业机制和社会保障制度（林善浪，2010）。很多家庭选择部分家庭成员就业外流而剩下家庭成员留守原生地从事农业活动，就是因为户籍制度的排他性福利政策提高了家庭式迁移的成本，使劳动力迁移非家庭化（Anderson，1990）。李强从推拉效力的角度指出户籍制度是中国的推拉模式区别于国外的最主要差异，不仅对推拉模式有普遍性影响，而且还使得推拉作用发生异化乃至失效，在此过程中，就业流动者的生活目标、生活预期、心理定位、生命周期等发生深刻的变化（李强，2003）。城市为了寻求发展表现出对于资金和优秀人才的偏好，降低了优势群体户口入迁的门槛，也出于解决本地劳动力下岗问题而保护本地户籍群体的利益，却难以应对低素质劳动力进城所带来的就业、教育、交通、卫生等方面的压力，而选择较为严格的流迁限制。因此，在优势群体、本地户籍人口与低素质农村剩余劳动力的博弈中，户籍制度保护了前者，而使后者处于弱势地位，限制了农村剩余劳动力流入城市（彭希哲，2007）。王良虎研究表明，城乡分离的二元户籍制度是导致农村劳动力回流的一个重要原因，农村劳动力普遍认为自己在城里被人看不起，得不到尊重，从而选择回流（王良虎，2007）。如果家庭户籍地处经济发达地区，则子代在就业时有较多的优势，在一般情况下，用人单位总是倾向于招收本地劳动力以保证就业稳定性和企业持久的利益，同时，子代就业地点属于经济发展程度较好的地区，出于向上流动的本能，往往选择留在户籍所在地就业，就业流动趋于停滞和稳定；反之，家庭户籍处于经济欠发达地区则有着较低的在本地就业的意愿。根据马斯诺的需要层次理论，往往选择职业发展前途较好，能获得较高经济收入的经济发达地区，因此子代就业流动更大更频繁。但随着经济的发展和人口流动性的增强，户籍制度却成为人口流动的藩篱，限制着人口的自由流动。发达地区的落户门槛，在住房面积、居住年限、受教育程度、年纳税总额等方面设置人为的障碍，使得人口出现分层，筛选出人力资本和经济资本较高的人口得以落户，而限制人力资本和经济资本较低的人口进入。但这也造成一定的负面影响，比如阻碍劳动力流动，难以形成全国的统一劳动力市场（蔡昉，2000）；阻碍工业化和城市化的进程，城市化需要的劳动力不足（王红扬，2000）；造成城乡二元发展格局和城市的社会分层（陆益龙，2008），城乡之间基于户籍制度形成对立的利益体，享受不同的福利，使得劳动力出现单向度的乡城流动。

第三，农村家庭联产承包责任制和土地流转。起始于20世纪70年代的农村家庭联产承包责任制极大地提高了农村的劳动生产率，造成农村剩余劳动力的显性化和自由化，而工业化和城市化为主的经济战略制约着农村经济的发展，一方面农村非农就业的数量未能吸纳足够的农村剩余劳动力，这部分劳动力有着强烈的流动动机，但农村土地承包责任制也为农民提供了安全感，他们尽管离土离乡却改变不了农民身份，有着深刻的回流倾向；另一方面城市的国企工人满足于稳定的收入和就业机会，养成流动的惰性，这些都使得农村剩余劳动力涌入城市成为城乡两栖人口群体，并由于户籍的限制以及留恋于农村牢固稳定的社会关系网络而选择“流而不迁”（彭希哲，2001）。蔡昉的观点与彭希哲颇有相似之处，但其侧重于对土地流转问题的探讨。他认为当前绝大部分地区并没有实行有效的土地转让制度，或者没有相应的机制和环境土壤。家庭联产承包责任制赋予农民以基本的生产手段和衣食之源，还提供了就业保障。劳动力就业外流就是实现了土地的职能转换，或者将土地交给家庭其他成员耕种，以维持土地的保障功能，或者把土地转让出去，实现物质形态的保障职能到价值形态的保障职能的转换。中国农村特有的土地制度安排的特点，使得就业流动往往不是举家迁移，而是采取家庭成员分工的部分成员迁移模式（蔡昉，1997）。中国现有的土地制度，不仅限制了农民就业流出的意愿，而且解决了就业回流农民的后顾之忧，从某种程度上说，土地制度保障着农民的基本生存需求，使他们能在不利的生命周期，如年长体衰或经济危机被迫下岗时选择回家务农。调查结果也支持了这样的结论：就业流出的农民往往不会放弃家乡的土地，或者由妻子或父母耕种，或者流转给亲戚耕种，以此满足基本的生存需要（甘满堂，2005）。

第四，国家的缺位。诚如潘毅所言，国家在农民工劳动力再生产中是缺位的（潘毅，2012）。就业流出的女性由于生理和社会资源的弱势，而只能选择在次级劳动力市场就业，从事城市居民不愿意干的工作，处于较低的职业层级上，无法获得稳定的就业机会，无法享受到平等的社会保障，很容易受到经济环境变动的风险。同时，城市的高房价和高消费，限制了农民工融入城市的可能性，而农村的低生活成本、教育成本和医疗成本，有利于家庭再生产成本的降低，使他们不得不将部分家庭成员留守家乡负责家庭的再生产，以此增加家庭的经济收入，分散家庭经济风险（罗小锋，2013）。

第五，劳动力市场分割。根据西方劳动力市场分层理论，劳动力市场分割是指基于社会和制度性因素、劳动力市场产生的部门差异（Stolzenberg，1975）不同人群进入劳动力市场的渠道和获得的就业信息不同，在就业部门、职位以及收入模式上产生差异化配置（Haufman，1983）。在我国主要表现为城乡劳动力市场的差异。城乡分割的二元劳动力市场，限制农村劳动力流入城市的正规劳动力市场，使其只能进入非正规部门，城市劳动力更多比例地集中于白领职业而农村劳动力更多比例地集中于蓝领职业（孟昕、张俊森，2000）。蔡昉利用第五次全国人口普查数据，将城市劳动力市场作为解释变量，发现城市劳动力市场发展情况如何，在一定程度上影响着农村劳动力就业流动的机会和报酬系数（蔡昉，2003）。王西玉、崔传义等人研究了中国二元结构下农村劳动力的流动，指出了人际关系网络对农民外出务工的重要性，城乡之间的经济联系也是影响农村劳动力外出就业的重要因素（王西玉、崔传义，2000）；除此，人口经济增长的不平衡过程、技术进步以及产业结构变动导致的劳动力结构性剩余或短缺，会导致劳动力供求失衡，使劳动力在地区间重新配置，产生就业流动，而不断的劳动力流动又会使劳动力市场趋于均衡（杨云彦，2000）。按照结构分析方法衍生出劳动力市场分层理论，该理论认为劳动力市场受制于社会和制度性因素而形成部门差异（Stolzenberg，1975）；群体间在获取劳动力市场信息和进入劳动力市场渠道的差异性，造成就业部门、职位、收入模式上的群体分化，主要表现在性别与流动人口之间（Kaufman，1983），对此，学者们以我国劳动力市场客观存在的政策性分割，特别是业已存在的户籍制度和性别因素，来解释城乡、男女劳动者在劳动力市场中的分层。比如户籍制度，会给女性劳动者特别是农村女性劳动者带来权利义务的不对等和社会保障程度的迥异。非正式迁移的女性劳动力，进入的部门主要集中在工业、制造业和一般服务业等非正规部门，而男性劳动力主要集中在建筑业、交通运输业，在国家机关和事业单位的比重也高于女性，进入城市的门槛也较低，男女劳动力在劳动力市场中的各自系统内自求平衡，获得差别化待遇，也形成重要的职业分层（杨云彦，2001）。

第六，地区间发展差距和就业替代。就业流动的方向还受到局部地区就业紧缩和再工业化趋势的影响，前者表现为所有制的变化、产业结构的调整、劳动用工制度的改革以及农村劳动力对于城市劳动力的就业替代等，导致负就业弹性，就业压力凸显；而后者会造成地区间在发展水平和就业结构方面存在明显的梯度和发展落差。以上因素的双重作用使得地区间存在就业替代关系。各地就业结构发展的不均衡，需要就业存量予以调剂，产生就业存量间的替代关系，占据区位优势的地区获得就业替代，人口迁入，而其他不占优势的地区就出现人口净迁出（杨云彦、朱金生，2003）。长此以往，流出地会产生“智力流失”，而流入地则汇集了大量的高素质劳动力、资金、技术等资源而成为“核心”，其他地区则成为外围的“依附”，地区间差距的扩大形成“极化效应”（杨云彦，1999）。

2. 经济成本及收益

这一方面的因素是历来众多研究人口流动的学者所重点关注的（见表2－3）。Murphy从成本—收益的角度指出，就业流动是为了达致个体生活条件的改善，当流入城市没有得到预想的结果，生活条件没有明显改善（Murphy，2002），或者就业流动者的原生地有更好的投资和发展机会（Christiansen & Kidd，1983）、低技能耕作方式需要劳动力支持时（Wang & Fan，2006），他们就需要进行再选择。除此，还有风险厌恶理论，是指当面对具有相同预期价值的投机时，风险厌恶者喜欢结果比较确定的投机，而不喜欢结果不那么确定的投机。因此学界也有采用风险厌恶理论来探讨女性就业流动方向的，发现风险厌恶者更倾向于回流，而风险投机者更愿意流出原生地到外面发展（Co et al.，2000）。彭希哲认为农村劳动力流动遵循着风险最小化和利益最大化，并以此作为家庭迁移决策的重要依据（彭希哲，1993）。劳动力和家庭对流动中物质成本、社会成本、心理成本以及可能收益的估计，影响着农村劳动力流动的意愿和流动的方向（蔡昉、杨涛，2000），农村劳动力乡城迁移的持续动力在于收入的剪刀差，以及由此导致的相对经济地位的变化（蔡昉、都阳，2002）。赵阳的研究也支持这样的结论，他认为农民工就业流出和就业回流的选择动因是高收入预期（赵阳、孙秀林，2001）。白南生和何宇鹏的研究也暗含了经济因素的重要性，研究结果显示，因外出务工困难而回到家乡的最多。农村劳动力的供给有限、过低的工资和日益恶化的就业环境都可能成为劳动力就业回流的原因，由此判断刘易斯的劳动力迁移模型无法有效解释我国的劳动力迁移状况（白南生、何宇鹏，2002；刘铮，2006）。罗明忠对于预期收益和比较收益的差异化理解，以及金沙对个体人力资本因素和心理因素对于就业回流影响的论断都与此不谋而合（罗明忠，2008；金沙，2009）。对于迁移者来说，迁移决定的做出，主要的动机不在于劳动力的市场供求状况，而取决于迁出地和迁入地在经济生活、社会生活等方面潜在的差异性，以此对成本和收益做深入的权衡并力求效益最优（郑杭生、李路路，2005）。

表 2-3 影响迁移行为的成本收益因素

迁移决策	潜在代价	潜在收益
迁移	迁移费用；不一定能找到工作；找工作期间的住宿问题；迁入地原住民对陌生人的歧视；缺乏社会地位；生活于陌生的环境；需要使用另一种语言；改变生活习惯和习俗	更高的收入；职业选择和偏好；住房改善；自己和子女的受教育改善；更丰富的生活方式；更好的社区服务；更好的民族或种族和社会条件
不迁移	在迁入地工作难找；在迁入地缺少合适的工作；对当地环境、民族关系、政治制度与条件的不满；过分的家长统治	已有的可利用但不昂贵的生活条件、设施以及有活力的生活；良好的家庭与亲朋接触；满意的社会地位；熟悉的生活环境；就业保障

3. 社会性别系统

西方经济学者主要从人力资本、人的生产效率和企业成本负担来探讨就业流动中的性别差异，分别提出人力资本理论（Mark Blaug，1976）、劳动市场歧视理论（Joseph G. Altonji，1999）和统计性歧视理论。而社会学者则从传统文化和社会制度因素探讨性别因素的影响，主要有互动理论（Ridgeway，1997）和制度理论（Tukky，1998）。Knight 和 Song 发现中国劳动力市场中，性别歧视在特定年龄和低文化素质的劳动群体内表现尤其突出（Knight & Song，1995）。女性在参与社会经济活动中常受到普遍的歧视，女性在就业流动中主要处于从属的地位，受制于其所赋予的再生产、家务及养老抚幼等社会性别角色。性别因素也因户口类型的不同而对就业流动产生复杂的作用。

一是传统性别观念。传统以男性为主导的社会观念使得政治资源、经济资源与文化资源大量集中于男性麾下，作为既得利益者，他们会利用手中的权力继续保持相较于女性的优势地位，阻碍女性在职业发展中功能的正常发挥，且女性承担的家庭职责和家庭角色也使得她们在就业流动中无法自由地流动并获得与男性“同工同酬”的待遇（郑杭生，2007）。传统性别意识及其制度、传统的社会性别分工意识、统计性性别歧视和职业中的性别隔离制度也是制约女性就业的重要影响因素。（吴瑞君、邓春黎，1996）比如基于男女性别差异的职业性别隔离，亦即劳动力市场中男性职业和女性职业的分野，无形中给女性职业层级的提升造成了障碍，限制和减少女性职业发展的空间以及在劳动就业市场上公平竞争的机会（刘德中、牛变秀，2000）。相对资源理论认为男性往往是家庭收入的主要提供者，他们占有较多的资源而在家庭中拥有较大的家庭决策权力，主导着对女性的流动选择（Blood，1960）。家庭成员的性别观念越传统，女性成员的家庭地位越低，越难以在就业决策中拥有选择权。女性就业流动中遇到的“玻璃天花板”效应还在于社会歧视和性别社会化，社会歧视在于买方因素对于女性的排斥，而性别社会化在于卖方性别差异化的人力资本投资（杜政璇，2008）。主流性别意识影响着就业结构，导致就业排斥，使女性在就业流动中面临家庭照顾和就业务工的双重负担和剥夺，并内化了主流性别意识，深化了性别殖民化（吕卓文，2008）。传统社会性别规范还会通过家庭在家庭教育投资、家庭分工格局、社会资本的获取和使用，以及劳动力市场方面对女性，特别是农村女性的就业流动产生影响（刘妍，2009）。但社会性别系统等宏观因素虽然揭示了传统性别文化和制度对女性职业发展的规制，但却无法解释进入同一个城市的农村流出妇女之间在职业发展上的个体差异，必须进一步从微观层面将农村流出妇女的职业发展与她们个人的流动经历和就业能力联系起来（叶文振，2002）。

二是父权制。女性的就业流动挑战传统的父权制文化，促使其向性别平等的修正的父权制文化过渡，女性在就业流动中释放了个体的潜能，但家庭地位格局仍受制于完全的父权制文化（杨雪燕，2011）。以男性为主导的性别文化制度对家庭劳动力迁移决策有显著的影响，男性具有天然的优势（Chattopadhyay，2000）。人力资本理论认为，家庭总是在衡量就业流动的利益和损失，一般会倾向于支持男性而不是女性（Edward S.

Shihadeh，1991），女性常因为长距离的家庭迁移而退出劳动力市场。妻子的收入还与丈夫收入高度相关，就业流动迁移中妻子常处于附属迁移者的地位，丈夫收入显著提高，则随迁的妻子收入水平下降，那些受教育程度较高的妻子，收入下降的幅度更加显著（Holmiund，1984）。况且，男性在非农转移过程中，从传统社会继承下来的社会资源、组织资源、技术操作的优势、生理和心理优势，都会促使男性重构对女性的支配关系（金一虹，1998）。

三是性别角色期待。对于女性而言，家庭角色预期使得女性不敢从事一些具有风险性的活动，包括就业流动（Yang and Guo，1999）。中国特殊的代际继承关系，也强化了传统文化和道德对子女赡养父母的角色定位，就业流动的性别分工常将年长者或妇女留下来照顾家庭，尤其在非户口迁移的女性中体现得尤其显著（杨云彦，2008）。作为社会性别系统主观反映的性别角色期待，对就业流动的家庭决策也起着显著影响，表现在夫妻各自的性别角色定位（Sheth，1974）、夫妻性别角色取向（Qualls，2001），影响家庭成员按照传统的关于男女性别角色的分工采取行动的自觉程度。在中国的场域中，未婚女性在原生家庭是过渡性角色，就业流动有较大的自由度，而已婚女性的个人发展与传统婚姻派定的角色和责任是相冲突的，就业流动会受到家庭的限制（谭深，2005）。很多研究发现夫妻性别角色分工趋于平等的家庭，在就业流动决策中越倾向于默契和联合。余驰等人还发现农村女性的就业流动常采用自组织的方式，传统农村社会赋予其特殊的性别角色，她们在劳动力市场上与男性平等竞争，还要挑战传统的性别分工和权力分配，就业回流成为她们的重要选择（余驰，2011）。男性和女性的性别角色和分工取决于他们留在土地上的生产率和获取经济收益的能力，要比较性别间的相对收入，时间的要素和各自承受的心理成本，从家庭利益最大化的原则决定性别分工和就业流动人员的选择。蔡昉从家庭人力资本禀赋的视角进行的调查显示，年长的已婚女性更多是生存型就业流动，家庭对其贡献量要求较高；而年轻的未婚女性更多是发展型就业流动，家庭对其贡献量要求不高。

四是社会性别话语。性别因素在就业流动研究中常被忽略，男性主流的价值体系中，女性的很多社会活动难以找到其应有的位置，女性从事生产、家务劳动、养老抚幼等价值被低估，女性的话语得不到足够的重视。运用女性主义理论进行批判的基础在于话语系统的变革，打破男性价值观主导的社会价值体系（杨云彦，2001）。妇女解放运动和男女平等意识形态的推进，已婚女性的绝对服从状态有所改变，有着较多的自主权和个人意识，能较多表达自己的意愿，但面临比男性更多的个人与家庭间的冲突和抉择（谭深，2005）。

（二）家庭禀赋与就业流动的关联

从家庭层面探讨就业流动的成本和收益也是学界研究的重要领域。对于就业流动的实证研究表明，性别对就业流出意愿的影响有限，而年龄、婚姻状况则有较大的影响（白南生、何宇鹏，2002）。个体生命周期带来的劳动力供求年龄结构的不匹配也是造成回流的重要原因，青壮年一般选择就业流出，而中老年则更容易就业回流（章峥，2006）。农民工就业流动意愿和城市定居的选择受到婚姻状况和举家迁移的双重制约，一般而言，女性比男性更愿意留在城市工作生活，举家迁移的农民工更愿意定居城市（李强、龙文进，2009）。除此以外，有些学者认为新生代和老一代在留城和返乡的意愿方面差异很大（白南生、李靖，2008），有些学者刚好持相反的观点（李强、龙文进，2009）。在实证调查中，学者们常采用工具性的调研方法予以论证。比如学者们在研究方法上采用二元选择模型，还有其他的计量经济学分析工具，较为典型的是参数估计的威布尔模型（Hare，1999）、面板二元选择模型（罗凯，2009）、事件史模型（葛晓巍、林坚，2009）等。

1. 家庭经济状况

父母家庭年收入仅对来自城市的毕业生有统计显著性的影响，对来自农村的毕业生来说，差异不显著，来自城市的毕业生的父母年收入增加1万元，相应学生的初次就业月收入会增加3.3%；来自农村和城市的学生初次就业收入具有显著的不同，对于家庭年收入在34000元以下的城市生源学生来说，其初次就业收入明显少于农村生源的毕业生，但家庭年收入在34000元以上的城市生源学生具有明显高于农村生源毕业生的初次就业收入，城市父母每万元年收入的增加，会引起学生初次就业收入增加2.8%；在非政府部门工作的父母，其受教育年限对其子女初次就业收入没有显著影响，但对在政府部门工作的父母来说，其受教育年限则对其子女初次就业收入具有显著的影响（袁诚，2009）。而在农村，耕地的数量和质量会显著影响家庭成员迁移与否的选择。调查发现，家庭人均土地数量每增加1亩，迁移劳动力回流的概率会增加1.1倍（Wang & Fan，2006）。

2. 家庭决策

国外学者从家庭禀赋层面探讨劳动力的就业流动要追溯到 20 世纪 70 年代，国际性劳动力迁移的状况和原因是当时重要的研究主题；80 年代末广泛采用的新劳动力流动经济学却持有不同的观点，Stark 和 Taylor 把回流看作是在家庭层次上“盘算”的合理结果，是实现家庭目标的一种成功（Stark & Taylor，1991），并客观地提出“相对剥夺”的重要概念，研究对象的选择不再局限于新古典经济学一贯坚持的个体行为，而是转移到家庭成员相互依赖的家庭层面上来（Hare，1999）。到 90 年代，Dustmann 等人运用新古典经济学的分析工具，探讨工资收入、工作表现对就业流动预期的影响，构建个体谋求福利最大化的生命周期模型来解释就业流动意愿，指出就业流动决策受到三方面因素的制约：流出地和回流地的相对价格比较；迁移者的人力资本积累；迁移者的主观意愿（Dustmann，1996）。

但中国的实际情况是，劳动力迁移并不单单是个体行为的选择，更是家庭集体决策的结果。传统以来形成的家庭观念，家长有着绝对的决策权，在子女独立生活或成家前，承担起照顾子女的义务，在此家庭基于血缘关系联结起特殊的代际继承关系，因此家长权威就体现在对经济的控制上，特别是家庭成员的职业选择和就业地点往往都由家长决定，家长也会对家庭成员的就业分工做出合理的安排，子女也会在此方面与家长充分沟通后才会做出选择，且这种影响力会持续到子女成家前，一旦子女经济独立后，家长权威就会减弱。而在中国特别是农村地区，家庭是联系个体的纽带，家长拥有绝对的权威，家庭成员的迁移决策、迁移区域、迁移人数等，常常是家庭集体商量讨论做出的（盛运来，2007）。杨云彦基于对湖北省和河南省 3145 户农村居民的抽样调查，利用 OLS 回归模型分析后发现，农户家庭禀赋所表现出来的物质资本、社会资本和人力资本显著影响着家庭成员的外出务工决策。其中，家庭人力资本和社会资本越丰富，家庭成员就业流出的可能性越大，而家庭财富积累状况和耕地数量与就业流出可能性呈“U”形相关关系，家庭物质资本较好或较差的农民更愿意外出打工。有外出打工经历的家庭，会产生辐射带动效应，其他家庭成员就业流出的可能性会大大增加（杨云彦、石智雷，2012）。家庭成员的就业流动，更多是为了增加家庭收入和分散经营风险（杜鹰，1997），而不是简单的为了个体的前途和发展。就连国外学者 Murphy 也认可了游离于社会保障体系之外的农村迁移群体，其迁移行为得以实现是基于原生家庭为其提供保障支持系统（Murphy，2002）。所以从某种意义上说，家庭是劳动力迁移决策的基本单位。叶文振则认为中国妇女的市场就业并不是一个完全的个人行为，而更多是一种家庭选择，配偶的文化程度、收入水平和孩子生育数量及其年龄分布都可能成为女性就业选择时的参考变数，婚姻家庭因素对已婚妇女的影响尤其显著。因此，对于已婚流动妇女的职业发展的影响因素进行恰当的解释，还必须把相关的家庭背景，特别是丈夫的个人因素，引入理论思考中（叶文振，2002）。

3. 家庭关系网络

Brecht 调查了到德国打工的南欧劳动力，发现家庭社会网络会显著影响移民流动的方向，来自农村的家庭成员更容易回流，而来自城市的迁移者更愿意融入迁入地（Brecht，1994）；同质性的社会网络有利于劳动者回乡创业，比如有深厚社会资本根基的劳动者个体或者家族中有开办私营企业的个体（汪三贵，2010）。学者们还肯定了人力资本和社会资本双重作用对于就业流动的影响。比如在一项针对“中国城镇劳动力流动”的研究中，赵延东利用中国科学技术促进发展研究中心与挪威 FAFO 应用社会科学研究所的资料数据进行的回归分析发现，城乡流动人口的人力资本和社会资本有利于经济地位获得和就业流动中的优势地位，在此过程中，原有人力资本和原始社会资本在新环境中积极转型（赵延东，2002）。Burt 认为农村劳动力就业流动更多受到强关系的影响，这源于劳动者个体所受的教育程度有限，当个体接受足够多的教育，人力资本提升了，其关系网络就会越大，网络顶端就越高，弱关系起的作用相应就会越大；反之，当个体接受的教育有限时，人力资本存量低，其关系网络就较小，除了强关系外只能认识有限的弱关系，因此在就业流动中更多运用强关系（Burt，1992）。杨云彦也指出社会网络和社会资本的缺失以及农民工融入不了城市的生活也是造成农村劳动力回流的一个重要因素（杨云彦，2012）。实证调查结果也显示，过多依靠家庭社会资本实现就业的女性，就业流动次数较少，但工作稳定性不强，容易产生流动（石智雷，2009）。

4. 婚姻状况

对于女性而言，婚姻状况是决定其就业流动方向的重要影响因素。现有的研究发现，已婚女性的回流概率是未婚女性的 3.7 倍，这主要是出于已婚女性对货币成本、生理成本和心理成本等迁移成本的考虑（Wang & Fan，2006；Vadean & Piracha，2009）；有配偶的流动女性更容易倾向于回流，其概率要比年轻单身女性高 15.4%，除非女性与配偶共同外出打工，否则女性很少有外出的就业流动，即使有，其回流的概率也会增加 16.1%（赵耀辉，2002）；扎卡然科模型也适用于以上结论，尤其对已婚女性更具推论意义（Zakharenko，2008）。谭深的研究也发现，未婚女性的就业流出基本上属于个人的自主性流动，而已婚女性就业流出的概率就比男性下降一半。近年来农业还出现女性化趋势，即留在农村从事农业生产的以女性青壮年为主，可以说，婚姻带来的责任感促进男性就业流出的可能性而制约了女性外出的机会。即使夫妻共同流出，也是丈夫先出然后才是妻子，且在流入地也会延续原有的性别分工，丈夫工作赚钱而妻子照顾家庭，形成妻子的从属性流动。可见，男性在就业流动中的地位始终不变，而女性则在进入婚姻后退为配角。婚姻的本质在于女性从原生家庭向丈夫家庭的转移，夫主妻辅的性别角色分工不可替代并固化下来（谭深，1997）。但丈夫在外从事非技术工作的农村女性，则就业流出的概率和就业流动的次数就会增加（石智雷，2011）。在就业流动质量方面，流动妇女的职业发展与流动妇女配偶的文化程度呈正相关，配偶文化水平越高，越能对妻子的就业流动产生支持和帮助，流动妇女找到合适工作的可能性就越大；与配偶收入水平呈负相关，配偶的收入越高，养家糊口的能力越强，则会降低流动妇女就业流动的可能性和就业流动的质量（叶文振，2005）。

5. 家庭结构

家庭结构中家庭成员的数量、性别、健康状况也是影响女性就业流动的重要因素。学术界常用学龄前或未成年子女数量以及老人数量和健康状况、享受社保情况来判断女性就业流动的时间长短、流动方向、流动地点的选择等。比如达斯曼等人研究发现家庭中孩子的数量对女性就业流动的方向有显著的负向影响，即孩子数量越多，母亲流出的可能性越大（Dustmann，1996），未成年子女的数量和教育问题也会影响女性的就业流动意愿（刘俊，2001），而且生育的孩子数量越多，耗费在生育和养育子女上的时间和精力越多，越不利于就业质量的提高，但随着子女年龄的增长，投资于子女的教育、生活开支越大，日常照顾时间越少，女性求职的可能性越大（叶文振，2005）。但在模型的建构中，学者对子女和老人年龄的判断标准却有些变化：段成荣和蔡昉采用 14 周岁以下子女数作为判断标准（段成荣，2009；蔡昉，2000）；林善浪采用子女年龄小于 16 周岁作为未成年子女数变量的判断指标（林善浪，2010）；石智雷、杨云彦、彭希哲采用7周岁以下学龄前儿童和65岁以上老人作为标准（石智雷、杨云彦，2012；彭希哲，2007）；赵耀辉则进一步细化，采用家庭6岁以下、6～12岁孩子数量以及65岁以上老人的数量作为指标估计就业流动方向（赵耀辉，2002）；白南生和何宇鹏也肯定了学龄前子女数指标的科学性，以此作为估计劳动力流动方向的重要指标，并通过实证调查发现，有近10%的女性选择回流是因为子女读书（白南生、何宇鹏，2003；石智雷，2009），这也反映了随迁子女在城市教育中面临的困境和不平等待遇；还有学者利用多元回归模型，发现家庭中正在上学的孩子数量对于女性就业回流有显著的正向影响，家庭中学龄儿童数量每增加1个，女性就业回流的概率就会增加1.1倍（Wang & Fan，2006；Fabian & Straka，1991）。宋月萍采用原始回归和最近邻匹配方法发现，随迁子女的性别、年龄，配偶的就业状况、受教育程度，夫妻就业流动时间比较、在流入地家庭规模等家庭因素都会对已婚流动女性参与劳动力市场产生影响（宋月萍，2012）。

（三）个体因素与女性就业流动的关联

行为主义研究方法认为劳动力迁移是个体行为的选择，并以劳动者的性别、年龄、受教育水平、婚姻等个体因素来探讨对劳动力迁移的影响，认为就业流动是个体为了实现个人效用最大化而做出的行为选择结果（Todaro，1969）。为了反映迁移者个体特征对就业流动的影响，国外学者在方法论的选择上常采用迁移选择性系数（IMS），在人口普查中筛选出各种社会经济特征的人口数和迁移人口数，以此计算人口迁移的选择性系数（段成荣，2001）。叶文振在厦门的实证调研发现，流动女性在流入地居住的时间、年龄、文化程度、结婚年数以及配偶的收入是影响她们职业发展的主要因素（叶文振，2005）；杨云彦对女性迁移流的考察也支持了性别、年龄结构、受教育年限、职业数、职业培训经历、生命周期、婚姻状况、家庭结构、依托关系（亲友介绍工作）、社会资本（兄弟姐妹个数、现住地性质）、获得第一份工作依靠的资源等因素对女性迁移活动的影响（杨云彦，2001；石智雷，2009、2010）。

1. 女性个体的人力资本

劳动者个体所具有的人力资本、社会资本等，对于就业流动选择和收入分配有重要的影响作用。在国外，西奥多·舒尔茨的人力资本理论就认为，通过教育可以提高人的知识和技能，提高生产的能力，从而增加个人收入，使个人工资和薪金结构发生变化；Mincer运用收入函数的方法，求解和估计了工人教育投资收益率、职业培训收益率等，系统探讨了人力资本投资与收入分配间的内在联系（Mincer，1958）；Meng发现教育水平可以有效提高劳动生产率进而促进工资增长，并以改革开放后的农村工业部门工资作为佐证（Meng，1995）；Zhang，Huang和Rozelle还发现，经济衰退对于较高知识水平的劳动者的影响有限，高素质劳动者可以保持工资收入不变并获得更高的报酬（Zhang，Huang & Rozelle，2002）；Huffman的研究也证明了，人力资本比物质资本更能获得高回报，并能提高利用和获取资源的效率（Huffman，2001）；V. Yakubovich分析了俄罗斯的市场转型，发现传统计划体制下形成的人力资本很难适应市场经济对于劳动者的要求，进而出现贬值的状况（V. Yakubovich，2001）。

国内学者主要是通过实证调研来支持相应的观点。比如赖德胜认为教育水平、劳动力市场与收入分配间存在动态平衡的机制（赖德胜，1998）；正规教育和职业培训有利于劳动力经济地位的获得（李培林，2001）；周逸先、崔玉平就利用问卷调查获得的实证数据，发现农村劳动力的文化程度与农户家庭收入有显著的正相关关系，劳动者的文化素质所起的作用远高于劳动者数量（周逸先、崔玉平，2001）；侯风云根据全国15个省市的农民调查样本数据，发现培训是提高非农收入的重要因素，在对教育、培训、技能等不同形式人力资本收益回报率的估计中，计算得出参加培训相较于不参加培训来说可以增加27.89%的收入，还可提高劳动者的非农参与机会（侯风云，2004；张艳华、李秉龙，2006）。赵耀辉利用四川省农户调查的数据研究发现，教育在农村劳动力从农业部门转移到非农业部门的作用非常显著，并且教育程度对促进农村劳动力进入本地非农产业部门的作用要比促进外出的作用大得多（赵耀辉，1997）。而且人力资本对于劳动力流动的方向也作用明显，比如赵耀辉利用河北、陕西、安徽、湖南、四川和浙江六省的农户调查数据，采用计量的方法对回流的原因和影响作了分析，结果显示年老、受教育程度较高、有一个未外出伴侣、家里责任田多、家乡非农就业机会多的外出劳动力更倾向于回流（赵耀辉，2002）；张林秀研究发现，教育不仅决定农村劳动力能否获得非农就业机会，而且决定农村转移劳动力非农就业的稳定性（张林秀，2000）。李强和龙文进认为，在诸多影响农民工留城与返乡意愿的因素中，教育的作用最为明显，人力资本水平越高的农民工留在城市的意愿就越强（李强、龙文进，2009）。有些学者虽然没有直接研究教育对劳动力回流的影响，但也间接地强调了教育对劳动力回流的作用（李萌，2004）。但人力资本也会存在异化的现象。如李培林和张翼利用辽宁省1000个城市下岗职工的抽样数据发现，下岗职工业已达致的人力资本存量对其收入提高作用有限，收入决定、阶层认同和社会态度等，不同程度地存在着“人力资本失灵”的现象（李培林、张翼，2003）。叶文振等人对厦门流动妇女的实证调查也证明了这样的结论，流动妇女的教育水平越高，获取就业信息的渠道就越多，就越能适应岗位的技能要求，找到好工作的可能性就越大（叶文振，2005）。

2. 流动女性自身居留行为模式

女性就业流动的目标、行为和居留模式选择会在很大程度上决定着女性就业流动的方向和未来发展趋势。随着城乡经济的发展变化，女性居留行为模式也会出现新内容和新特点，使得女性群体内部存在居留的不确定性，并处于不断的新老交替中。朱宝树比较分析上海市流动人口抽样调查数据发现，女性打工者群体内部不断进行新老交替而永葆年轻，不同滞留时间使得女性打工者不断更替（朱宝树，1997）。还有学者发现，流动人口中的大部分还没有把流入地作为其最终落脚点（朱宇，2004；迟书君，2005），存在明显的“乡土情结”（Lucas，2003；Dustmann，1996）；而且很多女性流动者抱持着随遇而安的态度，没有走的打算也没有长期居留的考虑（陈月新，2007）；女性在城市的居留方式也影响着城市的人口空间分布格局，且与所从事的职业密切相关。一般而言，从事商业、服务业的女性多采取租房式散居，从事加工业和建筑业的多采取工棚式聚居，从事工商业和自由职业的多采取村落式聚居（靳小怡、彭希哲，2005），如北京的浙江村和广州的石牌地区（千庆兰、陈颖彪，2003）。对于流动人口聚居区的诸多研究也表明，女性流动人口在大城市具有明显的非居民化居住特征，集中于城市边缘，居住地更换频繁，居住质量差，居民身份认同感缺乏（康雯琴、丁金宏，2005），使得这些女性隔绝于市民和主流文化，融入城市不深，难以有长期扎根城市的打算，容易产生回流或往复式流动的倾向。

3. 女性个体的发展预期与成果

结构主义理论持有这样的观点，区域发展不平衡所产生的中心和边缘地位，构成了劳动力流入和流出这两个截然相反的状态，但在一定情况下也会发生逆转，一部分女性劳动者由于生育、年龄大、生病等原因无法胜任城市部门的工作而选择永久性回流家乡，并在农村形成一个边缘化的弱势群体（Sander，2007）；也有部分女性劳动者由于个体的素质能力等因素难以抵御金融危机、单位改组的风险变化而被迫回流（Bastia，2011）；或者在城市没有把握合适的就业机会，在城市处于相对贫困状态而选择流动到其他地区；还有部分女性在城市积累丰富的人力资本，对于家乡的回报率和可能获得成功的机会更大而选择回流（Ammassari，2004）；此外，女性要承担更多的家庭责任，这是其生物和社会特征所决定的，因此女性出于分散家庭风险和满足家庭角色期待的考虑也会选择回流家乡，或者往复式流动于工作地和家乡之间。

4. 女性就业流动经历

农村女性的职业发展与她们个人的就业流动经历和就业能力息息相关，流入城市的时间越长，越能够建立起自己的社会网络，就能了解和适应城市劳动力市场，并为流动后的职业发展创造更多的机会。而且与就业能力相关的年龄、教育水平和流出前的就业经历等个人背景也会影响妇女就业流出后的职业发展。农村女性较低的受教育水平、单一的农业从业经验、低下的普通话水平都可能成为就业流动的障碍（叶文振，2005）。女性就业流出时间较长，则更容易适应城市的思想观念和生活节奏，随着在外流动时间的增加，就业回流的可能性增加，就业流出超过 3.5 年后，就业回流的可能性大大降低，就业流动的时间会影响就业回流的概率（余驰，2011）。就业流动经历还会带来丰富的就业流动经验，降低工资收入的边际贡献差异，影响就业流动满意度的提升（钟甫宁，2001）。石智雷在湖北省的调查也证实了，女性就业流动的次数越多，就业稳定性越差，不利于技能和经验的积累以及雇主信任的获得（石智雷，2009）。

四　文献述评

综观现有的文献，对于女性就业流动的研究成果颇丰，业已形成系统规范的研究脉络。但从整体上看，现有的研究成果仍存在如下的不足，需要在本书中予以规避并发展出一套全新的研究范式。

（一）大多数研究成果对于女性就业流动影响因素的探讨更多是宏观角度的考量，缺少微观视角

现有对于女性就业流动的考量视角更多是宏观层面，主要从经济体制、制度环境、社会文化方面解释就业流动中的性别差异（叶文振，

2005），比如户籍制度、劳动力市场分割等制度层面，或者简单地归因于传统“男主外女主内”的社会性别分工意识、统计性性别歧视，如用人单位招聘中的苛刻条件和对于女性生育的限制，以及职业发展中的性别隔离制度，如劳动力市场中职业的性别化分野，为女性就业流动设置人为的障碍，限制和削弱女性在劳动力市场中的竞争力和未来发展空间。诸如此类的多维因素探索虽然揭示了女性就业流动的整体限制，但忽略了女性个体的差异性，无法解释个体人力资本形成的性别差异性和进入相同流入地的职业发展差异。因此，有必要以微观层面作为切入点，探讨女性人力资本的形成、社会资本的构建，并与她们个体的流动经历和就业能力相关联。同时，辅之以生动的个案访谈资料，充实对于微观个体的理解和认识。可以说，无论是对于女性就业流动的纵向时期观察还是横向性别比较，研究的规模毕竟有限，对于女性就业流动的宏观把握和微观分析要引起学术界更多的重视，投入更多的研究时间和资源，从多学科视角来付出更大的学术热情。

（二）研究方法更多是普遍化、碎片化、时点化的调查，没有宏观整体把握和微观个体动态的有效结合

现有的研究所使用的资料和数据主要来自于普遍化的全国人口普查数据、以某个省份或城市的样本数据，较少有针对女性群体的面对面的个案访谈，没有从女性特有的细腻和内心感受方面描述就业流动的决策和家庭的变化，研究流于表面特征的描述，缺乏心灵深处的沟通与交流。在具体的研究范式上，把女性就业流动的方向、类型、质量分开探讨，就某一个观念或行为进行研究的比较多，而将家庭生命周期、女性就业流动经历结合起来进行全景式概貌的研究还比较少；对女性的人口迁移进行简单描述的文献较多，而把描述分析和解释分析结合起来，在理论建构和方法论剖析方面的贡献较少；采用社会学、人口学、人类学、心理学、经济学等学科背景进行单一学科分析比较多，而结合多学科理论与方法进行学术交叉和综合研究的比较少。基于业已存在的研究局限性，现有对于女性就业流动的研究更多属于碎片化、时点化的理解和认识，其理论品质、学科价值和决策建构还有待进一步提升。本书将着力于拓展方法论的研究，将人口学的定量研究和社会学、人类学对于个案访谈的定性研究的生动性有效结合起来，形象再现女性就业流动的过程、结果以及可能产生的多维影响。同时，辅之以管理学的结构方程模型予以论证，融合因子分析、多元回归分析，建构综合性的方法体系，以获得生动的描绘和立体式的解释框架。

（三）对于女性就业流动的现状描述和影响因素探讨没有特别明确地体现性别因素，缺乏专业化的女性学的学科品质

传统社会学对于社会问题和社会现象的理解都是基于男性的视角，属于男性的学科范畴，并形成习惯性的学术表现，在这样的价值体系中，女性的很多社会活动难以找到其应有的位置（杨云彦，2001）。女性在家庭所从事的家务劳动、抚养后代、赡养老人等付出的价值往往被忽略和低估。即使是那些包含了女性的研究也无法全面反映女性的实际状况，或者将女性排除在样本之外，或者将女性列入样本只是为了与男性的性别比较，或者研究所用的地位量表以男性职业结构为基础，从而使女性的就业流动无法得到真实的测量（甘泽布姆，2003）。况且，学术界研究常把女性定义为弱者，常将女性群体置于从属地位，是被动的服从者，屈从于社会系统、家庭决策的安排，没有将女性作为一个独立的研究主体列入研究对象的范畴，忽视了女性在就业流动中的主体性和能动性，以及对现有制度体系的解构和弱嵌入性。这充分体现在现有研究鲜少从新兴学科，如女性学的社会性别视角来研究女性就业流动，还未将女性作为独立的研究对象，探讨其就业流动的意愿和满意度，并且没有从女性学这个学科独特的视角予以诠释，更多是从社会学、经济学、管理学等的学科视角考量农民工迁移和流动的现状、原因、影响因素、对策等的分析，对于女性的描述也只是简单带过，或者出于与男性的性别比较的考虑才有相关的阐述。可以说，现有研究没有从女性社会学的角度提出一个全新的理论解释框架，没有从个体的生理、心理，乃至社会宏观层面的传统性别观念、父权制、性别角色期待、社会性别话语等方面予以全面系统的解释说明。可见，各个相关学科共同参与的多学科探讨固然重要，但如果忽视或不重视结合社会性别的理论视角来研究，就很难比较准确地把握女性就业流动的现状，并从性别文化与制度结构等较深层面来解释女性在就业流动中基本特征和个体差异性，以及由女性就业流动所产生的对于个体、家庭乃至社会的深刻影响。

（四）学界对于女性就业流动更多是对个体行为模式的探讨，却较少关于家庭经济发展能力和家庭禀赋的分析

女性就业流动是个体的行为模式，但不单单是个体理性选择的结果，往往是家庭为了实现利益最大化做出的集体决策，特别是已婚和大龄女

性，其流动的行为选择还受到丈夫、家庭结构、未成年子女数等家庭禀赋的影响。当前学界对于女性就业流动的分析，更多是从个体人力资本，如受教育程度、培训状况等，或者个体社会资本，如关系网络的网络密度、网络顶端、网络规模，关系网络的资源丰富程度以及获取嵌入于网络资源的可能性等角度来探讨，缺乏家庭经济发展能力这一对女性来说至关重要因素的深层剖析，忽略了女性的原生家庭和夫家对于其就业流动意愿和满意度的双重影响。所以，要对女性在就业流动中的考量和发展做出较为恰当的解释，就必须把相关的家庭禀赋因素纳入研究的理论思考中，以充实对于女性就业流动的多维理解。除此，国内研究对象主要关注农村女性及非知识型女性的就业流动，对她们的职业隔离、婚姻质量、社会融入等领域较为关注，但对于城市女性的就业流动以及城乡之间的比较却鲜有涉及。

（五）现有研究对于女性就业流动的探讨更多关注结果而不是中间环节

现有对于女性就业流动的研究，更多是探讨女性就业流动的单位类型、收入水平等，对于过程的考量主要是职业的性别隔离、家庭决策对于家庭利益最大化的经济学分析，却很少涵盖女性就业流动的目的、流动依托、流动次数、流动时间、就业满意度、未来的发展规划等环节的描述，同时，在研究的影响因素分析中，更多关注年龄、性别、文化程度、就业状况、婚姻、家庭等静态的因素，而女性就业流动中的社会经济动态特征，比如生存状况、城市融入、心理适应、社会距离等方面，以及社会性别特征，比如性别角色期待、性别分工、女性在家庭的话语权等，却没有动态的跟踪的解释说明，以展现女性就业流动的发展轨迹。因此，有必要对女性就业流出前和流出后的生存和工作状态进行对比，探讨她们就业流动意愿和满意度的变化，深化现有研究对于就业流动变化全过程和主要特征的认识，估计就业流动中的性别负能量，以此提出有针对性的可行性路径，并能触类旁通，为由女性就业流动而产生的其他领域，如女性参政、女性地位、家庭决策等的研究提供线索性导引。

第三章
研究设计及其操作化

本章节将着重阐明相关概念的具体表征，将就业流动和女性就业流动、家庭发展能力和家庭经济发展能力、传统与现代及由此衍生的工具理性和价值理性、女性的身体与身份的概念做简单的理清与阐释，从现有研究成果中提炼出最能表意的概念界定，同时为了避免概念间理解的误差，还对若干相似概念进行辨析和说明。本章还将进一步细化概念，从一级指标中细分为二级和三级指标，构建女性就业流动的测量指标体系，并基于此建立涵盖个体和家庭控制变量、家庭经济发展能力变量、社会性别系统变量三个维度的影响女性就业流动的理论解释框架，更以此从就业流动的意愿和满意度两个方面提出研究假设。同时，对调查地点南日岛的基本情况做简要介绍，具体阐述田野调查实施的方法和步骤，并对所获得的有效样本基本情况做描述和评估。

第一节　理论建构与研究设计

一、相关概念的辨析与界定

科学研究之前都必须弄清楚研究所涉及的主要概念是什么，但概念是由头脑中的印象或观念产生的，是相关观察和经验的集合（艾尔·巴比，2000），个体对于先入为主的印象和观察体验到的集合不尽相同，使得个体对于概念的理解具有差异性，对此，研究就必须对涉及的主要概念进行定义，明确概念的内涵和外延。同时，为了准确把握相关概念，还必须对概念进行操作化定义，将思辨色彩很浓的理论概念转变为经验世界的具体事实，使假设检验成为可能（风笑天，2001）。本书探讨的是女性就业流动，从研究对象来看，就需要对“女性就业流动”的基本概念进行界定并操作化，并对由此衍生的相关概念进行辨析和界定。

（一）就业流动与女性就业流动的辨析与界定

国内外学者从不同的维度阐述了对于就业流动内涵的理解。例如，世界银行以平均就业期限（指一名工人被同一雇主持续雇用的时间长度）为主要指标，辅以就业周转率、离职率等数据（World Bank，2002）；“中国城镇劳动力流动”课题组将劳动力就业流动分为工作变动、农村流动人口及城市间的移民三种情况（中国城镇劳动力流动课题组，2002）；张建武等认为就业流动就是外来劳动者从一个就业单位流动到另一个就业单位，过程中包含职务的上升或下降（张建武，2012）。学术界对于就业流动的理解也常表述为职业流动，包括离职和重新就业两个过程。调节职业流动的体制有计划分配机制、市场机制、社会网络机制三个层面（边燕杰、张文宏，2001）。在严格的户籍制度的规制下，职业流动与身份流动是联系在一起的，或者说，流动的身份性很强，首先表现为身份的流动，其次才表现为职业的流动，而不管是身份的流动还是职业的流动，对于处于社会职业分层最下端的农民来说都是向上的流动。同时职业流动更多是经济型的，鲜有政治因素的参与，流动是不断更替的过程，表现为初次职业流动和再次职业流动（李强，1999）。白南生对于就业流动的理解是区别于社会流动，是专指就业人员在不同单位间的流动，不是指产业之间、地区之间的劳动力流动，而是从工作稳定性视角来观察职业的流动（白南生，2008）。吴愈晓认为就业流动是劳动者结构位置的变化，是收入获得的主要因素（吴愈晓，2011）。

就业流动普遍存在长期的雇佣关系，对大部分人而言，第一份工作的持续时间一般较短；变换工作的概率随着工作资历的增加而减少（Farber，1994）。要把握就业流动的特征，就必须纳入综合性指标来考虑，比如就业流动的频率，以平均就业期限、周转率、离职率等指标反映；就业流动的质量，以就业流动的层级作为测量路径，考察劳动力在同级声望的职业层级中职业的水平流动，以及在不同声望的职业层级中向上或向下的垂直流动；就业流动的社会保障，分为在业时的就业保障和福利水平，转换工作后暂时失业状态下的临时失业救济，以及长期失业状态下的失业保障；就业流动的目的性，是暂时性流动还是永久居留（毕先萍、杨敏，2008）。

但在对就业流动进行概念界定和特征指标进行探讨的同时，也要关注人口迁移与人口流动的概念辨析，以此深化对于就业流动的认识和理解。国外关于人口迁移的概念主要涉及空间属性尤其是居住地的变化，只是由于跨地理边界以及时间的长短不同而在概念上有所区别，但空间移动的本质属性是一致的。在国内，由于特有的户籍制度的存在，还有一个“人口流动”的概念，其特点是不改变户籍的跨地域流动。由此，学界对于人口迁移的定义主要有：第一类认为二者的区别在于公民是否依法办理了户口迁移手续，是否改变了本人常住户口的住所地（孙敬之，1996）；第二类则将空间和时间作为区分人口流动和人口迁移的条件，认为人口流动是按照迁移的空间界定划分的临时性人口移动或短期人口移动，在满足一定的空间标准后，二者是非此即彼的关系（杨云彦，1999）；第三类是将人口流动定义为人口在不同地区之间的流转和移动，人口迁移是指改变居住地的、地区间的人口流动，而人口迁移可分为短期内改变居住地的暂时性人口流动和长时期改变居住地的长期性或永久性人口迁移（辜胜阻、简新华，2000）。这三类区分与我国户籍制度有关，但是实际情况是，随着近年来伴随户籍变动的人口迁移流动在总迁移中所占比重迅速提高，仅仅按照户籍变动来定义人口迁移无法全面反映真实情况。

综上所述，本书认为就业流动就是劳动者从一个区域到另一个区域的就业迁移，或者从一个职业层级到另一个职业层级的流动。而女性就业流动则是指具有劳动能力的女性走出家庭或家务劳动进入劳动力市场实现劳动参与过程中的空间迁移和身份变迁。在此，女性就业流动包括女性的空间迁移和女性身份变迁两个维度，前者指女性的空间迁移，从一个区域到另一个区域的流动；后者指女性身份的变迁，从一个职业层级到另一个职业层级的流动，或者是向上流动，或者是向下流动。无论是空间迁移还是身份变迁，都是社会和经济秩序的体现。从社会意义上说，女性身体代表女性的生理性别，是区别于男性的生理基础；而女性身份则指女性的出身和社会地位，前者是先天带来的出身、成分、性别等；后者是主体自我选择并自我塑造的后致符号，如职业身份，是分享社会权益和获得社会资源的重要依据。

（二）家庭发展能力与家庭经济发展能力的辨析与界定

中国当前稳定的低生育水平、人口的就业迁移和老龄化、倒三角形的家庭人口结构，使得家庭正面临着冲击和变迁，家庭规模日益核心化，家庭结构由于计划生育产生的“少子化”和“独子化”而发生变动，与就业流动相伴随的人口迁移削弱了家庭成员在生命周期的不同阶段所拥有的资源存量，代际生活互助受到制约和弱化（王跃生，2006；杨善华，2011）。代际纵向的信息交流和情感传递逐渐减弱，养老、抚幼、家务趋于社会化，家庭传统功能向社会外移。此种状况更需要家庭成员增强凝聚力，家庭提高经济发展能力以应对外部风险和内部脆弱，回归“家本位”和“家国同构”（胡湛、彭希哲，2012）。

1. 概念的源起：结构功能参考框架内的家庭功能和发展参考框架下的家庭能力

结构功能理论来源于心理学中的功能分支，布罗尼斯拉夫·马林诺夫斯基的《功能分析中的群体与个体》（马林诺夫斯基，1939）和《文化变迁的动力学》（马林诺夫斯基，1945），A. R. 拉德克利夫—布朗的《原始社会的结构和功能》（拉德克利夫—布朗，1952），以及塔尔科特·帕森斯的《社会系统》（帕森斯，1952），均对该理论有详尽的描述。对于家庭来说，作为一种社会结构的家庭是社会的生活单位，是社会关系和社会组织的载体，这个特殊化的组织是世代继替的场所。对于个人来说，家庭的功能是提供一些人的基本的需求，是人的本来归宿，教育人的社会化，解除人的紧张和压力。对于社会来说，家庭的某些功能是人的再生产和社会化，接受社会规范和社会价值，控制人的各种行为。塔尔科特·帕森斯和罗伯特·贝尔斯认为家庭有两个基本的不能忽略的功能：孩子的生育，初级社会化，以及使他们能真正成为社会的一员；使社会成年人的性格具有稳定性（帕森斯，1955）。在发展参考框架内的家庭能力，试图解释家庭现象中社会—制度、互动—合作、独立—个性变化中的东西，兼顾宏观和微观分析，动态解释各个时期家庭的变迁及变迁的动力源，从时间的维度探讨家庭各功能主体间的相互作用。

2. 概念的发展：跨学科背景的多元理论建构

西方学者对家庭经济的研究较早。1957 年美国经济学家莱宾斯坦第一次用纯微观经济学的边际效用理论来说明决定生育率水平变动的机制。他指出夫妇在决定期望的子女数时，是从增加孩子带来的效用和负效用的平衡关系来考虑的。并提出增加孩子的效用理论（莱宾斯坦，1957）。芝加哥学派和新自由主义经济学派代表人物贝克尔的主要论著《生育率的经济分析》（1960）、《人力资本》（1964）、《家庭论》（1981），开创了家庭经济学。作为兼具消费品和投资品双重属性的房屋，是家庭的重要财富之一，个体往往从效用最大化的角度，根据市场房价的变动适时做出购进或卖出的策略选择，以此改变家庭的财富配置比例，并间接对宏观经济带来影响和冲击（Becker，1988；Barro and Becker，1989）。伊斯特林则提出了生育供给需求理论，强调生育率随着家庭相对经济状态的变化而变化（伊斯特林，1970）。澳大利亚人口社会学家考德威尔提出了财富代际流动理论（J. C. Caldwell，1981），认为财富方向是子女流向父辈，产生社会的普遍高生育率。而随着人们对家族祖先观念的淡化，家庭关系变化，家庭权力式微，父辈对下一代子女情感和财富的投入增多，子女的重心也转向子女的下一代，因此总体家庭财富流方向变化，这成为生育率下降和人口变化的决定性因素（J. C. Caldwell，1976）。

国内学者的研究主要基于西方生育经济分析、孩子成本效用的基础理论结合中国实际的国情进行相关实证分析和论证。一些学者通过个案调查数据对贝克尔的生育率模型进行检验，或从经济学角度对中国低生育水平进行实证研究（徐安琪，2004；叶文振，1998；徐安琪、张亮，2005）。叶文振对孩子效用的界定和解释具有重要的研究意义，他通过福建厦门近千份的实证调查分析发现，在当代中国，孩子的经济保障等传统效用在下降，非物化的心理效用在上升；妇女文化水平的提高是孩子效用结构变化的最重要影响变量。并指出提高单位孩子和女孩子的效用，以及提高孩子效用的替代性是进一步落实人口政策的重要措施（叶文振，1998）。穆光宗首次界定家庭发展能力的概念，他认为家庭发展能力是指处在生命周期不同阶段的家庭成员健康、家庭社会关系、家庭人口结构耦合集成的功能水平，包括健康发展能力、生育养育能力、团结互助能力、学习工作能力、抵御风险能力、道德自律能力和自我保障能力。或者说，家庭发展能力是指满足家庭成员基本需要的家庭结构和功能状况（穆光宗，2012）。李建民认为家庭发展能力是家庭凭借所获取的资源满足每一个家庭成员生活与发展需要的能力，主要包括支持、经济、学习、社会交往与风险应对等五个方面的能力，可以通过家庭内部建设与外部社会支持两个途径得以实现。但是在家庭变迁加剧，家庭功能弱化、转化、外化与社会化的背景下，家庭需求与家庭功能的对应结构失衡，家庭功能供求的自我均衡机制失灵，家庭能力建设比以往更加依赖外部的支持（吴帆、李建民，2012）。

国内外这些丰富的理论和研究成果都推进了中国家庭和经济研究领域的发展。但是对家庭发展能力的研究近几年才开始出现，而具体到家庭经济发展能力，还未形成较好的学术诠释，同时对家庭经济发展能力的内涵、测量和解释框架都有待探索。对此，本书基于概念源起中对于家庭功能和家庭能力的阐述，以及概念发展的多学科理论建构，尝试提出新兴的概念体系。

（1）家庭经济的界定

田雪原等（1992）认为家庭经济粗略地划分为生产型家庭经济和非生产型家庭经济，生产型家庭经济包括生产、交换、消费全部过程。一个健全家庭的经济活动需要具备两条：一是有正常的收入，二是主要家庭成员从事一定的职业活动。人均收入是家庭经济的支配性指标（田雪原，1995）。西方学者对家庭经济的界定：家庭是最小的经济组织单位，由一组不同能力和需求的成员组成。家庭成员创造经济收入的同时也在这个单位内共同饮食和消费。家庭经济就是指家庭创造经济的方式以及收入剩余存储、财富积累和一切消费活动的过程（John Seaman，2000）。还有学者认为家庭经济是指各成员通过家庭内的无偿服务和各种资本以生产和积累可交易商品和服务的活动（Duncan S. Ironmonger，1995）。家庭经济尽管是一切经济体系的核心，但常常被忽略或轻视（Snooks、Graeme D.，1994）。

（2）家庭发展能力的界定

家庭发展能力是契合于家庭不同发展周期，并满足家庭成员基本需要的家庭结构和功能，体现了处于生命周期不同阶段的家庭成员健康、家庭人口结构、家庭社会关系耦合集成的功能水平。家庭发展能力包括家庭生育养育能力、家庭经济能力、家庭教育能力、家庭抵御风险能力、家庭幸福能力。

（3）家庭经济发展能力的界定

作为家庭发展能力一个重要组成部分的家庭经济发展能力，是指家庭成员对于家庭的物质贡献以及未来发展能力，体现家庭经济的结构属性、来源特征和发展后劲。家庭经济发展能力在家庭发展能力中起着主导的基础性作用，决定其他家庭发展能力的质量和结构，保证足够的时间成本支持家庭教育的投入，缩短家务劳动占用家庭闲暇时间；保证足够的经济成本支持住房、教育、自我保障的投入，提高家庭成员的物质生活水平，获得更多幸福感。

（三）传统与现代的辨析与界定

尽管当今学者对现代化这一进化论式的、充满“西方中心主义”色彩的理论大加批判，但潜意识里却仍然逃不出现代化理论的“传统—现代”二分法的窠臼。在这一思路的指引下，传统和现代不是简单的时间分隔概念，而被赋予更多的空间和意识形态因素。传统的代名词有乡村、东方、封闭、感性等，现代的代名词则包括城市、西方、开放、理性等。于是乡村秩序就应该从传统的东方式的“差序格局”向现代西方式的“团体格局”演变，应该从封闭走向开放，从礼俗本位走向法理本位，从非理性走向理性。这种思路下的乡村秩序的变迁轨迹其实类似于语义差异量表中的两端陈述项目，由意义完全对立的词条构成。对乡村秩序的分析，传统—现代思路已成为公认的叙事话语，无论多么激进批判的学者，也总是会在不经意间受其影响（林聚任、刘翠霞，2007）。

1. 传统与现代的分野衍生城市与村落间的支配关系

中国的现代化并不是遵从西方现代化的线性发展模式，而是经典现代化、后现代化、第二次现代化多元并存、共时发展的多元状态，呈现出自反的、个体化的“普遍逻辑”，即现代制度化的法律形态和个体化人生模式，以及受传统历史和文化局限的特殊形态，是现代化和个体化在西欧语境下的独特融合（乌尔里奇·贝克，2001）。基于中国的特殊场域，韦伯对中国现代城市和传统村落的关系解释为非正当性的支配（韦伯，1978）。现代城市具有高度的政治特性，是理性行政的产物，政府可以控制市民及其生活，但行政力量只能达到县一级，广大的传统村落实际上还处于“自治”的状态。因此，行政体制可以利用其辐射力，给予城市更多的资源，使城市高度集约化地实现经济跨越式发展和现代化的腾飞，并衍生出社会民主机制、社会保障体制等，赋予市民以与农民差别化的待遇，而广大的村落却处于行政力量管控的盲区，行政触角无法深入到达，造成了农村发展的滞后，长期以来形成的城乡发展二元结构，加剧了城乡发展的两极分化，城乡间的“推—拉”格局开始形成，城市也逐渐强化了对农村的支配作用。与此相对的是，中国社会特殊化的家产制国家共同体有强大的氏族纽带，具有现代意识的市民与具有传统观念的农民大多还保持着原有的乡土情结，这表现在人际关系和仪式上（韦伯，2010）。城乡间的沟通和交往使得现代文化与传统文化碰撞、矛盾与融合，产生现代城市发展对于农村剩余劳动力的需求以及农民趋向城市的意愿和向往城市生活的渴望，促使更多农民愿意突破户籍制度等制度藩篱，选择到城市发展，特别是新生代农民，更有融入城市，成为城市一员的追求。在此过程中，一方面是城市高度发展的经济和物质，对农民有着吸引力；另一方面是有强烈流动意愿的农民，城乡间的“推—拉”力量开始演变为现实的就业流动，就业流动的结果使传统元素与现代元素激烈碰撞，农民成为游离于城市边缘的现代人，改变了他们传统的思维方式和生活习惯，而市民也逐渐缩小了与农民的社会距离，通过交往、互动，乃至联姻的方式吸收传统文化的精髓，如对家本位的深刻思考和对于浮躁的急功近利行为的扬弃。

2. 传统与现代的碰撞促使家庭功能趋于弱化

诚如孟子所言，“天下之本在国，国之本在家，家之本在身”。（孟子《离娄上》）强调家庭发展的政治化，要纳入国家制度体系，将家庭组织、功能和伦理神圣化，这是对家庭世俗化发展的解构。可以说，在中国长期的发展中，一直遵循着“家国同构”，家庭和国家在组织结构方面具有共同性，国家秩序以家庭为模板复制而成，伦理假定与国家制度同质化，制度亦一以贯之。如果说传统社会是对家庭发展的政治化、神圣化和去世俗化，那么现代社会就是对家庭发展的物化和工具化。吉登斯说，家庭是传统和现代性之间斗争的场所（郑曦原、李方惠，2002）。现代化是社会的世俗化、理性化，也是工具理性倡行、价值理性退让的时代。现代化是工具理性，关乎物，而家庭是价值理性，关乎人。伴随着现代化的进程，传统和现代发生断裂，工具理性挤压、驱逐价值理性，改变着我们日常生活中最熟悉和最带个人色彩的家庭领域，社会世俗化、理性化造成家庭制度、家庭价值、家庭发展的物化、工具化。在就业流动的家庭决策中，遵循的更多是家庭利益最大化的考量而不是传统养老抚幼的家庭责任，家庭关系和家本位思想在工具化的现代社会中日渐式微。

3. 社会变迁下传统与现代的互斥与交融

美国普林斯顿大学布莱克认为现代化是“在科学和技术革命影响下，社会已经发生和正在发生的转变过程”（布莱克，1984），体现在政治、经济、社会、思想等领域。社会学结构功能学派还区别了传统与现代，其中，传统是前现代社会的特征，包括经济发展悬殊、政治结构各异的各种类型，突出表现为农村社会、经济增长缓慢、封闭保守、职业分化简单等方面。而“工业化一旦开始进行之后，必然会破坏传统的前工业社会”（司徒柴尔，1961），加深传统与现代的对立，深化现代对于传统的支配地位。与之相对的现代化，是人类社会从传统的农业社会向现代工业社会转变的历史过程，现代性则是现代社会的特征，突出表现为都市社会、经济持续增长、职业分化复杂等方面（刘大可，2010）。传统与现代，既互斥又交融，没有绝对的分野。就业流动使得现代性改变了传统思想观念，带来新兴的思维方式、生活模式和就业理念，给传统社会带来极大的震荡，并在就业流动的行为模式中不断交融，互相矛盾且彼此共生，在一定条件下发生交融和转化。

综上所述，我们可以看出，所谓的传统是把前人的生活习俗和社会活动等经验统一起来，进行传承责任，让后来的人们尽量遵照“传统”来生活和进行社会活动。传统体现价值理性，是通过有意识地对一个特定的行为——伦理的、美学的、宗教的或作任何其他阐释的——无条件的固有价值的纯粹信仰，不管是否取得成就。可以说，价值理性赋予传统行为以绝对价值，表现为行为模式的责任感、家庭荣耀和忠诚等。而所谓的现代则是一种新的、与以前不同的社会秩序，强调创新、变化和进步的一个权力、知识与社会实践的特殊聚合体，同时也是一种信念，由科学促成，相信知识无限进步、社会和改良无限发展。现代体现工具理性，通过实践的途径确认工具（手段）的有用性，从而追求事物的最大功效，为人的某种功利的实现服务。工具理性是通过精确计算功利的方法最有效达至目的的理性，是一种以工具崇拜和技术主义为生存目标的价值观，体现了行为模式的功效理性和效率理性。传统与现代所指向的价值理性和工具理性，在逻辑上是互斥的，但在现代社会中却是交错的，呈现出“你中有我，我中有你”的状况，现实世界里常是传统与现代元素彼此共存，交相辉映，且互相影响和发生作用。可以说，工具理性和价值理性因各自效应的不同而成为相互独立的系统，但在一定条件下会提高和升华。二者结合所形成的合力，体现了工具理性能实现主体客体化的手段价值；反映了主体在实践活动中为实现自身本质力量对象化，提供自身所需手段的精神能动性。价值理性与工具理性的统一，不断确证“人是人的最高本质”，体现人的主体性和价值（韦伯，2010）。

（四）女性身体与身份的辨析与界定

1. 身体社会学的解释

对于身体的研究自古有之，古希腊哲学家巴门尼德就区分了“精神”与“肉体”（葛红兵、宋耕，2005）。柏拉图强调智慧、真理、知识的重要性而贬抑身体，将其看成是障碍，体现了身体与精神的二元对立（柏拉图，2002）。在基督教中，奥古斯丁也倡导这样的理念，认为身体是滋生罪恶的源泉。而在从中世纪到现代的过渡时期，人们逐渐不再沉迷于神灵的崇拜，转而探讨身体的脆弱性、有限性、偶然性和不确定性，即“祛魅”。笛卡尔“我思故我在”的命题，将精神凌驾于身体之上，且类似这样的基调一直延续到20世纪80年代。但该阶段中亚里士多德却表达了对于身心二分观点的对立，认为通过人的感官可以把握自然。尼采哲学发展了韦伯、海德格尔、弗洛伊德等人的观点，其研究的维度则是将身体与秩序结合起来，达致健康的社会，否则社会就会陷入病态和疯狂（尼采，2000）。除此，莫里斯·梅洛—庞蒂在《知觉现象学》中指出，身体是经验的永恒前提，由向世界知觉性的开放和倾注形成，对知觉的分析要将意识和身体的关系纳入考虑范畴，并以动态和建设性的空间作为研究的背景。只有以身体的角度出发，对世界的感知和外向观察才成为可能。知觉与身体活动即使被分离，也只能是认为假想的分离，因为基本的知觉形式就包括了身体活动。他对于知觉的身体性和身体的意向性的阐述可以理解为“为我之身”和“为人之身”，这与笛卡尔的观点截然相反（特纳，2003）。与此同时，福柯则提出，城市化发展对人口带来的压力，以及工业化资本主义的发展，使得现代社会需要对身体进行有系统的管理和控制，由此产生新的权力模式，即“生命权力”（Bio-power）。它以身体为基点，将人的身体整合入知识和权力的结构系统中，成为符合各种规范的主体，在此，身体成为被“规训过”和“惩罚过”的肉体，而权力则是驯服和改造身体的工具（葛红兵、宋耕，2005）。在当代社会，身体逐渐从精神中解脱出来，但却为消费主义所左右。在这里，权力的运作不是简单的控制身体，而是促使身体产生消费的欲望。可以说，消费主义的历史，就是身体被纳入到消费计划和消费目的中的历史，身体在权力的庇护下逐渐成为消费的对象。

对于身体社会学的理解和应用，一个重要的领域就是涵盖社会性别、生理性别的女性主义理论，以及后期发展起来的酷儿理论。女性主义理论秉承着这样的一个基调，男性和女性、男性特质和女性特质都是社会文化发展的产物，不能简单地二分对立，都是在具体的社会文化背景条件下发展演化而成（Blythe Mcvicker Clinchy & Julie K. Norem，1998）。女性主义理论还注意到，将女性塑造为弱者的社会结构在自然科学领域被合法化，即生理性别的弱势普遍存在，但在人文科学、宗教、法律的权力话语建构中，却可以摒弃生理性别的单向度考量，而赋予女性身体丰富的可塑性，这意味着女性的身体可以被塑造为弱者，也可以塑造为强者，而这主要取决于社会主流的话语体系和公众的认知程度（郑丹丹，2011）。

2. 对于女性身体的形塑和身份的性别象征

身体社会学将女性身体放置于社会性别、生理性别、性本性等分析框架内，使女性身体呈现女性主义研究途径与性别取向。学界主要从本体论立场和认识论立场来界定女性身体。本体论立场以基础主义作为着眼点，将身体理解成一个鲜活的经验，解释身体的现象学，理解生物存在条件对于日常生活和宏观人口组织的影响，或者探寻身体有机系统、文化框架和社会历程之间的复杂互动。从反基础主义视角出发，将身体概念化为有关社会关系性质的话语，将身体理解成一个象征系统，试图理解身体实践如何成为一个更大社会结构的隐喻，将身体理解为社会中知识和权力的某种社会建构，或者将身体看作是社会话语的某个效应。此外，学界从认识论立场辨析了反建构主义认为的身体是独立于那些表征它的话语形式，以及建构主义认为的身体是被话语实践所社会性地建构的。总之，学界对于女性身体的普遍化理解就是将女性的身体看成社会性地建构的、话语的，被看成是现象学或哲学人类学视野内的鲜活身体，代表着一种带有浓厚性别主义色彩的立场选择（郑丹丹，2011）。

女性的身份是唯物主义女性主义探讨的重要问题，可以说，唯物主义女性主义之所以探讨女性与生产的关系，其落脚点在于确定女性的身份。正如本斯顿所言，“工人阶级有一个结构性定义，从该定义中，可以衍生出一定的社会关系，包括与工作、工作产品以及与其在社会中的所有境遇的关系。因此，女性主义也需要一个与‘女性’相应的结构性定义，以说明‘女性’这个群体在现代化大生产及其他社会中的物质条件，在这个物质条件上，竖立着所谓的‘上层建筑’”。可见，身份问题对于女性的独立和发展有着重要意义。在此，科斯塔还进一步指出，女性身份代表着女性在独立的群体中所处的关系位置，更宽泛而言，代表着女性隶属于哪个阶层。沃格尔则指出，父权制和社会性别语境是女性处于从属地位的根源，在界定女性身份时将女性置于社会再生产的框架内将性别和阶级有效结合起来，避免了二元对立和片面性。而在后现代主义的理论背景下，女性身份常用来理解女性之间的差异，学者根据阶级、性别、宗教、健康状况等来界定女性的社会身份，借鉴后现代的话语和主体理论对女性的多重身份进行建构，比如亨尼西就结合后现代的话语理论、女性主义立场论、“不认同”的身份等观点，将女性身份界定为新的集体身份的过程，成为具有意识形态批判的集体主体（许春荣，2012）。这可以在本书后面即将探讨的女性群体阶级意识的觉醒，以及对“用脚投票”的反抗方式的阐述中可见一斑。

二 理论解释框架

（一）解释变量与被解释变量的拟定

前文已经对影响女性就业流动的多维因素做相关的梳理和明晰，从业已获得的文献可以看出，研究者对于解释变量的阐述，更多将研究注意力和旨趣转向定量的实证研究，并辅之以定性的理论分析和建构。在宏观层面，社会学者则从传统文化、社会制度、传统性别意识等因素探讨对女性就业流动的影响，认为传统以男性为主导的传统性别观念使得政治资源、经济资源与文化资源大量集中于男性并获得相较于女性的比较优势，女性承担的家庭职责和家庭角色限制了她们在就业流动中的自由流动和“同工同酬”的实现，还有传统的社会性别分工意识、统计性性别歧视和职业中的性别隔离制度也是重要的影响因素；在微观层面，经济学家则从成本—收益的角度探讨特定年龄和文化素质的影响，个体人力资本、社会资本、户口类型、家庭生命周期也会对就业流动产生复杂的作用，而女性个人的流动经历和就业能力也是考虑的一个向度，由于测量的不便，则采用个案访谈等质性资料展现女性就业流动的生动图景。此外，学界也常从微观的个体变量，如性别、年龄、就业流动选择等维度寻找群体间比较的判断依据。

综观现有文献对于女性就业流动多维影响因素的阐述，本书大体沿着个体因素、家庭经济发展能力、社会性别系统三个主要脉络对女性就业流动进行多方考量，其中，考虑到本书主要针对女性就业流动，为体现女性社会学的专业特点，对于社会因素的考量主要抽取社会性别因素，建立社会性别系统变量，从传统性别观念、父权制、性别角色期待、社会性别话语四个因素来解释；对于家庭经济发展能力变量主要从家庭经济资本、家庭社会资本、家庭人力资本、家庭自然资本、家庭政治资本来探讨；对于个体因素，学者们主要从个体人力资本与社会资本；婚姻和家庭结构体现的婚姻家庭状况、流动女性自身居留行为模式选择；流动女性个体的发展预期与成果来探讨。本书则将个体成长因素拟定为控制变量，将年龄、文化程度、是否党员、初婚年龄等个体变量，以及婚姻状况、生育孩子数量、性别结构等家庭变量作为控制变量。

对于被解释变量，叶文振、杨云彦等人的研究已经形成系统的框架结构，主要立足于就业流动经历，从就业流动的方向和质量两个维度进行阐述，但考虑到就业流动的决策决定着就业流动的方向（就业流出、就业回流），因此在模型构建中摒弃了就业流动决策，而以就业流动的方向来代替。鉴于本书拟采用结构方程模型，问卷设计主要用主观量表来测量，因此以主观的就业流动意愿来测量客观的就业流动方向。除此，为了方便进行性别比较和女性群体内同期群和不同生命周期的比较，本书引入了就业流动质量来作为比较依据，借鉴了学界对于就业收入、职业层级、单位类型、行政级别等的测量标准，采用主观的就业流动满意度来代替客观的就业流动质量。因此，被解释变量就操作化为测量被调查对象的就业流动意愿和就业流动满意度。

（二）理论解释框架

根据前文对于国内外理论和实证研究的回顾，本书构建的解释框架用以解释女性就业流动的意愿和满意度的影响因素。在考察其影响因素的过程中，本书认为主要是三组解释变量构成，分别为个体控制变量、家庭经济发展能力变量、社会性别系统变量（见图 3－1）。

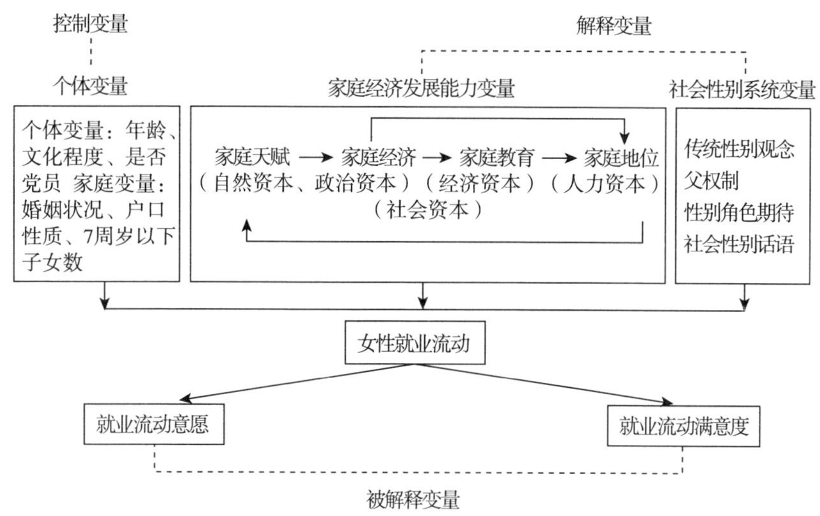

图 3－1　理论解释框架

一是个体控制变量。本书将个体控制变量具体分为个人控制变量和家庭控制变量来作为解释的基点，将家庭经济发展能力变量、社会性别系统变量建构为解释变量，作为探讨女性就业流动影响因素的切入点，并将流动经历、婚姻等作为中介变量，比较不同群体的就业流动状况，并对原因进行解释说明。

二是家庭经济发展能力变量。流动女性作为本书的对象，既是社会的成员，又是经济发展和社会建设的重要组成部分；然而流动女性又是家庭的一份子，承担着养老抚幼的责任和角色期待，是家庭经济利益和社会价值的贡献者，她们就业流动的选择在相当大程度上受到家庭经济发展能力变量的影响。在此，家庭经济发展能力会潜移默化地发挥作用，依照特定的轨迹和方式发生影响。家庭人力资本作为家庭经济发展能力的一个重要变量，在向就业流动的职业秩序发生作用时，受到外力家庭经济资本的直接影响。家庭经济资本会直接作用于流动女性，使之得到差异化的教育机会、教育时间、教育资源、学历层次和特长培养等，加剧两极分化。家庭经济资本较强的流动女性利用教育所产生的人力资本的优势，在就业市场中具有较强的竞争力和生产潜力，通过就业产生的阶层分化，实现向上流动。相比之下，家庭经济资本较弱的流动女性，提升自我阶层的难度增大，难以实现“麻雀变凤凰”式的向上流动，间接使得社会结构趋于分层的凝固化。而且家庭经济资本又受限于家庭社会资本的作用机制，家庭社会资本较强的家庭，可以在关系网络中处于较好的位置，而网络位置意味着可以获得优势的资源和动员资源为女性就业服务的能力，这些优势的资源最主要的表现就是家庭社会资本，家庭经济资本的质和量在很大程度上取决于家庭社会资本的多寡。与此同时，家庭经济资本也会反过来影响家庭社会资本的积累，使之在求职网络中由于所处位置的不同而获得不同的资源，造成社会分层。而且，家庭社会资本的存量会重新构建新的地位格局，使家庭基于不同的地位层级占据差异化的经济资源，形成原生家庭的天赋资本，表现为家庭自然资本和家庭政治资本，家庭天赋较好的女性，在就业流动的意愿和满意度上会有体现，而且更是一种理性的就业流动行为选择。

三是社会性别系统变量。强调社会学意义上的社会和制度长期积累形成的性别分工和角色期待对女性就业流动参与行为的影响，以及经济学意义上的成本效益和家庭利益最大化对于女性就业流动决策的影响。本书在社会性别系统变量环节引入了传统性别观念变量、父权制、性别角色期待和社会性别话语，尝试从该维度剖析社会性别系统的多个维度对女性就业流动行为和模式的歧视和限制，以此反映社会和家庭长期沉淀的文化惯习对于女性就业流动的态度和取向。

（三）各变量间的运作逻辑

该变量系统的各个要素与女性就业流动之间形成一个互相制约又动态平衡的机制，个体控制变量、家庭经济发展能力变量、社会性别系统变量对女性就业流动产生不同程度的影响，但影响程度的大小则取决于多方因素，比如从生命周期来考量，对于未婚女性来说，就业流动主要受到个体变量和社会性别系统变量的影响，家庭经济发展能力变量的影响相对弱一些，而对于已婚女性来说，家庭经济发展能力变量起的作用可能就会比较大，甚至是决定性的因素。同时，作为解释变量的三个变量体系之间也存在互相制约的作用，控制变量中的家庭控制变量，如婚姻状况、户口性质、7 周岁以下子女数等，会影响家庭经济发展能力功能的发挥和影响的显著性，而个体控制变量中的文化程度、是否党员等因素，则有可能摒弃社会性别系统带来的负面影响，文化程度较高的女性也可以成为就业流动中的“香饽饽”，而不会过多受制于女性的生理弱势和相夫教子的家庭性别角色期待，也会拥有较多的社会性别话语。反之，社会性别系统变量也会影响女性的个体控制变量，传统性别观念和父权制会限制家庭对于女孩人力资本的投资，影响其文化程度的提高，从而间接影响所找寻的配偶的经济和社会状况、婚姻质量的满意度。再者，原生家庭经济发展能力较强的女性，更容易从家庭获得求职的支持，家庭业已建构的网络体系能为女性就业提供经济支持、社会资源等条件，女性可以充分发挥家庭经济发展能力带来的优质资源实现身份地位的变迁，并在就业流动中占据有利的职业地位，可见，家庭经济发展能力变量会抑制社会性别系统所带来的性别歧视，对女性的性别角色期待不再是传统的家庭主妇，而是能实现个体全面自由发展的知识女性。

三　变量的拟定和测量指标体系

（一）理想类型

理想类型是韦伯提出的一种分析概念或逻辑工具，是高度抽象出来的、反映事物本质特征的分类概念，以此分析不同类型之间的结构关系，并根据机构一致性的原则，来解释事物或现象的原因。此概念形成雏形于 1904 年的《社会科学和社会政策中的“客观性”》，深化探讨于《经济与社会》中，在韦伯的构想中，他认为理想类型是思维的主观建构，以理论结构形式表示的理念，是理想化的典型，与现实中的社会现象近似却不完全一致，但却能体现社会现实的内在逻辑和规则，可以说，“一种理想类型是通过单向突出事物的一点或几点，通过对大量弥散的、孤立的、时隐时现的具体的个别现象的综合形成的……”（科恩，1982）该理想类型是分析社会现象时，综合多样性的观察而形成的一种理论模式，理想类型作为一种理论模式，是从关于一个时代某些特有的社会现象的经验材料中概括和抽象出来的，其功能是对经验事实进行分类比较。韦伯认为，经验中有合于理想类型者，有不合于理想类型者，从这种对比研究中，可以发现社会现象的因果关系。

在实际操作过程中，本书采取主客观指标相结合的方法，即用“结构”和“行动”来衡量客观和主观指标，得出一个 2×2 的列联表，分别代表四个具有典型意义的理想层次，也就是韦伯的“理想类型”（见表 3－1）。由此可见，女性就业流动指标体系的构建，是主观指标和客观指标共同作用的结果，是均衡发展且协调互动的过程，只有兼顾客观“外环境”和主观“内环境”，才能有理想的就业流动模式。而表 3－1 所示女性就业流动的理想类型，就区分了主观指标的赞成和反对两个类型，客观指标的促进和阻碍两个类型，以此判断主观指标和客观指标双重形塑下女性就业流动意愿和满意度的基本状况。

表 3－1　女性就业流动的理想类型

客观指标	主观指标	
	赞成	反对
促进	就业流出，就业满意度高	就业回流，就业满意度高
阻碍	就业流出，就业满意度低	就业回流，就业满意度低

（二）被解释变量

为了对女性就业流动有整体的描述，本书将女性就业流动作为因变量，并描述和解释两个层次（见表 3－2）：一是女性就业流动的意愿，分为两个测量指标：就业流出，以女性劳动力到外地就业的意愿来判断；就业回流，以女性劳动力回流到原生地的意愿来体现。二是女性就业流动的满意度，分为五个测量指标：工作环境，以工作单位所处的区域性质来判断；劳动强度，以被调查对象在单位中的层级归属，如普通职工/职员、基层管理人员、中层管理人员、负责人/高层管理人员等来判断；就业收入水平，以工作一年的总收入（包括工资、奖金、其他福利收入、投资收入等）来判断；工作稳定性和发展前途，以被调查对象所处的单位类型（党政机关、国有企业、事业单位、私营企业等）来判断。

表 3-2　女性就业流动的测量指标体系

一级指标	二级指标	三级指标
女性就业流动	就业流动的意愿	就业流出 就业回流
	就业流动的满意度	工作环境 劳动强度 收入水平 工作稳定性 发展前途

（三）解释变量

对于影响女性就业流动变量的指标设计，主要采用主观度量法，但不是计算一个单一的总括指标，而是借助因素分析确定反映女性就业流动的多元侧面或复合指标，以此全方位审视女性就业流动的诸多方面（见表3-3）。在因素分析法的具体操作上，家庭经济发展能力变量、社会性别系统变量是两个主要的解释变量，影响着被解释变量的方向和显著程度。本书拟采用因子分析和多元回归模型，并用结构方程模型予以检验，以此探讨多个自变量对于因变量的因果关系，在具体的调查表述上，采用一系列无法直接观察与测量的抽象命题所组成，用严谨的统计数据来证明抽象命题的存在。在问卷关于家庭经济发展能力变量和社会性别系统变量的影响强度的具体问题的设计上，基本上是采取由被调查对象填写自陈量表的方法，设计成简单表和复合表，简单表只设计家庭经济发展能力和社会性别系统的问题，复合表是将家庭经济发展能力和社会性别系统再细分为若干项目，每一项目再设若干子问题，要求被调查者逐一填写，如设一个结构化问题："你认为干得好不如嫁得好吗?"，然后设7个表示程度的答案，按照被调查者对于问题的理解分为完全同意、同意、部分同意、不确定、部分不同意、不同意、完全不同意七个选项供选择，并对答案赋予不同的分值，依次为7、6、5、4、3、2、1，并用因子分析选取最有代表性的子问题，以此与就业流动的意愿和满意度建立回归模型，用以反映家庭经济发展能力和社会性别系统各指标的影响程度。

表 3－3　女性就业流动的影响指标体系

一级指标	二级指标	三级指标
个体控制变量	个人控制变量	年龄、文化程度、是否党员
	家庭控制变量	婚姻状况、户口性质、7 周岁以下子女数
家庭经济发展能力变量	家庭经济资本	家庭住房状况 家庭的物质财富积累值 家庭货币年总收入
	家庭人力资本	父母讨价还价能力 家庭成员的文化程度 家庭成员的身体和精神健康状况
	家庭社会资本	关系网络的规模 关系网络的紧密度 关系网络的强度 网络顶端
	家庭自然资本	耕地面积和质量 养殖海域面积和质量 家庭产业在当地具有的影响力
	家庭政治资本	党员身份 户籍类型
社会性别系统变量	传统性别观念	干得好不如嫁得好 男女同工同酬 录用或提拔中的性别歧视 结婚/怀孕/生育中的性别待遇 家庭地位、社会地位的性别平等状况
	父权制	在家庭利益中女性利益的取舍 女性在家庭的话语权 婆婆对夫妻权力地位的影响 丈夫对妻子就业决策的影响 女性获得收入的去处
	性别角色期待	男主外女主内的分工 经济支持的性别比较 家务劳动的归属 照顾孩子和赡养老人的责任 发展重要性的性别比较
	社会性别话语	女性自由表达自己想法的渠道 女性表达观点的重要性 家庭决策对于女性利益的考虑 社会政策拟定的性别兼顾 女性贡献的社会认可 男女双方交谈的共同性

（一）控制变量

在控制变量的选择上，主要分为个体控制变量和家庭控制变量两大类型，其中，个体控制变量包含年龄、文化程度、是否党员；家庭控制变量包含婚姻状况、户口性质、7 周岁以下子女数。其中，婚姻状况、户口性质、非党员拟设为虚拟变量。

（二）家庭经济发展能力变量

家庭是靠一种自然倾向成为同质性的群体，家庭具有生产和再生产的功能，再生产的功能使得家庭能够延续下去，获得持久发展的动力，对此，家庭要采取生殖策略、婚姻策略、经济策略和教育策略等，通过对家庭成员教育的投资积累人力资本，通过交往构建家庭社会关系网络，寻求嵌入于社会网络中的资源，通过财富的积累获得经济资本，使家庭成员感受幸福感，并完成生产功能。可以说，不同类型的资本形式指向家庭特定的功能，在实践中，家庭经济发展能力可以操作化为五种类型的资本形式，这些资本形式的指标选取和测量方法如下：

1. **家庭经济资本**。第一个指标是家庭住房状况，以现有住房面积进行测算；第二个指标是家庭的物质财富积累值，以家庭生活水平达到小康的状况进行测算；第三个指标是家庭货币年总收入，根据家庭年收入在当地所处的水平来衡量。

2. **家庭人力资本**。第一个指标是父母讨价还价能力，包括家庭的日常开支、购买住房和大件商品的决策权、孩子升学和择校的决策权；第二个指标是家庭成员的文化程度，以夫妻双方的文化程度水平来衡量；第三个指标是家庭成员的身体和精神健康状况，主要是家庭成员的身体健康状况。

3. **家庭社会资本**。第一个指标是关系网络的规模，以家庭交往对象的异质性和规模来衡量；第二个指标是关系网络的紧密度，以家庭成员与关系网络成员交往的频率和关系的亲疏来测量；第三个指标是关系网络的强度，以家庭成员交往较多的是强关系还是弱关系来测量；第四个指标是网络顶端，以交往对象的行政级别来测量。

4. **家庭自然资本**。第一个指标是耕地面积，以农户拥有或可长期使用的土地的数量，以及人均土地亩数来测量；第二个指标是家庭所拥有的养殖海域数量，以农户拥有或可长期使用的海域的数量来测量；第三个指标是家庭产业在当地具有的影响力，以家庭财产性收入在当地所处的水平来测量。

5. **家庭政治资本**。家庭政治资本主要包括家庭成员是否有党员、家庭成员的城镇户口或农村户口状况，以此来作为测量指标。

（三）社会性别系统变量

1. **传统性别观念**。主要分为干得好不如嫁得好，男女同工同酬，录用或提拔中的性别歧视，结婚/怀孕/生育中的性别待遇，家庭地位、社会地位的性别平等状况等指标；在具体的表述上，以“干得好不如嫁得好”，“男女在同一个岗位收入却不同”，“因性别而不被录用或提拔”，“因结婚/怀孕/生育而被解雇”，“因生女孩而被瞧不起”，“男性能力天生比女性强”，“女性应避免在社会地位上超过丈夫”，“男女平等不会自然而然实现，需要积极推动”等问题的认可程度来判断。

2. **父权制**。主要分为在家庭利益中女性利益的取舍、女性在家庭的话语权、婆婆对夫妻权力地位的影响、丈夫对妻子就业决策的影响、女性获得收入的去处等指标，在具体的表述上，以“女性要牺牲自己的利益来维护家庭利益”，“女性在家都要听从丈夫的意见”，“婆婆会影响丈夫对你的看法”，“女性要不要工作和去哪工作都是丈夫的意思”，“女性赚的钱都要用做家用”等问题的认可程度来判断。

3. **性别角色期待**。主要分为男主外女主内的分工、经济支持的性别比较、家务劳动的归属、照顾孩子和赡养老人的责任、发展重要性的性别比较等指标，在具体的问题表述上，以“男主外女主内”，“赚钱是男人的事情”，“女方需要做更多的家务劳动”，“照顾孩子和赡养老人是女人的事情”，“丈夫的发展比妻子的发展更重要”等问题的认可程度来判断。

4. **社会性别话语**。主要分为女性自由表达自己想法的渠道、女性表达观点的重要性、家庭决策对于女性利益的考虑、社会政策拟定的性别兼顾、女性贡献的社会认可、男女双方交谈的共同性等指标，在具体问题的表述上，以“女性有自由表达自己想法的渠道”，“在讨论中女性的意见很重要”，“家庭的决策会充分考虑到女性的利益”，“社会政策的拟定要兼顾男女”，“女性所做出的贡献得到大家的肯定”，“男女双方交谈常有共同的主题和观点”等问题的认可程度来判断。

四　研究模型与研究方法

（一）研究模型（见图3－2）

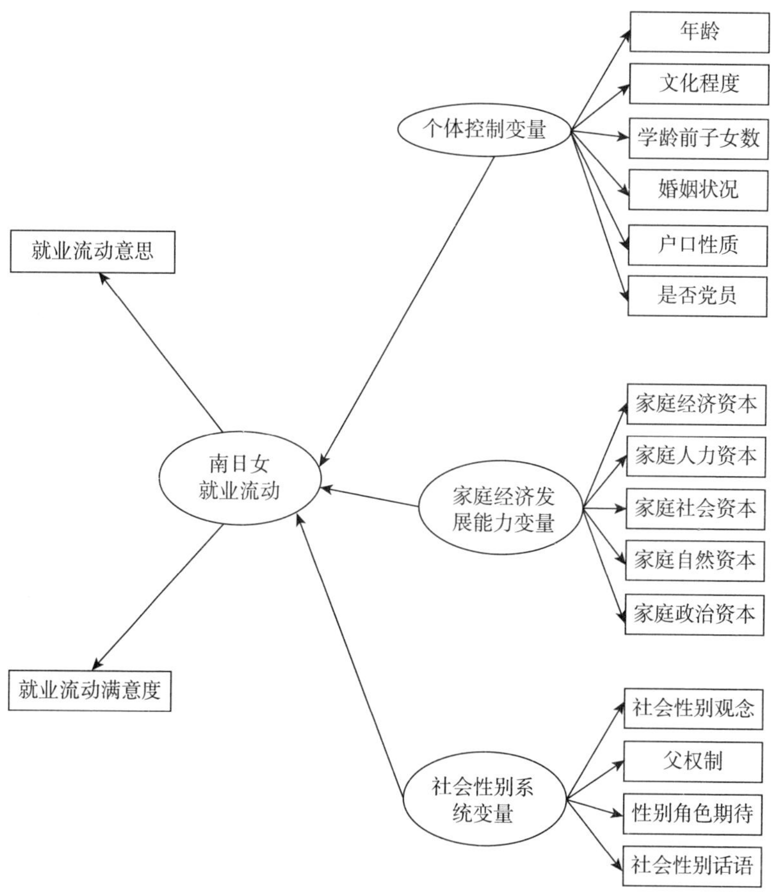

图3－2　南日女就业流动的研究模型

（二）研究方法

1. 多元回归分析

多元回归分析是通过提供多个变量之间的数学表达式来定量描述变量间相关关系的数学过程，研究一个变量（被解释变量/因变量）对多个变量（解释变量/自变量）的依赖程度，并且通过因素间的统计分析，找出哪些自变量对因变量的影响是显著的，哪些是不显著的。本书采用多元回归分析来探讨自变量的个体控制变量、家庭经济发展能力变量、社会性别系统变量对南日女就业流动意愿和满意度的影响情况，说明自变量与因变量之间的相关关系和影响显著程度，综合运用因子分析、多元线性回归分析和二元 Logistic 回归分析，并结合以往文献和相关理论对统计结果进行解释分析。

2. 结构方程模型

结构方程模型（Structural Equation Modeling，SEM）是一种综合运用多元回归分析、路径分析和验证性因子分析而形成的一种统计分析工具，可用来解释一个或多个自变量与一个或多个因变量之间的关系。本书选择 SEM，主要是因为研究所涉及的变量属于潜变量，都是用多个指标（题项）来进行测量的，这些变量具有主观性强、难以直接度量、测量误差大、因果关系比较复杂等特点，在传统方法常采用多元回归，用指标的均值或部分作为潜变量的观测值，计算结果容易产生较大的误差，数据检测结果也不是很理想。而采用 SEM 则允许变量之间存在相关系数，在参数估计时允许测量误差存在，并且能够将有意义的效应与测量误差分开，这样可以保证样本的客观性和数据结果的准确性。本书采用结构方程模型可以有效分析家庭经济发展能力和社会性别系统两个自变量整体与就业流动意愿和满意度两个因变量整体的关系和相互作用。相较于多元回归只能探讨自变量的其中一个指标与因变量的其中一个指标的关系，更加系统科学。

结构方程模型评价的核心是模型的拟合性，即模型中变量间关联模式是否与实际数据拟合以及拟合的程度如何。模型对观测数据拟合良好，表明模型的有效性得到验证。为验证模型的合理性和可行性，通常采用如表 3-4所示的各类指标来反映数据对模型的支持程度。本书为了直接验证观测变量与潜在变量的关系，通过 AMOS 的运行结果，对研究假设进行验证。但本书考虑到个体控制变量主要为定类、定距变量，是一对一的数值对应，无法像家庭经济发展能力变量和社会性别系统变量一样将指标用主观自陈量表来测量，故在采用结构方程模型进行印证时没有将个体控制变量考虑在内。

表 3-4　常见的模型拟合度指标

指　　标	建议值
X^2/df，卡方比率	2.0-5.0，越接近于 2，拟合效果越好
RMSEA，近似误差均方根	<0.1 可以接受，<0.05 非常好，越小拟合效果越好
GFI，拟合优度指标	>0.7 可以接受，越接近于 1 拟合效果越好

续表

指　　标	建议值
AGFI，调整的拟合优度指标	>0.7 可以接受，越接近于 1 拟合效果越好
NNFI，非范拟合指数	>0.7 可以接受，越接近于 1 拟合效果越好
CFI，比较拟合指数	>0.7 可以接受，越接近于 1 拟合效果越好

需要说明的是，衡量 SEM 拟合效果的指标远不止上述几个，上述列举的只是文献中常见的拟合指标。目前常用的拟合指标都或多或少地存在着一些适用范围与局限性，所以不能仅仅通过少数几个指标来判断模型的拟合效果。关于各指标的判断范围，不同的学者之间还存在着相当大的差异，同时由于 SEM 是从整体上对理论模型进行分析，因此，判断一个 SEM 模型的拟合效果，必须全面、综合地加以考察（张群洪，2009）。

五　研究假设

（一）家庭经济发展能力变量（H_1）

家庭经济发展能力对女性就业流动产生作用。农户家庭禀赋所表现出来的物质资本、社会资本和人力资本显著影响着家庭成员的就业流动选择。其中，父母家庭年收入、家庭所拥有耕地的数量和质量会显著影响家庭成员迁移与否的选择（Wang & Fan，2006）；家庭人力资本和社会资本越丰富，家庭成员就业流出的可能性越大，而过多依靠家庭社会资本实现就业的女性，就业流动次数较少，但工作稳定性不强，容易产生流动（杨云彦、石智雷，2012）；父母的讨价还价能力、受教育水平、身体健康状况都是家庭人力资本的表现形式，都会显著影响家庭的决策和女孩的受教育程度，进而影响就业流动的意愿和满意度；家庭户籍所处的地区会影响女性就业流动的意愿和选择的方向，但也会限制女性的正常流动和城市融入，并造成职业层级的分化（蔡昉，2000）；劳动力迁移并不单单是个体行为的选择，更是家庭集体决策的结果。在中国特别是农村地区，家庭是联系个体的纽带，家长拥有绝对的权威，家庭成员的迁移决策、迁移区域、迁移人数等，常常是家庭集体商量讨论做出的。对于女性，尤其是已婚流动女性来说，探讨她们职业发展的影响因素，必须把相关的家庭背景，特别是丈夫的个人因素，引入理论思考中（叶文振，2005）。

对此，本书主要考察五个重要的家庭资本形式，分别是家庭经济资本、家庭人力资本、家庭社会资本、家庭自然资本、家庭政治资本，这些变量形塑着女性的原生素质，带来差异化的人力资本，使得女性在就业流动过程中，基于差异化的人力资本而做出不同的就业流动选择，获得不同的就业流动满意度。对此，本书拟将具体的研究假设表述为如下的命题：

家庭经济资本命题（H_{1-1}）：家庭经济资本对女性，尤其是已婚女性的就业流动影响较为显著，有利于女性就业满意度的提高。

家庭人力资本命题（H_{1-2}）：母亲的受教育程度和讨价还价能力有利于女孩人力资本的提升，摒弃对女孩的性别歧视，从而对就业满意度有帮助。

家庭社会资本命题（H_{1-3}）：家庭社会资本高的女性更愿意就业回流，过多依靠家庭社会资本实现就业的女性，一般就业稳定性差，容易产生就业流动，她们更倾向于就业回流，但家庭社会资本能显著提高女性的工资水平。

家庭自然资本命题（H_{1-4}）：家庭自然资本越多的女性，越有可能就业流动。

家庭政治资本命题（H_{1-5}）：户籍不仅对推拉作用的影响一般，而且还使得推拉失去效力，女性就业不一定遵循推拉效应的乡—城流动方向。

（二）社会性别系统变量（H_2）

传统性别意识及其制度、传统的社会性别分工意识、统计性性别歧视和职业中的性别隔离制度也是制约女性就业的重要影响因素（吴瑞君、邓春黎，1996）；女性的就业流动挑战传统的父权制文化，促使其向性别平等的修正的父权制文化过渡，尽管女性在就业流动中释放了个体的潜能，但家庭地位格局仍受制于完全的父权制文化（杨雪燕，2011）；女性承担的家庭职责和家庭角色也使得她们在就业流动中无法自由地流动并获得与男性“同工同酬”的待遇（郑杭生，2007），相比之下，未婚女性在原生家庭是过渡性角色，就业流动有较大的自由度，而已婚女性的个人发展与传统婚姻派定的角色和责任是相冲突的，就业流动会受到家庭的限制（谭深，2005）；性别因素在就业流动研究中常被忽略，男性主流的价值体系中，女性的社会性别话语得不到足够的重视。女性在就业流动中绝对服从的状态有所改变，有着较多的自主权和个人意识，能较多表达自己的意愿，但面临比男性更多的个人与家庭间的冲突和抉择（谭深，2005）。

在以男性为主导的就业流动场域中，社会性别系统变量成为重要的影响因素，由此衍生的传统性别观念、父权制、性别角色期待、社会性别话语，成为女性所处的语境。本书基于这四个维度的指标体系，将具体的研究假设表述为如下的命题：

传统性别观念命题［$H_{2-1(a)}$］：传统的性别分工以及对于女性的角色定位，使得女性就业流动随生命周期变化而表现出性别化年龄的差异。

传统性别观念命题［$H_{2-1(b)}$］：对于女性的角色定位和传统观念会限制就业满意度的提升。

父权制命题（H_{2-2}）：父权制对女性就业流动的影响呈现出弥散的低度不平等。

性别角色期待命题（H_{2-3}）：女性是否就业流动以及从事的工作类型都要考虑家庭利益最大化和养老抚幼等家庭因素。

社会性别话语命题（H_{2-4}）：随着女性社会地位的提高，女性的社会性别话语成为影响其就业流动的必要因素。

第二节　资料来源与样本基本情况

一　南日岛基本情况简介

（一）南日镇的行政区划

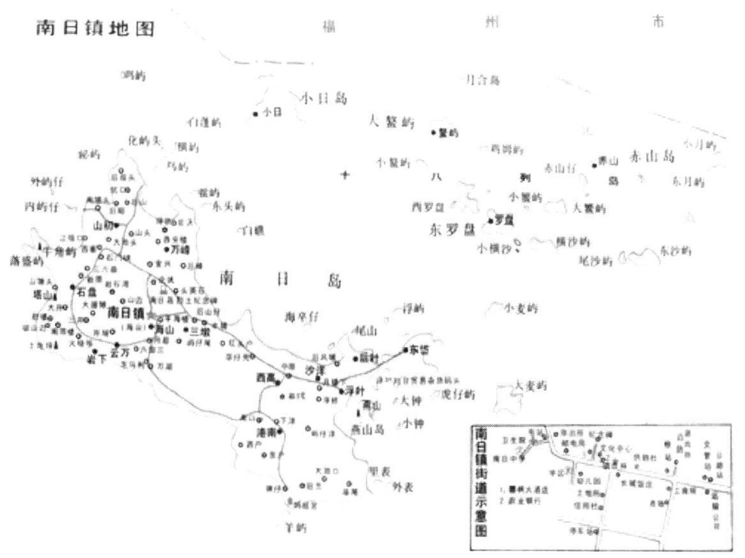

图 3－3　南日镇的行政区划

（二）地理环境和资源状况

南日岛古名南匿山，因山隐大海而得名。南日岛地处福建省东南沿海中部，莆田市东南部，位于平海湾和兴化湾的交汇处，北倚福清，东频台湾海峡，距台湾新竹港 72.9 海里，离乌丘屿 10.6 海里，西距埭头石城 5.4 海里，历来是海上南北交通要冲。南日岛地形呈“哑铃”状，东西两头大，中间窄小，陆域总面积 52 平方公里，由 111 个岛礁组成，面积在 0.1 平方公里以上的岛礁有 18 个，素有“十八列岛”之称，是福建省第三大岛。岛上气候属亚热带海洋性气候。全年最高气温 35℃，最低气温 2℃，年平均气温 19.2℃，全年无霜，空气中富含负离子，海水理化因子稳定，周围无工业污染。南日镇管辖 17 个行政村，其中小日、鳌屿、罗盘、赤山为 4 个小岛村，总人口 6.1 万，岛上驻有海防 73305 部队。

南日岛山海兼优，资源丰富。岛上花岗石储藏量达 2 亿立方米，有林面积 1000 多公顷，海岸线总长 66.4 公里，天然避风沃有 25 处，30 米等深线可开发利用的浅海滩涂面积达 5.9 万亩，盛产鲍鱼、石斑鱼、红毛藻、大海蟹、斑节虾等 100 多种名优水产品，2007 年，南日鲍获得“中华人民共和国地理标志保护产品”称号，2013 年被认定为中国驰名商标；风能资源丰富，风向稳定，全年 5、6 级风时间长达 300 天以上，风电建设项目发展完善；岛上风光独特、滩平沙净，拥有众多奇特的山势地貌、名胜古迹和渔民风情，属于原生态海岛，低碳开发了海岛的旅游业，建设原生态滨海旅游休闲区。可以说，南日岛依托海洋、海风、海景三大海岛资源优势，力促实现“风行海西、鲍打天下，客聚八方”的发展思路。

（三）固定人口和流动人口情况

截至 2013 年 5 月，南日镇总人口 61406 人，已婚育龄妇女 13137 人；一孩育妇数 4752 人，占已婚妇女数 36.17%；2012 年 5 月到 2013 年 5 月的人口出生数为 745 人，其中，出生男婴 392 人，女婴 353 人；一孩 376 人，二孩 338 人，多孩 31 人，计划外出生 122 人；政策符合率 83.62%，自然增长率 5.96‰，截至 2013 年 8 月，出生人口性别比为 113.39。

南日镇流入人口数量为 282 人，流出人口数量为 4889 人，其中，就女性群体而言，按照年龄段的分布，0～18 岁流入人口为 9 人，流出人口为 393 人，19～49 岁流入人口为 130 人，流出人口为 1994 人，50 岁以上流入人口为0人，流出人口为122人。[①]

（四）文化特质

南日岛作为大陆和海洋之间独特的地理单元，有着特殊的文化性质。

1. 文化外源的原生地沿袭。从文化发展渊源来看，南日岛文化发端于大陆，这与岛民的迁移路径有重要的关联。从明朝开始，就陆续有大陆人迁移到南日岛来，这些人当初的职业类型一般是渔民，从大陆出发到远海捕鱼，在捕鱼的过程中，经常遇到大风大浪等海上风险，然后渔民发现南日岛有很多避风港，很适合渔船停航，且此地鱼虾众多，适合生存繁衍，于是就安营扎寨留下来，并世代繁衍成当前六万多人之众。比如浮叶村就是从晋江、惠安一带迁移过来的，在语言、服饰、信仰等方面还带着惠安的习惯和风俗；岩下村的陈姓就是从福州郊区的螺洲一带迁移过来的，等等。这些渔民在迁移的过程中，将大陆的文化带入南日岛并实现了本土化变迁，因此南日岛的文化带着深刻的大陆印记，是大陆文化的衍生物，这表现在南日岛民的生存方式还是以捕鱼和养殖海产品为主，文化习俗、民间信仰、思想观念、等级秩序等都与原生地有着相似之处，其文化外源性受到大陆文化的诸多影响。

2. 对传统文化的保留。由于地处海洋中间，与大陆在时空上的位置差距使得南日岛文化保留着很多传统的成分，这突出表现在其婚配方式、生育观念、女性家庭地位等方面，使外来的大陆文化能长期保持其初始状态，又因为其交通的不便而鲜有人为因素的干扰。这就使得南日岛本土的婚配模式还是沿袭着“相亲—神灵占卜—订婚—结婚”的路径，很少有自由恋爱的，就算就业外流的岛民也会在春节、国庆等重要的节日回岛上相亲，而且整个过程有灵媒和神灵的运作，使得相亲到结婚的周期大大缩短，且该模式的婚配方式较之于自由恋爱更加牢不可摧。除此，岛民还有极端的重男轻女偏好，在岛民的生存理性和性别分工中，男性更适合出海捕鱼，而女性最好就是操持家务，这就衍生了岛民的生男偏好，对男孩有着执著的追求和近乎愚昧的疯狂，生育男孩的数量在一定程度上成为女性家庭地位的衡量尺度，且这样的偏好会在村里重要的庆祝活动，如相亲、

① 考虑到南日岛流动人口的频繁变动和人口数测算的不确定性，此处的流动人口数据是有户籍记录的人口数，由于无法知道具体的数值，结合调查数据和访谈资料，笔者估计全镇流动人口总数为2万多人，其中流入人口2000人左右，流出人口20000人左右。

结婚、摆满月酒等重要仪式中充分体现，家族中有生育男孩且家境殷实的女性常常成为男方订婚仪式中的座上宾，拥有较多的话语权和决定权；只有男孩才能成为婚礼中“滚婚床”的对象；生育男孩和家庭添丁才会办满月酒和派发喜糖，生育女孩则没有这样的仪式。出于对男丁和家族种姓延续的考虑，所生子女一般随父姓，但由于计划生育的普及，很多家庭最多只能生育两个子女，这对于二女家庭或独女家庭来说，为了在村里的颜面和种姓延续的需要，就要求男方入赘，以后所生子女跟女方姓，这在传统的岛民眼里是非常屈辱的，也增加了很多入赘男飞黄腾达了以后更换子女姓氏的风险。为此，招赘婚的家庭如果要招上门女婿的话，往往找同姓男，以绝后患。但随着计划生育观念内化于心，男丁越来越少了，很多家庭的男丁可谓是入不敷出，为此，岛民往往采取“两顾”的方法，男方家说女方是嫁出去的，女方家说男方是上门的，这样一来，两家的颜面都保住了，至于所生育子女，第一个随父姓，第二个随母姓。如果第一个是女孩，第二个是男孩的话，男孩跟父亲姓，女孩再改过来跟母亲姓。尽管如此，还是经常会出现很多家庭为了小孩的姓氏闹得不可开交的状况。

3. 海洋文化个性。南日岛民长期面对恶劣的自然环境，每年的台风都会对南日岛造成较大的影响，特别是海产养殖和出海捕鱼作业，还有因为大量种植龙须菜造成海水缺氧，影响鲍鱼养殖和海带种植，形成恶性循环，除此，赤潮对岛民赖以谋生的海洋经济的影响也还是很显著的。由此可见，长期面对自然环境的不确定性和风险性，使得南日岛民有着坚韧团结、宽容保守、传统务实的海洋文化个性，这体现在南日岛人特别能吃苦，很多人到外地打工或做生意，都很勤劳肯干，而且特别节俭，就业流动的收益很大一部分被省下来用来盖房子和其他重要的家庭开支。岛民的家庭意识和家庭责任感也很深刻，长期以来形成的男性出外捕鱼而女性在家种地照顾家庭的性别分工使得家庭成员的重要性和地位不容小觑，和谐的分工格局和亲情氛围保持着家庭长久的凝聚力，而离婚、分居等似乎成为岛民难以接受的异化行为模式，受到社会舆论的广泛质疑和压力，使得岛民轻易不会尝试这样的婚姻模式，在这样的氛围中，岛民很少有离婚的意识或打算，坚持着从一而终的婚配理念。

二　田野调查的实施

（一）质性访谈材料探索

探索性研究部分，旨在经验研究基础上了解不同人群对女性就业流动相关问题的理解和看法，收集详细的质性文字描述材料，进行相关整理和分析，探索女性就业流动的内涵和影响因素，并进一步验证我们所构建的测量指标和影响指标体系的有效度，该部分研究的方法为开放式问卷形式，由笔者提问若干问题，根据被访者的理解和回答进行文字描述。

该部分的研究主要是开放式问题自行填答法，既包含镇干部的评价，也有普通岛民的观点陈述，具体做法是按照就业流动的意愿进行分类，分为就业流出和就业回流两类，每一类选择16个家庭作为典型个案，由笔者提问，被访问者回答，根据录音结果整理归纳而成。本书共设计八个问题，其中前两个问题是根据就业流动的意愿而有区别提问的。对于就业回流人员："第一，您为何选择回到南日岛?"，"第二，您现在岛上具体做什么事情?" 对于就业流出人员："第一，您为何选择到外地工作?"，"第二，您在外地具体做什么事情?"

除此，另外六个问题是共同的，需要每个被访谈对象回答的，那就是："第三，您之前做过几份工作？每份工作做多久？工资待遇如何？工作满意度怎样?"，"第四，您的家庭性别分工是什么？为什么?" 这个问题为半开放式问题，设计四个选项，分别是：1. 男打工女留守；2. 男女共同经营；3. 女打工男留守；4. 男女共同外出打工，男打工女顾家。这四个选项由被访谈者选择符合情况的一项，并由笔者将原因记录下来。"第五，您家庭代际分工如何？为什么?" 该问题也为开放式问题，设计三个选项，分别是：1. 父母照顾孙辈和种地，子女外出打工；2. 父母子女共同外出；3. 丈夫外出打工，父母和妻子留守；4. 妻子外出打工，父母和丈夫留守。这四个选项由被访谈者选择符合情况的一项，并由笔者将原因记录下来。"第六、您的就业流动决策是谁做出的?"，"第七，您在就业流动过程中有否遇到不公平的对待，是如何解决的?"，"第八，您认为女性在就业流动中是否处于弱势，应该从哪些方面帮助她们提高就业能力?"

针对两种就业流动意愿的32个家庭，笔者在每个家庭选择一个对家庭情况了解的女性家庭成员进行访谈，共获得32份访谈资料。个案访谈主要收集就业流动的状况（包括基本情况和分工）、就业流动的原因、就业流动的影响因素、就业流动的未来引导等资料。

访谈问题没有问及被访者的个人身份资料，主要以被访谈对象的就业流动意愿进行归类分析。对于就业回流人员，采用直接入户访谈的方式，对于就业流出人员，采用入户访谈或电话访谈的方式进行。对于结构式和半结构式的个案访谈，在操作中主要基于阐释学的叙事方法收集所需资料，使被访问者在叙述中将处于碎片状态的个人经历拼接起来使之具有连贯意义，如采用即兴式的叙述采访，让被访谈者叙述真实生活的经历，使文化表述和生活经验有效结合起来，形成对于社会事实的厚描述。同时，对于地理位置、资源状况、人口数据和流动现状等方面的描述则引用相关文献，以及南日镇镇政府的工作报告和相关部门的年度总结报告等资料予以补充。对资料的分析处理上，采用话语分析和历时性研究。通过话语分析探寻女性在流动中的性别意义，所处的社会地位状况；通过历时性研究可以从特殊的角度阐明经验同话语之间的关系，探讨话语氛围和时间周期如何影响女性个体的流动意愿和身份地位，具体操作上综合运用类属分析、情境分析、事件—结构分析等方法对访谈资料进行深度二次分析。

（二）定量数理统计研究

本书的定量数理统计研究，主要是通过建构的统计测量指标去测量和了解实地村庄的女性就业流动，采取填答调查问卷的方式获得数据。该部分的问卷主要分为家庭成员基本情况、就业流动状况、相关变量度量指标、对策研究四个部分，问卷主要为封闭式问题，对策部分为半开放式问题，收集的问卷进行编码统计分析，具体如下：

本书的调查对象范围较广，而且有些村落还在列岛上，每天只能走一班船，还经常因为风浪而停航，为了避免调查耗时过长，保证在同一时间周期内能调查到足够多的对象，笔者选择以南日岛的两所中学作为调查点，考虑到南日镇只有两所中学，分别是只有初中部的南日岛中学和从幼儿园到初中部的沙洋中学，调查采用的方法为笔者委托南日岛中学的校长和沙洋中学的校长，让他们从初中年级中每个年级随机选择 1 个班级，共选择 3 个班级，由于很多家长在外打工，因此每个班级只选择 25 位家长填答，以开家长会作为契机，向家长分发调查问卷，让校长指导家长填写问卷，这样有效规避了语言上沟通的不畅[①]，同时当前南日岛两所中学的生

① 南日岛很多 40 岁以上的妇女不会说普通话。

源较少，校长和家长在日常中的沟通较多，联系较频繁，容易与家长建立信任关系和良好的互动，保证调查问卷的质量。在具体操作上，考虑到9月19日是中秋节，为了保证家长会的出席率，发放调查问卷的时间选择在2013年9月16~18日，笔者事先通过集中培训讨论，让两位校长熟悉了解访谈主要内容和基本访谈技巧等知识，调查对象为农村家庭中了解熟知家庭经济状况的家长，通过开家长会的形式，由校长现场指导家长填写，有效地保证了问卷的回收率。本次调查共发放问卷150份，有效回收150份，有效回收率为100%。鉴于很多南日岛村民在外工作无法在中秋节回家，且初中家长的年龄主要集中在40岁左右，为了获得更多不同年龄段的异质性的样本，笔者委托校长发放300份问卷给150位已做过调查的家长，让他们选择自己的2户邻居发放问卷，邻居户主的年龄要与家长的年龄相差10岁以上，一个家庭选择年龄大于本家庭10岁及以上，一个家庭选择年龄小于本家庭10岁及以上，一个家庭为就业流出，一个家庭为就业回流。如果调查中符合条件的邻居在外地打工，则通过打电话或聊QQ填答，为了保证回收率，笔者设计的问卷较为简单，不会花费太多时间即可填完。此外，由于两所中学的学生来自南日岛的17个行政村，因此所获得的问卷涵盖了南日岛的所有行政村，这种方法将一对一的发放问卷方式和滚雪球抽样的方法有机结合起来，拓展了被调查对象的年龄层次，兼顾不同的就业流动方向，也保证样本的回收率，由家长发放的300份问卷，有效回收213份。这样下来，本次调查共发放问卷450份，有效回收363份，有效回收率为80.67%，有效回收的样本中，女性样本204份，男性样本159份。

对于所获取的调查数据，本书主要采用描述分析法、比较分析法、结构方程算法加以分析论证。在描述分析方面，详细描述被调查对象家庭成员的基本情况，包括户口类型、性别、年龄、受教育程度、政治面貌、健康状况、收入、职业类型、单位类型、行政级别等；然后探讨就业流动的状况，包括就业流动类型、单位类型和就业满意度，获得工作的途径等；为了对就业流动状况有清晰的整体性和群体间判断，本书还对历时性的不同生命周期的女性进行纵向比较，并对同期群的男性和女性，以及不同流动意愿女性进行横向比较，寻求其中的异同点；对于就业流动的影响因素，主要从家庭经济发展能力和社会性别系统诸指标出发，采用结合相关分析和多元回归分析的结构方程来计算各个自变量对于因变量的影响系数，以此判断影响系数的大小和方向，对自变量和因变量进行系统分析，用数据分析理论解释框架中诸因素的相互作用，进而得出科学合理的结论。

三　样本的基本情况及其评估

（一）研究对象

本书将研究对象界定为 18 ~ 60 岁的南日岛女性[①]。按照我国女性 18 岁才算成年且最迟的退休年龄为 60 岁，故设置该年龄段为合适的调查区间。本书为了更好地呈现女性就业流动的生存图景和影响因素，重点考察已婚和未婚的女性，以及有就业流动经历的男性和女性，以更好地进行性别比较和寻求影响就业流动的多维因素。除此，再婚、离婚和丧偶女性由于样本量太小而被摒弃于被调查范围外。

（二）样本的基本情况

本书所获得的 363 份有效样本中的每一个被调查对象的个人基本情况包括：性别、户口类型、年龄、教育程度、政治面貌、健康状况、婚姻状况、家庭子女性别结构、7 周岁以下子女数、个人年收入、职业类型。与此同时，本书也相应获得了男性样本的基本情况，利用这些基本情况可以进行性别比较分析，具体情况如下（见表 3 –5）：

表 3 –5　被调查对象的基本特征

单位：人%

年龄（岁）	男（人、%）N =（%）	女（人、%）N =（%）	个人年收入	男（人、%）N =（%）	女（人、%）N =（%）
18 ~30 岁	90（56.3%）	112（55.2%）	3 万以下	0（0%）	90（43.9%）
31 ~40 岁	60（37.6%）	75（36.9%）	3 万 ~5 万	34（21.1%）	71（34.8%）
41 ~50 岁	9（6.1%）	17（7.9%）	5 万 ~10 万	105（66.3%）	39（19.3%）
51 ~60 岁	0（0.0%）	0（0.0%）	10 万及以上	20（12.6%）	4（2.0%）
户口类型			职业类型		
本地非农户口	67（42.1%）	133（65.2%）	各类专业技术人员	17（11.3%）	20（9.8%）
本地农业户口	42（26.3%）	62（30.3%）	国家机关、党群组织、企事业单位负责人	34（21.1%）	3（1.5%）
外地非农户口	34（21.1%）	6（3.0%）	生产运输工人	0（0.0%）	9（4.5%）

① 劳动年龄人口是一定年龄之上的人口。该年龄线是为衡量经济特征而规定的，在不同的国家有不同的定义。在大多数发达国家，该年龄线定为 15 岁及以上，在一些发展中国家该年龄线定义得低一些，东南亚、非洲和拉丁美洲的一些国家，年龄线定在 10 岁至 12 岁。

续表

户口类型			职业类型		
外地农业户口	16（10.5%）	3（1.5%）	办事人员	34（21.1%）	6（3.0%）
受教育程度			商、饮、服工作人员	0（0.0%）	47（23.2%）
初中及以下	21（13.2%）	118（57.6%）	个体劳动者	25（15.8%）	54（26.2%）
高中及中专	63（39.4%）	31（15.1%）	农林牧副渔水利生产劳动者	49（30.7%）	65（31.8%）
大专	50（31.6%）	24（12.1%）	其他劳动者	0（0%）	0（0%）
本科及以上	25（15.8%）	31（15.2%）	7周岁以下子女数		
政治面貌			0	8（5.3%）	12（6.1%）
中共党员	17（10.5%）	22（10.6%）	1	143（89.4%）	102（50.0%）
团员	69（43.2%）	59（28.8%）	2	8（5.3%）	68（33.3%）
群众	73（46.3%）	123（60.6%）	3人及以上	0（0%）	22（10.6%）
健康状况			家庭子女性别结构		
很好或比较好	145（91.2%）	164（80.3%）	独男家庭	62（38.9%）	53（25.8%）
一般	8（5.3%）	31（15.2%）	独女家庭	35（22.2%）	22（10.6%）
不太好或很不好	6（3.5%）	9（4.5%）	一男一女家庭	18（11.3%）	77（37.9%）
			二男家庭	25（15.7%）	12（6.1%）
			二女家庭	5（3.0%）	9（4.4%）
			多子女家庭	6（3.6%）	19（9.1%）
			无子女家庭	8（5.3%）	12（6.1%）

从表3－5可以看出：

1. **性别**。在南日岛所获得的样本数据中，男性的样本数为159人，占43.80%，女性的样本数为204人，占56.20%。本书所关注的被调查者在性别分布上大体均衡。

2. **年龄**。根据女性的生命周期，考察南日岛特殊的文化特质下的婚姻和生育行为，本书发现调查样本中，有就业流动经验的年龄一般为18～30岁，该年龄段的男性占56.3%，女性占55.2%，其次为31～40岁，该年龄段的男性占37.6%，女性占36.9%，可以说，南日岛的就业流动人员都选择在具有最佳劳动能力的年龄段就业流出。

3. **家庭居住地**。总体而言，男性样本中有42.1%的本地非农户口，女性样本有65.2%的本地非农户口；位居其次的是本地农业户口，男性样本有 26.3%，女性样本有 30.3%。

4. **受教育程度**。被调查样本中，男性的受教育程度主要集中在高中及中专、大专两个层次，女性则主要集中在初中及以下，占 57.6%。总体而言，男性的受教育程度普遍高于女性，但在高等教育阶段，比如本科及以上层次，男性和女性则没有太大的差异。

5. **政治面貌**。被调查的家庭中，男性或女性是党员的比例在性别内占比相近，分别为 10.5% 和 10.6%。其余为团员和群众，占绝大多数。从某种意义上说，受教育程度高，政治面貌是党员的比例会增大，被调查对象的政治面貌是党员的比例较小，说明总体的受教育程度还是较低。

6. **健康状况**。健康状况是人力资本的重要指标，调查中，91.2% 的男性和 80.3% 的女性的健康状况“很好或比较好”，说明人力资本的健康状况维度还是比较好的，没有成为家庭发展的拖累，较好的身体素质也有利于就业流动的顺利实现和就业流动满意度的提高。

7. **收入水平**。数据显示，女性收入在 3 万元以下的比例最高，为 43.9%，同等收入水平下的男性比例却为零，说明女性在这一收入段的比例大大高于男性；而在 3 万 ~5 万元的收入段，男性和女性却没有太大的区别，分别为 21.1% 和 34.8%；男性的收入水平主要集中在 5 万 ~10 万元这一收入段，占 66.3%；收入在 10 万元以上的男性还是有较高的比例，为 12.6%。可见，从总体上看，男性的收入远远高于女性。

8. **职业类型**。本书参照相关文献对职业进行 7 种类型的划分。从现有数据可以看出，相当部分的女性从事“农林牧副渔水利生产劳动者”的工作，男性在该职业类型的比例与女性相当，分别占 30.7% 和 31.8%。但男性从事“国家机关、党群组织、企事业单位负责人”的比例（占 21.1%）远远高于女性（占 1.5%）；除此，女性则较多从事“商、饮、服工作人员”（23.2%）、“个体劳动者”（26.2%）等职业类型。

9. **学龄前儿童数**。按照 7 周岁以下子女数的样本数据表明，大多数家庭至少有 1 个 7 周岁以下孩子，在男性样本中，7 周岁以下子女数为 1 个的占 89.4%，2 个的只占 5.3%；在女性样本中，该数据的比例分别为 50.0% 和 33.3%。可见，女性样本的 7 周岁以下子女数较多，说明女性的生育年龄相对较小，这与在南日岛个案访谈的结果相互印证。调查数据还表明，7 周岁以下子女数为 3 个及以上的女性还有 10.6%，说明计划生育很难对就业流动的女性进行跟踪和贯彻，存在政策执行的监督漏洞。

10. **家庭子女性别结构**。从家庭子女性别结构的数据可以看出，男性样本和女性样本中，独男家庭、一男一女家庭、二男家庭占有较大比例，可以看出，他们所在的家庭一般都会有一个男孩，对于第一胎，家庭对于子女性别还是比较宽容的，没有明显的性别偏好，但对于独女家庭来说，第二胎就有强烈的性别偏好，一般希望能生男孩，这也导致了岛上非法鉴定胎儿性别的B超热，很多岛民对此趋之若骛。因此，岛上很少有二女家庭，调查也显示，二女家庭在男性和女性被调查者中所占的比例分别为3.0%和4.4%。

综上所述，本书所了解的就业流动女性及其家庭的基本特征是：有就业流动经验的女性年龄一般为18~30岁，健康状况较好，该年龄段正是婚配、生育、就业同时存在的生命周期，大部分女性都已经完成生育行为，7周岁以下子女数以1~2个居多，且有明显的生男偏好；她们的户口类型主要是本地非农户口，很多女性已经不再从事农业生产；她们的受教育水平也较低，主要为“初中及以下”的文化程度；政治面貌为党员的女性较少，政治资本无法对就业流动起到积极的促进作用；但调查数据也表明，女性主要从事“商、饮、服工作人员”“个体劳动者”“农林牧副渔水利生产劳动者”等低端的职业类型，职业层级不高，收入总体水平较低，有相当大的比例集中在“3万元以下”的收入水平。

第四章
女性就业流动的日常呈现

第一节　女性的空间迁移与类聚本能

群体在长期的繁衍生息过程中，逐渐形成一种好群的反应，即“类聚本能”，先验的类聚假说证明了人类群体的社会性和天然的类聚禀赋，此内在趋向使得成员间彼此共生、合作，并衍生为有组织的行为方式。在此，本能体现为固定的行为样式与机体需求所要关联的某种体格上的构造互相协凑，在全体种类里面都表示普遍一律的形态。在所呈现的行为形式中，使生理机械和特殊目的结合起来，无论在单独的个体生存抑或社会化的种族生存等过程中普遍地运行，如此，每个个体的行动就有了一致的姿态。而类聚则体现为分工活动的总体制裁，团体生活的普遍结合，团体行动作为内在的组合，去除异化的本能，达致成员间的内在适应和合作（马林诺夫斯基，1924）。

女性个体在就业流动选择中，能够发展集合的竞争形式，建立群的认可与个体对集体的向心力。其中，群的认可是通过语言、风俗习惯、集体凝聚力等方式表现出来的，南日女的就业流动，身体从一个区域迁移到另一个区域，异地文化的不适应和环境的陌生感使得女性个体更愿意找同质性个体沟通交流，而同质性个体所指向的往往是老乡，因此，南日女就业外流常通过老乡的描述和介绍，生动的原生的语言呈现了立体鲜活的打工地生存图景，老乡的可靠性增加了就业机会的获得和职业类型的趋同。调查的数据也支持了这样的结论，通过亲友、老乡介绍或帮忙安置获得工作机会的占56.5%，除此，自己求职、应聘、竞聘的只占24.7%，自己创业的占16.5%。这充分说明南日女就业流出的路径往往是依靠强关系获得。

而且在调查中还发现，女性在外打工的工种趋同，集中在制衣业、海产加工业、建筑业等行业。就业流出女性所从事的职业中，各类专业技术人员占16.3%，个体劳动者占20.1%，商、饮、服工作人员占22.0%，就业流出的地点主要集中在福州、厦门、广东等地区，并在条件许可的情况下，形成产业链条和集群效应①。只要一提起南日女，雇主们一致认可的就是其勤劳肯干与节俭持家。南日女成为带着褒扬的标签。与此同时，类聚本能还受到原生地文化的意匠和因袭的则例的框约，这些后天习得的机体习惯由于制度—文化构成的架构而成为常态。马林诺夫斯基认为："人类一切有组织的行为，永远都是受任何天赋以外的素质的制裁的。"类聚本能代表着延续文化基础而形成的习惯，形成适应于文化并受到文化制裁的行为范式。在类聚本能辐射扩散的过程中，类聚本能成为文化行为的变迁过程。这在南日女身上也可见一斑，南日岛特有的地理位置和海岛文化，使得南日女有着高度团结的趋向。虽然这种团结以成员间在情感、意愿和信仰上的高度同质性为表征，但从本质上看却代表着现代工业社会高度分化、社会成员充分分工下的有机社会团结（涂尔干，2013）。南日女在就业流出中表现出强烈的功能依赖性，个体间被高度整合为一个有机整体，这突出表现在，南日女就业流出中往往从事同质性的职业类型，并且会在居住空间和社会分隔中趋于一致。比如在调查中，笔者发现岩下村很多男性到福州马尾从事远洋渔业捕捞作业，作为家眷的女性则跟随丈夫前往福州，在远洋公司附近租房子，群居在一起，平时丈夫出海捕鱼，往往要去半年或者大几个月，这些女性就相约在马尾附近打零工，互相介绍工作，下班后就在家操持家务、互相串门聊天，以此打发独身在家的孤独生活，而且遇到要紧的事情还可以互相照应。这种生存方式就是类聚本能在现实生活中的生动体现，受制于特殊的文化体系，又可以充分发挥个体基本生存乃至自我实现的需要，体现女性随夫而居、异地迁移、家庭角色扮演、自我价值实现的生活模式。正如Margery Wolf所指出的，在一个陌生的地方，女性往往会发展出自我保护的策略。就业流动的同期群和同步性，以及建构女性相互支援的社会网络是南日女常用的两种应对策略

① 调查中发现，莆田秀屿区的几个乡镇已经形成产业集群，比如东庄镇主要从事医院生意、忠门镇主要从事钢材和木材生意、东桥镇主要从事珠宝生意、南日镇主要从事鲍鱼、海参、龙须菜的种养殖和贸易、早期很多岛民出境从事建筑业，埭头镇主要从事轮船和捕捞行业，各个乡镇间已形成特色产业。

（Margery Wolf，1972）。

南日岛风俗有浓厚的重男轻女倾向，女孩子们成年后大多疏父母而亲伙伴。她们常常有自己所属的姐妹伴，并形成普遍化的组织形式。由此，笔者随机采访了南日岛女性阿芳。

个案1：阿芳，26岁，南日岛人，嫁给同为南日岛的丈夫，两人有一个儿子，现已4岁。

对于姐妹伴，阿芳颇感意外，觉得这是岛上女性非常普遍的交往方式，似乎成为妇孺皆知、心照不宣的常态，没有太特殊化的解释。不过，她还是愿意跟我探讨一下她所理解的姐妹伴，她说：

> 我们岛上的女孩子都是找姐妹伴玩的，男孩子有少年伴，女孩子有姐妹伴，这在我们岛上是非常普遍的。其实也没有特意去组织的，就是脾气性格比较相似的几个人，经常玩在一起，互相帮忙，也是比较固定的一群朋友。很少有女孩子没有姐妹伴的，只有姐妹伴的人数多少而已。我们岛上的女孩子，就算结婚了还是经常会回娘家的，生完孩子也是这样，总觉得夫家怎么说都是外人，没有娘家那么自在。这样一来，天天跟你见面、说话、聊天的就是姐妹伴了。我们管姐妹伴在一起叫“做堆”，十几二十个人这样子，感情很好，同吃同睡，东西互相用，衣服一起穿，劳动互相帮忙，有心事互相商量。特别是以前，还没结婚那会，房子都很小，自己家里住不下就去姐妹伴家住，住在一起自然就有很多话说，关系也会比较好。反而是现在大家都盖大房子住了，或者到外地打工、嫁人去了，姐妹伴就慢慢变少了。
>
> 姐妹伴订婚时，我们要去帮忙打听男方的来历，看看他的品行好不好，做什么工作，家里经济情况怎样，兄弟姐妹有几个，……就跟男方到女方邻居那里“探门风”是一样的。姐妹伴要嫁人的时候，我们也要跟着去陪嫁，当作伴娘，到结婚那天帮新娘穿衣服、化妆、酒桌上喝酒什么的。看新娘为人好不好，性格是不是随和好相处，就是看她姐妹伴多少，跟她关系铁不铁。姐妹伴的父母也是我们的父母，她们的父母生病，或者生活不能自理的，我们也有道德义务去帮忙，平时买点东西去看望老人，过年过节跟老人聚一下，大家一起热闹热闹，甚至父母过世都要跟着姐妹伴穿孝服的。我们岛上姐妹伴的风

俗，有时还会出现姐妹伴相约去集体自杀的事情，虽然偶尔才有，但也是确实存在的事情。

我们村有几个女的跟我关系比较好，我们从小一起长大，到现在都有几十年了，平时我们经常串门聊天，谈家庭生活、小孩教育、投资海带还是鲍鱼等等。反正我们在家做完家务就是去找姐妹伴聊天，特别是家庭矛盾，不好跟老公讲，只好找姐妹伴来商量，讨主意，释放一下压力。我们长年累月在村里生活，没有知心朋友是不可能的，人嘛，总要有人说说话，生活才会好过的。

我们岛上很多男人会到晋江、惠安一带去做远洋捕捞的工作，女人作为家属都要跟着男人一起去，到了晋江以后，就会在远洋公司旁边租房子，这些女人就又聚在一起成为新的姐妹伴了。平时老公出海捕鱼，经常要去半年或者大几个月，这些女性就相约在晋江租住地附近的工厂里打零工，互相介绍工作，下班后就在家做做家务、互相串门聊天，这样来打发独身在家的孤独生活，而且遇到要紧的事情还可以互相照应。姐妹伴的孩子也可以借此机会经常聚在一起写作业、玩耍的。这样小孩子不会孤独，我们大人也轻松许多。

翻阅南日岛为数不多的历史文献记载可以清晰地看出，南日岛民凭借天时地利的海洋资源，长期以来就是海产养殖，但海岛上的远洋设施毕竟有限，很多南日岛人到外地的远洋公司从事捕捞工作，比如笔者调查的浮叶村，据历史记载，是在乾隆年间从惠安迁移到南日岛的，时至今日，就有很多村民回到原生地的惠安、晋江一带从事海产捕捞工作，这种回归原生地讨生活的方式一直延续至今。对于原生地来说，他们也乐于接受浮叶人参与海产捕捞的工作，语言上沟通的无障碍以及生活习性的相似有利于群体认同意识的形成。笔者特意寻找到女性阿燕。

个案 2：阿燕，女，63 岁，浮叶村人，丈夫曾经在晋江远洋轮船上工作过二十多年，是一名地地道道的讨海人，家里有三个孩子都已长大成人。

阿燕说：

我们浮叶村很多男人在福州、惠安和晋江那里的远洋轮船上捕鱼，晋江会相对多一些，因为那里的船老大都比较有钱，舍得出大钱去买装备比较高级的轮船。比如船上会配备冷冻室，刚捕捞上来的鱼虾直接倒进冷冻室里冷冻，等上岸回家的时候还可以保持新鲜，卖相也很好。以前比较传统的渔船没有冷冻室，等靠岸了很多鱼都有味道，口感也不好，自然也就不好卖，特别是夏天，鱼坏得快，如果没有马上靠岸去卖的话，很多海产都会臭掉。这样的渔船就只能在近海捕鱼，抓到一些就赶快上岸来卖。近海的鱼数量和品种都比较少，每次就像小本生意一样属于小打小闹，没法展开大规模的捕捞。现在很多船老大有钱了，就去买大型的渔船，船上什么都有，冷冻室啊，储藏室啊，卫生间，卧室什么的，样样都有，在上面住着跟宾馆一样，生活也比较方便了。条件好了，他们就可以放心大胆地去远海捕鱼，直接放冷冻室里运回来，每次船还没靠岸，码头上就有很多买家来收购海鲜。我老公就在远洋轮船上工作，他是厨师，专门给船员做饭的。他的手艺可好了，会做各种各样的大锅饭，蒸饭、炖汤、炒菜样样都很拿手。他有两个长勺子和铲子，木头柄的，每次炒菜都是双管齐下，跟搅和水泥砂浆一样，呵呵。炒好的菜放在专门盛菜的脸盆里，盖上盖子。海上没有青菜吃，每次从岸上带来的青菜都要放在专门的储藏间里保存，每天拿一些出来，省着吃。最常吃的就是鱼了，对鱼的做法也很讲究，有糖醋的，有清蒸的，有炖汤再加点蘑菇的，变着法子给大家改善伙食。但打上来的鱼船员还是舍不得吃，大部分的时间，他们都是把鱼用盐腌了再晒干，这样每顿饭只要吃一点鱼就可以吃好大碗饭，节省了很多食物。他还会做肉松，大块的瘦肉放在酱油水里煮烂了，再撕成一绺一绺的，在锅里炒干，这样的肉松容易保存，可以在船上吃很长时间都不会坏。虽然在渔船上的生活很艰苦，但一旦靠岸，船员就上岸去大吃一顿改善伙食，或者找个地方玩个痛快。

阿燕指着家里客厅中央的贝壳吊灯，接着说：

这个灯是我老公年轻的时候，大概是40岁左右在印尼买的，当时花了100多元，这个价格在当时算是比较贵的。买回来挂在客厅非常气派，大家都知道这是国外带回来的好东西，只要来我家就都要开灯看看这个灯亮起来是什么样子的，上面的贝壳都有哪些形状，用什么线能把这么多贝壳串起来，嗯，反正客厅有这个灯，家里就觉得高档了许多。远洋轮船经常要开到很远的海域去捕鱼，我老公去过周边好几个国家，日本啊，俄罗斯啊，印度尼西亚啊，等等，还有国内沿海的几个城市都去过，我儿子三岁的时候，我们全家就去过杭州，还在杭州西湖边上拍了一张全家福，就挂在客厅的相框里（阿燕指着墙壁显眼处的相框说）。那时我儿子三岁，女儿五岁，衣服穿得虽然土，但也算是家里人难得的相聚。你知道这远洋轮船啊，每次都尽量去很远的边境捕鱼，这样可以捕到更多更好的鱼。他们一去就是二十多天，这都是正常的，快的是十几天，有些船不是捕鱼的，是去运货到国外的，那就要去更长的时间，出去个半年多甚至一年都是很正常的。我跟孩子就留守在村里，我一个人带两个孩子，有时会想老公了，就把孩子交给我妈来带，我自己跟着村里其他船员的家属到福州马尾的船厂去探亲。后来还是舍不得孩子，就把比较小的儿子带去福州，女儿大一些就放在岛上。孩子他爸常年在海上走船，一年难得跟孩子见面，按照现在的话说，孩子就是留守儿童。那时的生活很辛苦啊，孩子还小我就要到地里种地瓜和花生，出门前把儿子放摇篮里，女儿在旁边玩，我出去干活，等回来后再做饭吃。幸好以前村里的治安很好，小孩单独放在家里也不怕丢掉，邻居经常走来走去也比较热闹，放在现在肯定不敢。虽然不在一起但孩子跟我老公还是很亲，我老公每次出海到国外都会带很多好吃好玩的东西给小孩，每次他一回家就跟过节一样，有得吃有得玩，村里的其他孩子都很羡慕他们。

我跟老公是相亲认识的，我们村里一般都是靠相亲，见面那天，他看了我一眼就答应了，后来我问他，怎么会答应得那么爽快，他说，当时就看中我个头高，以后生下来的孩子不会矮，哎呀，是为了生孩子而不是看人好不好，我当时还生气着呢！我们结婚那会是在下面的旧房子安家的，一座石头房子，三个开间，左边一半是我家的，右边一半是他哥哥家的，各用各的灶，各做各的饭。家里都没有像样的家具，只有一张床和一个衣柜，在70年代的时候也算还过得去。我老公原来在我们村里当邮递员，是临时工，每天骑着自行车在岛上送信，没有休息天，刮风下雨也要出门，工资也很低，家里当时是比较穷的。结婚第二年，村干部说福州远洋渔业有限公司有招人，在马尾，叫他去应聘看看。在村干部的推荐下，我老公当时就去面试了，公司的人看了很满意，当即就要了。刚好他哥哥也在那个公司工作，我想兄弟两个人出去打工也有伴，我跟嫂子住在一起也有人照应，都是一家人，平时可以互相帮忙。从那次去福州到2001年退休，20多年了，我们都这么两地分居地生活。村里都是邻居和亲戚，大家都很熟，也就没那么孤独了。90年代我家买了地盖了新房子，我觉得家里太空了没有什么人住，还让我一个邻居家住在另一半开间，他家的两个儿子还都是在我家结婚生子的哩！

远洋轮船经常要到非常远的外海捕鱼，那里水质好，没有受污染，捕上来的鱼又大又鲜美，运气好的话，还可以捕到很多珍稀品种，所以每次回来都是满载而归。那时候国营的远洋公司很少，能到外海捕鱼的毕竟是少数，所以不存在争抢海域的问题，收成也很丰厚。而且当海员要经常在外地跑船，一年到头难得回家，国营远洋公司为了留住船员，都会给很高的工资。90年代初那会，我老公的工资就有1000多元钱，这跟村里的收入相比算是比较高的了。年轻的女孩子要是能嫁给船员算是好福气的，工资高，工作稳定，算是大家争抢的“香饽饽”。所以那些船员都很容易相亲到年轻漂亮的女孩子，长得再矮再丑都有人要。这几年他退休了，一个月还有2000多的收入，加上医保、社保，反正对我们农村人来说真的挺满足的。听说现在的船员待遇比以前更好了，普通的船员一个月都有10000多元，当个小领导的会更高一些，有20000多。虽然船员长年累月在外海跑船，跟家里人难得团聚，但考虑到这么高的收入，很多人还是很愿意当船员的。离我们村很近的厝娘仔，就有很多男人去当船员，他们尝到甜头了也会一个带一个地介绍去当船员，渔业公司也喜欢招这样的男人，都是同村的，彼此都认识，甚至很多都是亲戚，遇到事情也比较好沟通。在海上跑船很辛苦的，很多时候要靠大家齐心协力。渔业公司的船主要是捕鱼，不需要太多的船员，一艘船上一般只有十几个人，只有远洋的运货船才会更大些，也需要更多的人。有时人手不够用，他们村也会来我们村要人。村里有些找不到事做又整天闲荡晃悠的男青年，就会去应聘当船员。他们经常一走就是几个月甚至一年，村里留下很多留守的女人和小孩。她们一般都不用去工作，靠船员丈夫的收入维持生活，那么高的收入在我们村是可以生活得很不错的。

随着时代的变迁，交通变得快捷便利了，很多船员家属不再像父辈一样两地分居想断肠，而是跟随丈夫到工作的地方去生活，作为船员家属的阿燕，她的丈夫在晋江渔业公司当船员，她在几年前就跟着丈夫来到了晋江，在附近的工厂打工。而跟她一样境遇的还有很多人，这些女人更多选择“抱团取暖”，集体应聘到附近的工厂，从事简单烦琐的体力劳动。她说：

> 我们这些船员的家属都住着一起，在岸边租房子住，平时没什么事情做就去附近的工厂打工。晋江有很多制衣厂，对技术要求不高，我们这些家属就相约去那里打工，每个人负责一道程序，有的缝衣领，有的做口袋，有的车边，有的钉纽扣……像流水线一样每天赶任务，做得慢了后面就闲着，就会不停地催你，如果你老是做得慢，以后就没有人愿意跟你一组了。我们都是计件发工资，每天一上班就跟打仗一样，忙到下班才会抬头走路的。等老公远海捕鱼回来，我们就更忙了，每天要在家做饭给全家人吃，还有一堆家务。往往是这个时候，我们很多人就从制衣厂辞职，专门在家做家务。我们的老公等船靠岸了以后经常要在岸上住一两个月再出海的。休息时间长的话，我们就回南日岛住上一段，休息时间短的话，我们就还在晋江租房里住着。老公一回家，家里的事情就很多，我也没法上班了，反正制衣厂是计件发工资，我辞职不干了一样会有人顶替我的位置，等老公出海捕鱼了我再去上班。这样的工作虽然辛苦但是很自由，爱来就来，爱走就走，谁也不会管你。

第二节　女性的空间迁移与家庭决策

女性的身体迁移和就业流动，在中国特殊的文化场域中，常在很大程度上受到家庭决策的广泛影响。家庭成员的权力地位、女性的主体意愿、女性在家庭的话语权、女性的性别角色期待、女性的抗争表达等因素全方位诠释着家庭决策的影响力。

一　家庭决策的起因——女性的主体意愿

女性在多大程度上掌握一定的收入，并以此获得她们所在组织的支持和资源，以及女性控制财产的程度和这些财产与男性财产之比，这两个资源动员的能力因素决定着女性在家庭中能否自由表达和顺利达到自己的意愿。

个案3：张小涵，女，25岁，厦门某企业会计，丈夫在厦门另一家企业做技术工。

小涵本科毕业后如愿留在厦门一家企业当会计，月入2000多元，这对房价居高不下的厦门来说，只能算是低收入群体。尽管如此，小涵还是很知足，家里很支持她留在厦门的，地理环境好，收入增长空间大，而且厦门优秀的男孩子较多，在日后的婚姻市场中寻找到合适对象的机会和可能性大大增加。家庭出于对小涵未来职业发展和婚姻幸福的考虑，一致同意她选择在厦门工作，哥哥还动用社会关系网络帮忙找工作。

在这里，我们可以看到，家庭决策对于小涵工作的选择起着重要的作用。家庭成员的重要事件，比如就业流动，家庭不是被动地受外环境的影响，而是以自己原有的特点对社会做出反应，反应的结果是家庭各成员之间的合力，合力的方向或家庭策略的取向取决于各成员在家庭中的地位。在本个案中，家庭决策在对家庭成员是否流动的判断上，可以用托达罗模型来解释。在家庭成员中，年龄较小，文化程度较高的成员就业流出的预期收益较高，付出的物质和心理成本也较低，迁移行为可以实现家庭收益最大化。现实生活中这些女性的就业流动意愿和迁移动机更多以发展为主，而不是生存需要，这主要适用于未婚的年轻女性（蔡昉，1997）。

二　家庭决策的方式——协商的民主

一年后小涵与现在的丈夫结婚，也很快就怀孕生孩子，于是问题就来了，小涵如果要照顾幼小的孩子，就没法去上班，如果交给婆婆照顾，就要影响夫家的海带养殖，因为公公和婆婆共同经营海带养殖，每年12月播种海带幼苗，次年四五月份收成，平常都要随时照看海带苗，以防被台风刮走，或者海带头脱线，或者捆绑海带的棕绳不牢固，对此，两人每天都忙得不可开交，在开种和收成的时候还要雇佣岛民来帮忙，一年20几万元的收入支撑了家里四个子女的生活和受教育开销，还盖起了三层小楼房，如果婆婆照顾孙子，就意味着海带养殖难以为继，无法正常运转。于是，考虑到海带养殖年入20几万元的收入和小涵年入3万元的收入比较，家里决定让小涵辞去工作在家照顾孩子，可小涵毕竟是本科毕业的，说什么也不愿意，双方僵持不下。

在对小涵是否就业的问题上，家庭内部出现了较大的分歧，于是进入了协商民主的程序。“民主商议提供了一种对于道德冲突的道德回应”（古特曼·汤普森，2007）家庭成员内部通过理性交谈的方式，进行商谈、质疑、辩解、反驳，尊重个体的发展，也兼顾家庭整体的经济利益，对各自观点在真实、主观、真诚和规范上进行正当有效的主张，进行批判性表达。在该环节中，协商主体机会均等地参与意见形成过程，没有性别、身份等方面的负面影响，并能在理性思考的基础上给予理性的回应以希冀获得采纳，置身于协商民主的成员都有着共同的利益责任，都有着对决策形成的实质性影响。

在本个案中，从家庭整体内环境来看，谁外出谁留守，谁工作谁顾家，涉及成员分工和性别关联的问题。一般而言，女性人力资本禀赋低于男性，因此女性外出者在迁移前对于打工的预期收入水平大大低于男性，家庭决策者通常希望女性留守而男性外出，或女性顾家而男性工作，这主要针对已婚妇女（蔡昉，1997）。同时，家庭决策还与家庭生命周期紧密相连。年轻夫妇家庭、成熟的核心家庭、成长中的核心家庭、扩大家庭对就业流动影响呈显著正相关（林善浪，2011），相比之下，家庭决策让年轻夫妇家庭流出意愿最强，而到了成熟的核心家庭阶段，家庭决策就要兼顾家庭经济收益和养老抚幼等因素。在家庭生命周期的不同阶段，家庭决策的做出具有一定的差异性。对此，婆婆说：

> 我们家就靠我和老公种海带，平时我还要负责十几个工人的吃饭，如果去吃快餐，一个人十元钱的话，十几个人就是一百多元，工人来干活一天要管两顿饭，还有一顿点心，所以平时都是我自己做饭给工人吃，这样比较省钱。如果我去带孙子了，那工人都没饭吃了，请人来做饭一个月还要花两千多元，饭钱还要多花很多，不值得。

婆婆的意见表达了对于家庭利益的担忧，基于海带养殖收入和小涵收入总额的差距做出的理性判断，其谈话的实质在于保住家庭业已形成的分工格局和生活习惯，不愿意轻易改变，而这也更是为了保住家庭长期以来延续的赚钱方式，保持家庭收入的可持续性和最大化，指向家庭共同的收益。同时，婆婆的观点也反映了她的文化和社会的知识存储以及对秩序的理解。哈贝马斯强调，一切以理解为目的的交往协调活动都必须是从生活世界出发，同时以理解为目的的协调交往行为又对生活世界起着重要作用

(哈贝马斯，2003)。因此，谈话作为交往协调活动的表达方式，反映了个体对于事件的特殊化理解。在婆婆的精神世界里，女性结婚后就应该相夫教子，如果媳妇从事的是稳定的体面的工作，如公务员，尽管收入不高，但从职业声望和家庭社会影响的角度，就应该全力支持；但媳妇从事的是普通私企的会计工作，职业声望和稳定性不高，完全可以从家庭经济利益的角度权衡利弊，做出适当的取舍和牺牲。

哈贝马斯认为，协商民主中要求的是主体间性，即主体—主体关系，这是交往者在内心里给予肯定的“互为主体关系”，其实质是交往主体之间存在的对对方主体地位的“内心承认关系”（哈贝马斯，2003）。本个案中，小涵在谈话中表达更多的是主体间性，她说：

> 我是本科毕业的，家里为了让我读书，四年来花了十万元，爸妈非常辛苦，这些钱是他们好多年来省下来的。我觉得要赚钱来弥补他们这么多年培养我读书的辛苦，我现在才工作一年多，没赚到什么钱就要我回家带孩子，我当然不愿意。

可以看出，小涵已经从“自我”的决策思维衍生出“我们”的决策思维，意识主体从“主体性”走向“主体间性”，并将主体间性的思维方式和情感认同纳入主体的决策领域，实现主体间的“移情”和“共观”。在个案中，小涵对于婆婆是理解的，她也会从经济层面来预期未来家庭的收入状况，但是她对原生家庭对她经济和情感上的付出还是很有愧疚，从主体间性进行权衡，放弃工作在家带孩子，势必会招致原生家庭的不满，让他们觉得辛苦培养一个大学生却要在家当家庭主妇而对已有的付出觉得不值。小涵要从夫家家庭和原生家庭诸主体的想法和利益做多方的考量，兼顾主体间的多元利益，确实难以做出选择。

三　家庭决策的过程——多方权力的博弈

（一）夫家家庭：性别角色规训与凝视[①]

福柯的话语—权力理论认为，女性就是生活在这样一个社会性别压力

① 福柯提出的惩戒凝视观采用环形监狱作为凝视意象的形象化说明，意指人人都处于社会的凝视之下，用标准化和正常化作为控制和自我规范的深化，表现为对规范的遵从和内化，不可越轨。

下，不仅要服从传统的性别话语和性别纪律，而且要遵从传统的性别规范，女性个体制造出自己驯服的身体。父权社会通过男性话语对女性进行教导、规范和监督，并把男性话语内化为女性心理和精神，最终达到让每一个女性成为男性和父权社会要求的女性，同时做到“慎独”，成为自己心理、精神、身体和行为的监视者和凝视者。正如福柯所言：“用不着武器，用不着肉体的暴力和物质上的禁锢，只需要一个凝视，一个监督的凝视，每个人都会在这一凝视下变得卑微，就会使她成为自身的监视者，于是看似自上而下的针对每个人的监视，其实是由每个人自己加以实施的。”（福柯，2012）社会主流文化塑造女性的身体，将女性形象刻画成适应于在家庭中发展的角色，而在公共领域赋予女性较小的发展空间，使女性在竞争中处于不利地位，相应地，女性也调整自己的偏好以适应社会和文化常规规定的正常或可接受的内容，形成“适应性偏好”，从而退缩进家庭领域，造成隐性弱势地位，这体现了传统文化和父权制对于女性性别角色的规训，将她们塑造成柔软的、自觉地融入性别角色期待的身体，并表现出与女性角色扮演相契合的家庭地位。正如福柯所论述的“权力的微观物理学”，就是指父权制通过灵魂操纵身体，对人的身体的控制成为目标，肉体如同灵魂一样，都是由社会建构起来的，因而至少在原则上是可以改变的。人的有机体是一种本质上无定形的冲动和活力流。社会彻底改变了身体，身体与历史的关系是“烙满了历史印记的身体和糟蹋着身体的历史”，身体没有固定的形式和内容，个人的主体、身份及特性全都是被历史和权力所塑造、制造和生产出来的（米勒，1995）。

在调查中，笔者注意到，小涵作为本科生，在南日岛也算是优秀的年轻一代，但在家庭利益协调中，家庭决策更关注的是现成的利益而不是长远的发展，虽然小涵丈夫只是中专毕业，但家庭常会为了照顾男性的尊严而选择放弃女性的发展机会。在家庭中，夫妻间的职业安排、职业选择、职业流动乃至对职业的投入程度都不仅仅是个体间根据所占有资源进行的博弈，而是和传统的社会性别分工有关。作为私领域的家庭在很大程度上也受制于公领域的影响，家庭主体按照自己的意愿实践社会劳动性别分工并重构家庭地位关系，且传统性别观念植根于日常生活世界和内化于心，转化为自觉自愿的行为模式。本个案中的夫家家庭，俨然罔顾了小涵在资源上所占据的优势：原生家庭的良好背景、文化程度高于丈夫。如果根据交换理论或资源理论，小涵应该获得更多的家庭策略支持、较多的话语权、较高的家庭地位，但事实上，家庭决策在面临取舍时常常摒弃女性的利益，以传统性别观念所指向的“女性回家”来作为思考和决策的逻辑，女性必须在不影响家庭角色扮演的前提下才能实现职业发展，一旦发生夫妻角色间的冲突，家庭决策的判断标准不是资源的多寡抑或是家庭利益最大化，而是按照社会性别规范所限定的男女两性所“应该”的角色。于是，在如此的思维逻辑下，小涵的职业发展就换位于作为妻子和母亲的角色定位，在完成结婚、怀孕、抚幼这些重要的家庭事件中，家庭对女性的角色期待就发生转变，更期望女性留守家庭而不是出外就业，就算女性有稳定的工作也要屈从于丈夫的地位安排，从某种意义上说，这也在一定程度上限制了南日岛人对于女性人力资本的投资。

（二）女性主体：话语权与反抗

福柯和德里达皆认为，话语即权力。事物、事实只是构成社会生活和人类关系的原则、假定和惯例投入实际运作所产生的具体结果。彻底改变事物，整体改变事实的最终途径在于改变构成社会生活和人类关系的原则、假定和惯例，即改变话语。而要达到改变话语的目的，首先必须掌握和把握话语权（李银河，2003）。权力产生于话语的机制，在话语的运行中运作，体现权力关系。话语在内部进行的调整，赋予内部事物以秩序和意义，产生特定序列的权力。这种权力的获得，就必须进入赋予权力的话语，受这种话语的控制。而且，话语又是权力争夺的对象，话语对它所未指陈的事物的排斥和压制，就是不赋予这些事物说话的权力，将它们排斥在话语的边缘（福柯，1999）。可以说，女性只有通过掌握话语权，可以表达自己的想法和欲望，摆脱边缘化的角色地位，并以此影响家庭决策，重新建构家庭秩序和习惯。在家庭决策的博弈中，为了孩子谁带的问题，家庭开了好多次会议，各个家庭成员展开了话语权的竞争，小涵在家庭决策的较量中力图争取个体的话语权，通过对夫家家庭的反抗来体现在家庭中的权力地位，迫使夫家家庭妥协并做出让步，采取较为温和可行的解决方案。福柯指出，所有的权力都制造反抗，以反面话语的形式产生新的知识，制造新的真理，并组成新的权力，用女性自己的声音来建立身份认同。此个案中，小涵就是通过个体话语权的运作，保留自己工作的权利，让夫家家庭最终答应采取折中的方式，让丈夫的奶奶来照顾曾孙子，因为丈夫的奶奶也才 70 多岁，等照顾不了的时候孩子也读书了。这样，家庭决策的结果使得家庭呈现代际分工的格局，既照顾了小涵夫妻的工作，又照顾了下一代，各方权益达成共赢。

四、家庭决策的结果——家庭利益的共赢

主体间之所以能达成共识，可以用“前定和谐”来解释，不同主体的认识和世界视域所以相合，是由于不同主体的世界视域都是经“共现”途径形成的，主体之间具有相同的感知系统的“共现”构造能力是主体之间相互理解的条件（哈贝马斯，2003）。在该环节中，家庭整体利益是主体间达成共识的基础，而家庭决策起着重要的协调作用。对于家庭分工决策的做出，贝克尔的家庭分工理论认为，生理优势和人力资本投资专门化是两个重要的考虑因素，家庭决策基于此对家庭两种性别成员在有酬劳动和无酬劳动之间进行分工，使得家庭效用最大化和家庭效率提高。家庭出于利益最大化和整体家庭发展的考虑，往往会权衡性别间的比较优势，判断生理优势和劳动力市场价值，同时征询主体间的意见和言语表达，有时还会牺牲就业劣势者，特别是女性的就业机会来维护家庭整体的利益，在家庭决策者眼里，妻子负责专业化的家庭生产，丈夫负责专业化的市场活动，这样有利于家庭和谐共处，同时在发生矛盾冲突时，家庭决策者会及时调整分工来维护家庭系统的利益。在本个案中，作为夫家长者的奶奶出来解了围，以她赋闲在家不如发挥点余热的美好愿望作为出发点，承担起养育曾孙子的任务。至此，家庭多方的矛盾和不一致的观点因为奶奶的表态而得以圆满的解决，家庭既有的性别分工和代际分工格局得以保持并合理运转。

第三节　性别分工与夫妻关系变化

一　生存理性与劳动异化

当前，很多研究者反对仅用经济学的理论和模式来解释就业流动这样一个并非纯经济的现象而提出了用结构化理论进行解释，因为作为中国场域内发生的就业流动，尽管有着家庭经济利益最大化的需求，但却无法用量化的数据来解释中国人朴素的家庭观念和伦理道德，也无法解释具有多元差异的家庭的发展模式和生存理性。因此，国内很多学者认为，就业流动不仅仅只是制度性安排使然，也并非简单地只是个人追求利益最大化经

济理性选择，而是主体与结构的二重化的过程，是“生存理性”（寻求生存甚至维持糊口）而非“经济理性”（在市场下追求利润最大化），是流动者在现实面前做出种种选择的首要策略和动力，即是说，在自己所处的特定资源和规则条件下，为寻求整个家庭的生存而选择比较而言并非最次的行为方式。此观点试图利用吉登斯的结构化理论对就业流动和迁移做出新的理论说明。就结构和主体的关系而言，如果没有结构性因素和条件提供的可能和制约，流动者不可能实施外出，反之，如果没有流动者外出的需求，无论何种形式的制度安排也是没有意义的；就流动主体的行为而言，流动者在外出和转移过程中总是不断反思自己的行动，改变自己的目标。因此，这些行动的后果，常常是未曾预料的，更不一定是“合乎理性的”（黄平，1998）。

个案 4：红猴子，男，46 岁，妻子出外打工，儿子在读大专。

在南日岛有个常见的交通工具，就是带后斗的摩托车，前面是驾驶室，后斗有遮雨棚，遮盖得严严实实的，乘车人坐在里面不怕风吹日晒，这种交通工具常被粉刷成大红色，在路上跑起来格外耀眼，被当地人俗称为“红猴子”。而笔者在南日岛调查的这个对象，没有大名，大家就叫他“红猴子”。见到红猴子，却也人如其名，长得黝黑精瘦，有着典型的岛民特征。红猴子自从就业流出后就一直在福州的罗源县打石头，因为他的踏实肯干，一天下来常能赚到五百多元的收入，且这种正常上工的时间一个月有 18 ~ 20 天，但打石头是个超负荷的体力活，很多年轻人干一段时间都要休息以恢复体力，但红猴子却很少休息，40 多岁的身体应付着高强度的劳动，但也为自己获得了丰厚的现金回报。2012 年他儿子如愿考入福州某中专学校，红猴子开心地为其买了苹果手机和电脑等对于农家子弟来说算是高档的奢侈品，并为儿子的未来怀着美好的憧憬。但 2013 年 4 月份发生的一次意外却粉碎了红猴子的美梦，在一次打石头过程中，突然飞溅起来的碎石打中了红猴子的左眼，虽然其他工人以最快的速度将其送到福州大医院治疗，但他的眼睛还是没有光感，也就是说，红猴子的左眼瞎了。这对于家庭顶梁柱的他来说，确实打击不小，红猴子以后不能再从事重体力活了。尽管后来经过几轮的讨价还价，采石场的老板最终赔付了 16 万元，等 180 天再鉴定后再给 2 万元，但对这个家庭日后发展来说，毕竟是杯水车薪。于是，这个家庭从前的男主外女主内的格局被打破了，红猴子的妻子选择去外地打工来缓解家庭的困境，演变为女主外男主内的格局。但红猴子的妻子是地道的南日岛农民，没有一技之长的劣势使得她进城后只能在建筑工地打工，天天风吹日晒的劳动使她更加苍老了。而红猴子因为眼疾赋闲在家，也是异常焦虑，一方面想给自己创造能与采石工作收入相仿的就业机会，但在南日岛确实是几乎不可能的事情；另一方面也想让妻子回到海岛，继续实现家庭角色扮演和回归以前的家庭生活，可被打乱的家庭生活模式却无法在短时期内解决。

在该个案中，丈夫因为意外致残而选择就业回流，而妻子则是就业流出，夫妻互换的角色地位都是出于家庭生存和家庭利益的双重考虑，毕竟该家庭中，丈夫的一技之长（打石头）不能再派上用场了，而靠海吃海的捕鱼技术又不会，海带收成的时间毕竟有限①，为了维持家庭长久的温饱，只能选择妻子外出打工。在这里，对于妻子来说，她出于家庭生存的需要而选择就业外流出卖劳动力，使真实的自我经历成为自我异化和自我物化的过程。“这种劳动不是满足劳动需要，而只是满足劳动需要以外需要的一种手段，外在的劳动使个体外化，自我牺牲、自我折磨，这种劳动不是自己的，而是别人的；劳动不属于她；她在劳动中不属于自己，而是属于别人。”（马克思，2000）在此过程中，妻子没有把劳动就业作为实现自我需要的手段，而是纯粹地出于养家糊口的权宜目的，不是自由发挥自己体力和智力的感受，而是不自在的劳动体验。妻子存在和就业的目的，只是为了家庭能渡过难关和实现丈夫、儿子的期待。因此在访谈中，妻子表现出憔悴的状态，也对这样的生活还要持续多久持悲观的态度。同样的，作为丈夫的红猴子，他也深表焦虑和不安，为自己不幸的遭遇给家庭带来的变故十分歉疚。调查中，红猴子还表达了很想再出去打工的意愿，虽然不能再从事像打石头一样重体力的工作，但外出打工还是要比南日岛打零工赚得多，也能缓解妻子的压力。

二　就业入世与父权制的博弈

无论男性还是女性，都想通过自己的努力来实现他们的个体存在模式，作为流动中的女性，也渴望通过就业来体现个体的人生价值和精神追求，获得更多的话语权和社会地位，作为社会行动者，这种积极的态度可

① 每年海带收成的季节是四五月份，海带挂苗的季节是 12 月，在海带收成和挂苗的季节才会大量使用劳动力，其他时间需求不大。

称之为入世[①]。韦伯认为，人们的行为是由社会行动模式决定的，人们的社会行动模式取决于他的伦理观念体系，人们的伦理观念体系取决于伦理观念归属的宗教文化体系，决定人们行动模式的宗教伦理主要有入世禁欲主义、出世禁欲主义、入世神秘主义和出世神秘主义。入世方式以介入世界的态度，借助日常生活的实际行动做到禁欲而达到救赎；出世主义以逃避世界的态度，通过冥想默祷进入着魔入迷的附体状态达到救赎（韦伯，2012）。在这里，入世讲究的是“得”，求得功名、求得利禄，颇有“一夜看尽长安花”的感觉。朱光潜的“以出世之态度做人，以入世之态度做事”亦有此意。积极入世的女性，渴望逃离农村生活到城市寻求不一样的生活方式和工作模式，她们也毅然冲破父权制藩篱，在经历自我异化和自我物化的劳动过程中重塑自我，实现自我需要和自我满足，这不仅体现在物质利益的获取，还表现为精神层次的满足和自我价值的释放。这突出表现在年轻的南日女现在正以较高的增长速度实现就业流出。在笔者调查的204位女性中，就业流出者为119人，占被调查女性的58.2%，特别是年轻的女性，有过就业流出经历的占85%以上，她们在黄金年龄段就业流出实现劳动力的增值，通过就业流出扭转原生地的生存状态，南日女在时间和空间上开启了另一种全新的生活方式。

个案5：海威，女，27岁，在甘肃某私营医院当医导，丈夫是同一家医院的股东和管理人员。

海威是黑龙江人，笔者认识她已经有五年了，六年前她与丈夫相识于东北一家私营医院，这家医院是南日岛人承包的，她在儿科当护士，丈夫是医院的中层管理人员，是南日岛人，认识一年后她成为南日岛人的媳妇。五年来她跟随丈夫到处打工，结婚生女，也跟着丈夫流动于内陆好多城市，先后去过广西、青海、吉林、甘肃等民营医院，尽管生活非常颠沛流离，但她还是保持很好的身材和长相，待人接物的成熟和老练一点也看不出她才是27岁的姑娘。在南日岛调查的时候，海威和她丈夫已经在甘肃某民营医院工作了，于是只能通过电话访谈并录音的方式，之所以会选择甘肃这家医院，海威说：

---

① “入世”是相对于“出世”而言的，这两个概念来源于佛法精神，在这里，“出”和“入”就是离去和进来的意思，而“世”则指凡尘俗世。出世表示一个人不再关心人类生活中大家都追求的共鸣、权力、财富等，出世的人希望超脱世人的生活，获得更多的精神追求；入世则相反，表示个体渴望在现实生活中实现自己的人生价值。

这家医院原本是部队的公办医院，现在被莆田人承包了，老百姓原本不愿意去莆田人开的医院，觉得里面陷阱很多，于是就选择了部队医院，觉得比较可靠，结果连部队医院都被莆田人承包了……老板拿出500多万元投资了这家医院的妇儿科，在私人承包的医院里，承包医院叫做“炒摊”，承包的科室叫做“摊位”，被承包的科室有专科的，如肝病科；也有几个相近科室合起来的，如妇科和儿科；也有综合科的，啥病都看。老板看重我老公的能力，为了挽留他，答应每月给他20000元，其中15000元每月发放，剩下5000元年底看业绩给，而且还让他投资一个点（一个点是10%）的股份，要知道医院赚钱是一本万利的，能让我们投资是求之不得的事情，我们去年投资了40多万元，现在早就翻番了。现在如果有人要转承包这家医院，就要花900万元的现金，老板早就赚足了大把的钱啦，我们只是人家的零头，不过日子也算过得还不错……我现在医院当医导，只要有病人来，我会询问病情，然后招呼他们到我们入股的科室去……其实我这工作就是招揽生意啦。

海威的家乡是黑龙江一个极其偏僻的小山村，同村里其他姑娘一样，海威初中毕业后就离开家乡到外地打工，作为家里的长女，她从小就要负起家庭的责任，她也由此衍生出自我发展的策略，离开家乡和原生家庭到外地打工，摆脱了父权制和原生文化的束缚，在一定程度上颠覆了自己在家庭生活中的女性角色和身份认同，在城市中获得自由的生活方式和就业模式。同时，在城市生存的不易和城市融入的困境使得她们有着强烈的自我保护的意识和获得安全感的趋向，此时，婚姻成为她们重要的考虑途径，她们常会采用婚迁等方式彻底摆脱原生地和流入地的负面影响，而婚姻伴侣的选择则更多选择经济条件较好的男性，即“择偶梯度模式”①。比如个案中的海威，她工作那么多年，所能接受的就是当管理层且年薪有几十万的丈夫。因此，在结婚后，小两口确实也实现了夫唱妇随的性别分工

① 所谓“择偶梯度”，即男性倾向于选择社会地位相当或较低的女性，而女性往往更多地要求配偶的受教育程度、职业阶层和薪金收入与自己相当或高于自己，也就是婚姻配对的“男高女低”模式。参见〔英〕莱斯利：《社会脉络中的家庭》，华夏出版社，1982，第196页。

的成功模式。其中，海威和丈夫的性别分工很明确，就是妻子招揽生意和照顾家庭；丈夫负责所承包科室的日常行政工作，并将更多的时间花在计划家庭经济和处理相关市场事务上（Croll，1985；Judd，1994）。海威以其甜美的外表、能言善辩的口才和诚恳的态度，常能得到很多慕名求医者的信任，而她丈夫兢兢业业地工作，每天晚上都要给科室医生开会，夫妻间良好的分工合作使他们的家庭生活过得很不错。从海威的个案可以看出，女性虽然在分工中处于相对的弱势，但如果没有海威的工作付出，丈夫很难在承包经营中获得足够的利益，可以说，海威的工作是经营链条上一个重要的环节，正因为此，海威的家庭地位还是比较高的，丈夫的事业发展还是离不开海威的支持与帮助，丈夫对她也算是言听计从。但是，尽管如此，这样成功的范例却以生育作为一个重要的分界点。自从海威生完女儿后，由于缺乏代际抚育的先天条件，只能选择由海威自己承担起照顾女儿的责任，以往正常的上下班时间被枯燥无味且杂乱无章的时间取代了，年幼的女儿的哭泣、饥饿、玩耍等行为常常是不合逻辑和没有周期性的，还要为下班后回家的丈夫做饭洗衣服等，海威从一个能上得了台面且挥斥自如的职业女性，转变为憔悴的家庭妇女，唯一能够娱乐的方式就是在女儿睡着后上网和看电视，海威直言，生完女儿后，在柴米油盐酱醋茶的单调生活里，她感到前所未有的威胁和不稳定，所以她必须紧紧抓住丈夫的银行卡这种经济手段来获得家庭生活的安全感。因此，对于海威这样的打工妹来说，她们的就业流动常以结婚和生育作为分界点，结婚前是可以随意迁移的自由的身体，结婚后则是安心在家相夫教子的家庭妇女角色，但这也增加了对于男性的依赖，很多女性表示非常忧虑婚后的生活，担心回归家庭后失去自我，成为免费家务劳动和枯燥且千篇一律的家庭生活的牺牲品，婚后女性家庭地位相比婚前有所下降。这也产生一个很矛盾的社会问题，年轻女性都非常渴望离开传统落后的原生地到城市开拓新生活，实现自我发展和自我满足，而一到婚配年龄，她们却要和其他已婚女性一样，尽可能地选择经济条件较好的男性，但却要被婚姻牢牢束缚于家庭之上，无法为家庭赚钱和实现自我体面的价值。可是如果不按照这样的传统规律进行性别和家庭分工的话，却也难以为社会舆论所接受，父权制业已形成的庞大社会机器通过多元化途径渗透于社会各个角落，使女性无处可逃只能选择就范。

在现实生活中，还有很多关于此类的个案。

个案6：阿芬，女，32岁，浮叶村人，29岁，有一个8岁的女儿和8岁的儿子，她和丈夫共同经营鲍鱼养殖的家庭作坊。

阿芬是个性格爽朗的女人，对于笔者的到访一点也不感觉陌生，也许是在她家做访谈的缘故，她显示出岛上女人难得的好口才。她说：

> 我和老公原来没什么事情做，刚结婚那会，我们家住在镇上，楼上是套房，楼下是店面。我公公在楼下的店面卖生活用品和食杂，我那时正好也闲着，就帮着看店。我老公就比较悠闲了，他也没事情做，就用手头上仅有的20000元积蓄买了一辆进口摩托车，天天开着那辆摩托车到处找人玩。那辆车上装着一个很大的音响，音质很好，每次一发动，好远都可以听到车上放出来的音乐。谈恋爱那会载着我出去玩，大家都以为我找了个有钱人，其实他最值钱的就只有那辆摩托车了。
>
> 后来发生了一件事，让我非常生气，以后也就不在店里帮忙了。那是结婚后没多久的一天中午，我嫂子来镇上找我，说我妈被狗咬了，到镇上来看医生，本来以为打针就可以了，医生说还要挂瓶，而且要挂好几天，我嫂子来了才发现钱不够，就想着我就在镇上，离那家诊所也很近，就跑到我店里跟我要了500元钱。我那时也着急，手头也没钱，我老公又跑出去玩了，于是就自作主张从店里放钱的抽屉里拿了500元给我嫂子。哎呀，我不就是着急嘛，就想着让我妈赶快去打针挂瓶，万一晚了病毒感染了可怎么办。谁知道晚上关门的时候，我公公突然嚷嚷起来了，说抽屉里的钱怎么少了500元啊，我明明记得该有多少钱的。我就马上跟他解释，说是我娘家着急要钱，先拿走了。这下，我公公很生气，说这抽屉里的钱是全家人的，大家都有份，拿走了钱就要事先跟他说，也要记账的。我一听也不高兴了，都是一家人干吗要算那么清楚啊，而且是着急看病花的钱，又不是去买衣服去了，凭什么这么说我。本来以为我老公会帮我说话，没想到他一句话都不说，当作没听见，在那盯着电视看。我想呀，他自己不赚钱，要靠家里吃饭，要伸手跟他爸要零花钱，当然不敢吭声啦。我都嫁出来了，我娘家人是死是活跟他家又没关系，他们总觉得给我家彩礼了就像为我赎身一样，我是他们家的人，以后我赚的钱也天经地义就要给他家花。想到这些，我还是很生气！

后来一连好多天，我都不到店里帮忙了。但这么待着总不是办法呀，每天公公看着我们不干活光吃饭，更加来气了。于是，我就找到我小学的同学阿妹，她头脑灵活，见世面广，在村里比较有门路。她当时就提议我去养鲍鱼。可我一想，盖个小规模的鲍鱼场要 30 万元呀，如果鲍鱼三年后可以卖的话，还要加上三年的鲍鱼饲料、喂鲍鱼的海带、请工人的工钱、工人吃饭的钱，算下来也得要 70 万元，我上哪找那么多钱。这个主意一出来就被我给否定了。我想，真要借这么多钱，天天睡觉都不安稳，吃饭也吃不香。但是阿妹总是有办法，帮我找了 60 万元的贷款，只要一分利息。那时鲍鱼养殖非常赚钱，可以算是一本万利，很多养殖户都是第三年鲍鱼第一次卖出后就连本带利还清的，我动心了。

就这样，我和老公不管刮风下雨都要去鲍鱼场喂鲍鱼，把鲍鱼当作自己的孩子一样，就想着快些长大好卖钱。我们每天七点出发，到晚上天黑了才回家，很少有时间休息，在家里待着就会想着鲍鱼场现在是什么情况，反正就是待得很不安心。夏天海上太阳很大，我们穿长袖，外面套上黑色的很厚的塑料衣裤，跟鞋子都是连在一起的。这种塑料衣服不透气，夏天海上非常闷热，在外面走一圈都会装满一身汗。我一个女人家，天天都要提 100 多斤重的鲍鱼筐，真的非常累。我老公以前不爱说话，现在养鲍鱼借了好多钱，他也慢慢会说话了。每次见到借给我们钱的人都会主动打招呼，过年的时候也会请他们来家里吃鲍鱼火锅，跟他们聊天打牌喝酒。这几年来，他也变化很大，以前在家只会看电视，问他也懒得答一句。现在头脑会灵活一些，话也多了，精神气色也比以前好多了。

第一年鲍鱼就卖得不错，我们年后才拿到福州马尾的集贸市场去卖，单单一天就卖出了 30 几万元，第二天回家的时候，用报纸包着那么一大捆钱，我非常激动，长这么大第一次看到这么多钞票，我兴奋得整晚都睡不着觉，把钱拿来当枕头睡。我当时想啊，第一年 30 几万元，明年的鲍鱼会比今年多，买个 50 万元是不成问题的，就算没有 50 万元，应该也还有 30 几万元，算下来，我借得 60 万元不是马上就可以还清了吗？想到这，我整晚都在做梦，脑袋里飞快地数钱，心情久久都平静不下来。

第二年的冬天，鲍鱼快要收成了，却遇上了赤潮。海水缺氧严重，鲍鱼几乎是在一夜间全死了。那天一大早去鲍鱼场，刚到海上就看到临近的养殖户有人在哭，我心里一咯噔，来不及穿上塑料衣，就举起一个鲍鱼筐，发现鲍鱼都不动了，这下我也着急了，接连拿了几个鲍鱼筐出来看，都是一样的，鲍鱼都露出白色的肉了。那一刻，我所有赚钱的美梦瞬间破灭了。当然，也非常心疼啊，心疼这一年多的投入，更因为临近春节即将卖个好价钱而懊恼不已。养鲍鱼真的要有很好的心理素质，要不一年投入血本无归，想不通的都有可能去自杀了。

2014年继续养鲍鱼，唉，没有办法呀，都投入那么多，总不能收起来不干啊。继续养着还有赚钱的可能，如果收起来不干那就亏了几十万元，猴年马月可以赚得回来。现在只希望今年天气好一些，千万不要再有赤潮了。如果今年有收成，我的债就可以全部还清了。养殖鲍鱼还是高回报的，收成好的话，两三年就翻本了，收成不好那就会负债累累，跟赌博一样，谁也说不准。但人就有这样的赌博心理，总觉得我下一次一定能赚钱，就会源源不断地去投入。我们老家人有句话叫“爱拼才会赢”，年轻时只要肯打拼，总是会有收获的。这赤潮总不可能每年都有，总会有发财的时候吧？呵呵。

阿芬家庭的夫妻权力结构类似于“女劳男逸”的形式，相较于妻子，丈夫起着更多的辅助和帮衬的作用，这体现在鲍鱼场的寻租和承包、鲍鱼的养殖、鲍鱼的售卖、对于鲍鱼价格的关注等方面。而达到这个境界的导火索却是阿芬娘家借钱而引发的斗气行为。在本个案中，阿芬就是个与父权制斗争的行动者，对于婆家财政上压制的不满，转化为她积极入世的心态，也在自力更生寻找就业机会的尝试中得以淋漓尽致地体现。丈夫的性格弱势更凸显了她在鲍鱼事务中的主导作用，重塑家庭的权力关系结构。

尽管阿芬对于鲍鱼养殖的前景还是持乐观的态度，但不少岛民还是抱持着谨慎的乐观，近两三年来的鲍鱼惨败给他们留下深刻的负面阴影，但高额投资又迫使他们无法收手，陷入“骑虎难下、进退两难”的状态。就此问题，笔者又访谈了另一个浮叶村女性阿香。

个案7：阿香，女，46岁，阿香家是鲍鱼养殖大户，鲍鱼场就建在南日岛鲍鱼养殖最大的浮屿岛，离东岱码头颇近。从码头上眺望鲍鱼场，海面上有一个个白色的小房屋。海上的渔排很整齐地排列着，如街巷一般四通八达。坐汽船到了她家的鲍鱼场。

对于鲍鱼养殖，阿香讲来可是如数家珍，她说：

你刚才上船的码头是东岱码头，去年这个时候，码头上会叠满很多一人高的鲍鱼网箱，前来运鲍鱼的货车是一辆接一辆，到处都是收购鲍鱼的人，非常热闹，到处都是发财的喜庆。但今年很多鲍鱼都卖不出去了，码头上现在都是收海参，远远没有往年鲍鱼收购那么热闹。

我们家是 2004 年开始养鲍鱼的，刚开始鲍鱼的行情非常好，我们也投资很多到鲍鱼场来，在这个浮屿岛养殖区内就已经有 13 个渔排，每年的鲍鱼能收个 60 万公斤。如果鲍鱼行情好的话，每年赚个上百万元是不成问题的。我们请的工人每天都要用新鲜的海带喂鲍鱼，还有紫菜、龙须菜也可以用来喂鲍鱼，但是鲍鱼还是比较喜欢海带，所以我们岛上产的鲍鱼肉质比其他地方都要更鲜更甜，也更有嚼劲。每天单单喂鲍鱼就要用 8000 多公斤的海带，差不多要花 1200 元，一个月 3 万多元。现在鲍鱼的价格这么低，鲍鱼还是要“富养”，喂紫菜只能加大成本，加上赤潮的季节马上要到了，就不敢喂龙须菜了。从 2013 年 12 月底开始一直到现在，我的鲍鱼就一直没卖出去，光投资没回报，再这样下去我的日子可就难过呀！

这鲍鱼价格一年不如一年了，我给你算一笔账：2012 年 11 月份的时候，16 粒/公斤的价格是 180 元，12 粒/公斤的价格是 270 元，10 粒/公斤的价格是 300 元，8 粒/公斤的价格是 330 元，6 粒/公斤的价格是 360 元。到了 2013 年，16 粒/公斤的价格只有 100 元，12 粒/公斤的价格是 120 元，10 粒/公斤的价格是 170 元，8 粒/公斤的价格是 190 元，6 粒/公斤的价格是 230 元。算下来，每公斤价格少了 1/3，往年可以赚 100 万元，现在就要少赚个 30 多万元。我们家从 2004 年开始养殖鲍鱼，鲍鱼的行情一直都很好，价格也是只涨不降。每年来收购鲍鱼的商家非常多，鲍鱼都不够卖。去年开始就不行了，要找关系才能卖得了鲍鱼，现在我家鲍鱼场喂鲍鱼的海带，真是喂多少就亏多少。2014 年开始我们家都不敢再进鲍鱼苗了，先把往年投的鲍鱼卖完了再说，要不到时投入越多亏本越大。你看鲍鱼场里有很多渔排上都放着很多空的鲍鱼筐，就是因为鲍鱼行情不好，大家都不敢随便进鲍鱼苗，只好剩下来放在这里。

我们养鲍鱼的不敢进鲍鱼苗，培育鲍鱼苗的养殖场也不敢投入太多。我们南日岛的鲍鱼苗主要从东禹水产科技开发有限公司①进货，连他们公司的总经理都说，“从2003年建场以来，南日鲍种苗的销售情况一直都很稳定，价钱也不错，从未遇到过像今年这么低的价格。”往年规格在1公分左右的南日鲍种苗每只的价格在0.3~0.4元，到了2013年，种苗的价格只有前年的1/3，相差太大了。听说如果到9月份售苗期价格还是上不去的话，他们就要把那些规格不到1公分的小鲍鱼苗处理掉，要不到时亏得越多。

我们南日岛的鲍鱼是仿野生养殖，吃的是新鲜的海带、龙须菜和紫菜，是真正的纯天然绿色食品，价格会比其他地方产的鲍鱼要高一些。但很多老百姓买东西都是贪便宜，哪个便宜就买哪个，他们不懂得一分钱一分货的道理。还有一些商家为了多赚钱，把其他地方产的品质比较差的鲍鱼冒充南日鲍来卖，影响了南日鲍的形象，也会影响鲍鱼的销量。但鲍鱼价格总这么降也不是办法呀，做成鲍鱼干、鲍鱼罐头是个不错的选择，但我们也担心成本会太高，到时忙活一场又赚不到钱。我们村里有人把鲍鱼运到北方去卖，听说价格还不错，有200元/公斤，但运输途中风险很大，要随时测量船舱的水温，观察水质的情况，还要防止遇到台风、暴雨、赤潮等自然灾害，路上的颠簸也很容易伤到鲍鱼，北上虽然价格高，但不是万不得已我们还是不敢轻易去尝试。

三 性别化的自我认同与再生产

贝克尔的家庭性别分工理论认为，劳动分工取决于比较优势。就女性在家务劳动和男性在市场生产中具有比较优势来说，女性对前者进行某种程度的专业化，而男子专业化于后者，都是有效率的。贝克尔的家庭内性别分工理论认为，在生物学意义上，女性不仅有生产和喂养孩子的义务，而且也有其他更精巧的方法照顾孩子的义务，且她们有较大的主观能动性

① 福建东禹水产科技开发有限公司育苗场占地面积2.8万平方米，是目前莆田市最大的南日鲍种苗培育场，每年可培育6000万粒种苗，2012年该场的年产值为2000万元。

和意愿来进行人口再生产和养育孩子；男性则更多负责市场生产的活动。从生物学意义的差异可以看出，首先，家庭常以性别进行分工协作，如果女性在家庭部门里有比较优势，就会被期待留在家庭；而如果男性在生产部门里有比较优势，就会被期待外出就业。可以说，男女两性之间生理差异的比较优势，可以解释家庭内的性别分工。其次，专门化投资引起两性分工的不同，女性主要在提高家庭效率尤其是子女的人力资本上投资，而男性则主要投资于提高市场效率的人力资本，专业化投资的性别差异，加深了家庭和市场部门之间在生物学意义、环境原因等方面的性别差异。最后，从性别分工的结果来看，已婚女性在家庭部门的专业化和已婚男人在市场部门的专业化，使得已婚男性的工资高于已婚女性，加大二者之间的性别差异，也导致了女性对于男性的依赖和男性对于女性的权力。

个案 8：吴某①，女，37 岁，土生土长的南日岛人，鲜有出岛机会。

吴某是南日岛的年轻一代，从小生活在南日岛，很少有到岛外的经历，结婚后才有了第一次出岛的机会。她说：

> 我们南日岛很多人靠捕鱼为生，以前还没有渔船的时候，都是钓鱼自己吃，那时南日岛的海产品非常丰富，经常可以在岸边捡到海带、螃蟹之类的，现在这些物种慢慢变少了，只能到远一点的海里去捞，有时还得跑到更远的深海去捕鱼，不过我们家钱不够，买不了大渔船，听说晋江有招聘渔民，我老公就去那个渔场上班了。晋江人很有钱，常投资几百万元买大渔船到深海捕鱼，大渔船的装备非常高档，房间、卫生间、厨房装修得很好，特别是渔船上有冷冻的设备，新鲜的鱼刚抓上来就直接放进去冰冻，这样鱼才不会烂掉。他们的渔船设备好，可以保证海产品的新鲜，因此他们的渔业捕捞生意特别好，每年可以赚好多钱，但这些老板从来不到海上捕鱼，都是聘请有远洋渔业经验的人来捕鱼，南日岛人天生就是靠海吃海，渔业经验丰富，所以那些晋江人都偏爱南日岛人，每年都有很多南日岛人去晋江做渔业。但是晋江老板都不要我们女的，他们只要男的，因为女的没法出海到远海捕鱼。有一次我想跟我老公一块去渔场打工，我负责在

① 在南日岛，很多 40 岁以上的女性不会讲普通话，该个案中的吴某也不会讲普通话，只会讲莆田话，她说的话要请当地人翻译，在一定程度上影响调查的原生态。

家做饭带孩子，或者去渔场打点零工，但是人家老板就是不要女的，我老公经常出海捕鱼，也没什么时间在大陆，我去了也是白去，见不了几次面的，所以我一直都在南日岛住。平时种些地瓜，或者到海带收成的时候帮别人家收海带，还要给一家老小做饭，洗衣服，打扫卫生，其实我一天也挺忙的。

吴某的家庭属于典型的男主外女主内的形式，丈夫常年在外打工，把钱寄回来贴补家用，吴某则留守在家负责赡养老人和抚养小孩，耕种家庭的田地，有时还要出去打零工额外赚点钱，这种半工半耕的就业模式增加了家庭的收入水平，保证家庭的温饱，吴某在家庭无私的付出也解决了丈夫的后顾之忧，使他在外捕鱼时能心无旁骛，更有积极性和动力为家庭谋取利益。另外，吴某丈夫在外打工赚的钱可以供给孩子的教育支出，为孩子日后的就业和发展前途积累人力资本，提高家庭可持续发展能力。吴某的家庭分工在南日岛非常普遍，对于有一技之长（一般是指捕鱼技术）的男人来说，常能在外地找到合适的工作，但对于没有一技之长的女人来说，就更多选择留守家庭养老抚幼，并辅之以打零工。

如此不平等的家庭性别分工从根本上说源于性别化的劳动分工，男性会明显地比女性获得更多的资源，并转化为男女之间在微观的、人际关系层面的权力差异。男人获得的物质资源越多，他们通过劳动分工获得的、相对于妻子的权力优势就越大，男人就越多地在与其妻子的关系中运用这种权力，结果妻子就越有可能服从、遵守丈夫的命令。这样导致丈夫从事家庭与家务劳动的可能性减少，妻子即使有工作也要承担家务劳动（Chaftz，1990）。本个案中的吴某，由于家庭和社会赋予其受教育等先天资源有限，造成其文化素质的低下和劳动技能的缺乏。如果女性的能力素质能胜任外面的工作的话，她们也很愿意在外地和丈夫一起工作。正如吴某所言，她很羡慕那些在外地工作遵循“早八晚六”的工作时间的人，她说：

家里事情非常多，一个人忙不过来，就算婆婆会帮忙，但她毕竟年纪大了，做不了什么事情，孩子又都在读书，我也不想浪费他们的时间来做家务，如果能跟我老公一起出去打工就好了，我们可以互相照顾，如果条件好了还可以把孩子接到城里读书，外面的环境还是要好一些的。

可以看出，和吴某类似的留守家庭的女性，对于就业流出还是有强烈的渴望，可这样一个意愿能否实现却要受制于家庭责任和角色期待，使她们被束缚于家庭和土地上，无法自由地实现就业流动。

与此同时，随着鲍鱼产业的发展，已然成为南日岛的支柱产业，很多村民都留在村里养殖鲍鱼，而不愿意出去打工。甚至有些嫁给鲍鱼养殖户的南日女，都不愿意工作了，就安心在家相夫教子，这样的例子数不胜数。于是，笔者采访了南日女阿英。

个案 9：阿英，38 岁，原来在浮叶小学当老师，已经赋闲在家三年多。对于不愿意去工作的原因，阿英是这么解释的：

我中专毕业后就在村里的小学当老师，也算是我们村为数不多的拿铁饭碗的人，这对于女人来说，也该知足了。年轻时读书那会，我读书是比较好的，在班级也能排个前三。那时村里流行读师范，能去师范学校读书的都是班里成绩比较好的。我爸那时候就想着女孩子嘛，差不多就可以了，一直鼓励我去考中专师范而不要去读高中。我那年还是比较争气，考上了仙游师范学校，这个学校现在看起来不是很好，但在 20 年前可是成绩比较好的学生才能考得进去的。

毕业后我留着浮叶小学当老师，离我家很近，家里对这份工作非常满意。结婚后没几年，我老公跟着其他人合伙办起了鲍鱼场。刚开始养殖鲍鱼的人很少，鲍鱼的价格比较高，我家也是赶在鲍鱼的旺季赚了一些钱，早在 10 年前，年收入就已经在 50 万元以上。家里有钱了以后，我婆婆就开始念叨了，“你在事业单位工作，只能生一个孩子，虽说是个男孩，但我们家在村里也算还不错的，这些家财还是要多些儿孙来继承比较好。”长久以来，我们村一直都有很浓厚的家庭观念，长辈在家庭中的地位是比较高的，婆婆的话对我们夫妻来说还是很有道理的。但想到要放弃工作，我还是很舍不得。几年前全省教师工资统一发放以后，城里和农村老师的收入都是“一刀切”，原来我们村很穷，小学老师的工资很低，改革以后全省都要“一碗水端平”，这对农村老师来说是个大好事，跟城里老师收入平摊一下，很多老师的收入比原来高出了许多，而且是国家财政拨款，收入也比较稳定。做决定的那段时间，我确实非常非常犹豫，舍不得辛苦读书十几年换来的好工作，也舍不得朝夕相处的学生。

但是我老公可不这么想，他说，“你的工资再怎么提也不超过4000元，我一年就有几十万元的收入，够你赚十几年了。再过20年你退休了，如果儿子在外地工作，那我们就是空巢老人了，谁来陪我们说话、端水，家里还是人多好些，走来走去就算不说话也觉得很热闹，而且再生说不定还能再生个儿子来。”

跟我关系比较好的姐妹也会劝我，“你老公现在有钱了，你生多少个他都养得起，大不了请人来带孩子，又不用你操心。如果现在没再去生孩子，万一他在外头找别人去生，那就亏大了，现在这个社会啊，什么都是不确定的。对女人来说，家庭还是要比工作重要。你在家看看孩子，做做家务，聊聊天，其实时间也过得很快，不会觉得无聊的。”

后来我想啊，老公太有钱对我来说也是个很大的压力，我总担心睡一觉起来他就不是我老公了，所以还是多花时间在家庭比较好，既然他们家都那么喜欢孩子，那就在家多生一个，到时有了两个孩子，都是他家的亲骨肉，俗话说“爱屋及乌”，把我婆婆老公哄开心了，我在家里也有地位。

在此性别模式生成过程中，劳动的经济分工程度越高，占据精英地位的男性所分配的资源越多，社会的文化定义越是表现出性别偏见，家庭生活中越能见证性别差异。按照家庭与其他社会化机构中的性别生成程度的不同，个人不同程度地自愿行动，去维持宏观的性别劳动分工和性别差异的社会定义，同时在男女相处的家庭微观领域，再造性别差异，并获得男女彼此的认同和强化，实现性别化再生产（Chaftz，1990）。本个案中的吴某，就很自觉地接受男主外女主内的性别分工，尽管在家庭分工中处于劣势，但她却并没有感觉到被剥夺，而是很自然地接受这样的安排。同样，在个案4中，笔者也发现了这样一个类似的现象。尽管红猴子的妻子现在角色地位更加重要，成为家庭收入的主要来源，但在家庭仍然是依附地位，没有获得足够的话语权和决策地位，长期男尊女卑的性别惯习使得女性就算有了较高的收入，但家庭地位还是较低。在调查中发生了一个小插曲，在访谈红猴子的过程中，妻子刚好打来电话，结果红猴子没等妻子话说完就挂掉电话了，而作为妻子，她也没有觉得有哪里不妥。这说明性别不平等在握有不同层次资源的人们之间互动与交换时间链条的意义上才是结构性的。红猴子夫妻家庭地位的不平等，就是通过打电话这种仪式所表现出来的，妻子向丈夫表示尊敬和顺从，保持丈夫的风度，通过交谈和姿态的运用趋于仪式化，在互动中产生并维持业已存在的不平等。对此，科林斯和安内特提出这样的命题：个体间不平等程度越高而资源水平不同的群体间流动程度越低，这些群体内顺从于风度的仪式和交谈就越可视、明确和可预知（Randall Collins and Joan Annett，1981）。所以，一个简单的谈话，就充分显露了红猴子的家庭地位关系。但尽管在夫妻关系中，妻子的话语权得不到尊重，但性别观念已然内化于心，成为一种习惯，就算得不到尊重，妻子仍然习以为常，并没有因为现在自己在家庭中承担重要的经济角色而在家庭地位上有所体现，更不会在言语上挑衅丈夫长期以来奠定的权威。可以说，红猴子夫妻的关系还是很融洽，妻子还是愿意为了家庭和残疾的丈夫在外奔波赚钱，并以此作为对未来生活的期盼。

四　职业重构与夫妻权力的换位

夫妻权力是指“夫妻各自的能力的相互影响，衡量权力一般以谁来做决定和谁来执行决定为尺度”（埃什尔曼，1991）。主要表现为夫妻各自所占的资源（权力的基础），双方在商议事情、解决问题和冲突时的互动过程（权力实施的过程）和最终由谁做决定或谁取胜（决策的结果）（McDonald，1980）。在家庭关系中，丈夫往往因为具有较高的受教育程度、职业阶层和收入而在夫妻权力中占据优势，传统父权制的文化氛围也使男主女从的性别规范内化于心，妻子更依赖于丈夫而在日常生活中较为顺从。可以说，夫妻关系是宏观社会关系在微观家庭生活领域的体现，夫妻所占有资源的变化以及能力的变动，都会带来夫妻权力的博弈，造成夫妻权力的重组甚至换位。

个案10：陈某，男，53岁，靠捕鱼为生，妻子帮忙在菜市场卖鱼，有一儿一女，都已在工作。

陈某早年到新加坡务工，那时南日岛一些有门路的人去新加坡打工，但毕竟是黑工，经常要冒着被遣送回来的风险，运气不好的还会被处以鞭刑，在后背打三鞭子再被强行遣送回国。陈某凭着其机灵的警觉性，在新加坡的几年里也算是顺利，通过在建筑工地打工，积累了一笔可观的积蓄。可陈某在新加坡的就业经历异常辛苦，随着年龄的增长不得不回国。2004 年陈某回南日岛时可谓衣锦还乡，在镇上买了一个店面，盖起了三层小楼，并在涵江为儿子结婚买了三室一厅的套房，大小也算是岛上的中产阶级。经历过建筑业的辛苦，陈某回南日岛后不愿意再从事这个行业了。而陈某最拿手的技术就是捕鱼和养殖，从小时候抓鱼那点三脚猫的把戏到现在捕鱼的收获，陈某的捕鱼技术可谓炉火纯青，经常能钓到稀罕的大鱼，或者价格较贵的螃蟹。于是，陈某的妻子就充当售卖者的角色，每天早晨陈某去捕鱼，下午回来，陈某妻子就在菜市场卖鱼，还有些没有卖出去的，或者价格较贵的海产品，就放在别人家的养殖场里放养，待找到好的买家再去捕捞。

在中国农村，夫妻权力常以性别进行分配，妻子往往处于弱势（雷洁琼，1995；徐安琪，2005）。但随着现代经济思潮对于农村的影响，夫妻权力的分配标准已经让渡给资源，婚姻成为获取资源的媒介。贝克尔提出，婚姻是男女双方为了最大化自己的利益而订立的长期契约，男女结合的目的在于从婚姻中得到最大化的收益（贝克尔，1998）。从本个案可以看出，陈某在去新加坡打工的时候，因为其赚取的丰厚的收入，对家庭的经济贡献大、社会支持较多、对子女发展前途有正向影响而在家庭中占有较高的家庭地位。从家庭利益最大化的角度来说，夫妻权力关系中地位较高者往往是能给家庭带来更多收益的一方。比如陈某对家庭经济贡献大，而妻子的付出则更多的是琐碎且无法体现经济效益的家庭事务，因此陈某的家庭地位高，家庭重大决策都是由他说了算。特别是陈某刚回南日岛的时候，带回一大笔钱，在所购买店铺的选址、楼房建造格局、子女择校等方面，起着重大的决策作用，妻子的意见常作为参考而无法作为主流。不过，在陈某回到南日岛的几年里，夫妻关系发生了较大的变化，从“男主女从”的家庭分工转变为“夫唱妻随”的夫妻共同经营，既可获得稳定的收入，又可照顾家庭，还可省下一笔钱来用于家庭日后的发展需要。这样的性别分工中，女性的作用不容小觑，没有陈某妻子对于家庭的付出和在菜市场上讨价还价的能力，陈某的劳动成果无法转化为实实在在的货币。而且，陈某就业回流后，他在南日岛的工作似乎更像是打零工，突然而至的台风以及近海渔产品的日渐匮乏常使陈某空手而归；而相比之下，陈某妻子的工作似乎更稳定些，如果因为天气等意外的原因陈某没有捕到鱼，陈某妻子就去批发其他的海产品或干货到市场上售卖，而且妻子会做饭，会做家务，家里的一切事务似乎更离不开他的妻子，可以说，妻子的重要性高于陈某，对此，陈某也承认，他说：

> 我家里什么事情都是我老婆做的，我从来不做家务，在南日岛，男人做家务会被认为很没用。

回南日岛的这几年，陈某买房置地，把在新加坡赚的积蓄逐渐花得差不多了，说话也没有当初那么的硬气，而妻子却因为有更稳定的收入来源，逐渐掌握家里的话语权和决策权，地位也随之上升。家里唯一的儿子相亲、买房、结婚等事宜，都是妻子拿捏，陈某负责落实和跑腿，此时，妻子的话语权得到认可，妻子可以实现家庭利益最大化，妻子的家庭地位悄然发生了转变，夫妻权力地位发生了根本性的位移和换位。

第四节　性别身份的认同与分化

一　灵媒职业化与性别身份的构建

南日岛为数甚众的居村女性，很多人都是回归家庭抚养子代或孙辈，以及操持家务，或者从事与海产品相关的产业，但有一部分女性，则契合于本土特殊的文化特征，形成固定化的职业类型，在此，灵媒成为传统沿袭下来的职业类型得以长足发展。而灵媒之所以成为一种职业类型，就要从南日岛的地理和文化背景进行探究。南日岛是一个充满鬼魅和迷信的岛屿，兴许是岛民从古代就与世隔绝，他们很难以自身力量去控制自然和事物的变迁，由此只有寄望于神灵，于是岛上常有仙姑出没，占卜算卦，林林总总，考验着常人的想象力和创造力。一个看似正常的人，平日做生意种海鲜，与常人无异，但在特定时刻却会摇身一变，成为仙姑神汉，上知天文下知地理，前无古人后无来者，皆为通晓。从某种意义上说，灵媒具有天赋神授的视鬼通神的本领，是与生俱来而非后天习得。正如马林诺夫斯基所言，“宗教里唯一专门的地方，乃是原始的灵媒；然而这不是专业，而是个人的天赋”（马林诺夫斯基，1987）。这些成为灵媒的女性，凭借神灵赋予的缘分而具有超经验的能力，一个看似正常的人，如果烧香后，就如打电话给神灵，神灵很快就会附体，灵媒就会不停地往外吐气、打嗝，似乎神灵附体后占据了体内的空间一样，然后霎时双脚猛地跺地，等停下来后就开始用岛语唱歌，把需要问询的事情用歌曲唱出来，其间还要不停地抽烟，一次两根烟，不停地抽。因此很多有事相求的人往往事先准备好香烟，以备不时之需。而奇怪的是，这些灵媒很多人平时从不抽烟，但一旦神灵上身了以后就会抽烟，而且数量大得惊人。灵媒所言之准确，确实令人称奇。因为无法解释个中缘由，使得见过的人都很惊讶和崇拜，且问询的事情往往都能兑现，这更激发无数人趋之若鹜，求询保佑者众。因此南日岛很多女性成为灵媒，在被调查的村落里，灵媒并不稀罕，几乎每个家族都有灵媒，成为岛上普遍的职业形态，她们不仅免费负责家族的内部治理和远景规划，还处理家族以外的岛民问询，并收取一定的酬金或供品。可以说，灵媒已然成为南日岛一个不可小觑的普遍化群体，且数量日增，年龄也日趋年轻。比如在浮叶村①调查的时候还发现有 18 岁的灵媒，足以看出灵媒群体特征的变化。

在调查中笔者还发现，将灵媒职业化的往往是女性，极少有男性，除了在浮叶村调查时发现有男性灵媒外，其他莆田语系的村落都是女性灵媒。现代学者的研究也证实了，与男性相比，女性更有巫术天赋。法国人类学家马塞尔・毛斯指出："她们生活中的一些转变期引起各种惊讶和焦虑，这些让她们有了一个特殊的地位。……女人特别易于患上歇斯底里症，她们发起神经来，看上去好像受到超人力量的折磨，这样一来，她们就得到了一种特别的权威。……人们还认为她们与男人非常不同，相信她们是神秘活动的中心，而且是巫术力量的亲属。"（马林诺夫斯基，1987）由此可见，处于个体特定生命周期的女性，更容易受到神灵的指引而得到天赋神授的能力，而这个特殊的生命周期，具有更年期症状，往往指代的是中年女性的特征，而就业回流的女性常常是处于婚育年龄回家承担养老抚幼责任的，或者年老力衰兼文化程度低下无法在城市继续发展的低职业匹配女性，她们回到村落里成为灵媒，在家族中广泛存在且形成相对固定的群体，对村民人生重要事件进行评估和预测，并获得一定的收入。

在调查中，笔者深切感受到，在岛民的精神世界中，所有与危险、强

① 浮叶村是乾隆上叶从泉州惠安杜厝迁移到南日岛的行政村，分为上浮、中浮、下浮三个自然村，人口为4108 人，村民讲闽南话，与此相对，南日岛其他 16 个行政村都是莆田语系，讲莆田话。

烈的欲望和感情有关的人生重要阶段，都与灵媒和巫术有重要的联系。在婴儿还未出生在娘胎里的时候，巫术的护佑使其健康成长并在婆婆的授意下希望能成为男婴；在择偶和婚嫁阶段，岛民常用巫术来占卜男女双方是否命里相合，这阶段有非常细致的仪式，每项仪式都非常重要，在岛民们看来，爱情的结合都要遵从天意，否则就是犯了性道德的天条，是要受到谴责的，因此，岛民在婚姻问题上一定要得到神灵的批准才能成行。一般来说，相亲是结婚前最重要的程序之一，岛民常会找来定力比较深厚的灵媒充当红娘，因为他们认为灵媒是可以直接跟神灵接触的，在特定情况下还可以与神灵对话，进行思想上的沟通和交流，这是凡人所不能企及的能力，灵媒定下的亲事，代表着神灵的意思，是在神灵的指导下寻求的完美搭配，如此，岛民对灵媒寻找来的对象都会认真看待。如果灵媒帮女方介绍男孩子，看对眼了就要由女方父母付给她1000元，如果没看上眼就不收费；如果灵媒帮男方介绍女孩子，成功的话男方父母就要付2000元作为酬劳。对于男方和女方家庭不同的收费标准也体现岛民重男轻女的性别观念，而且日后如果这对小夫妻生下男婴，男方父母还要在男婴满月时额外付给灵媒2000元和搓过红纸的红蛋以表示感谢。而且诡异的是，介绍成功的小夫妻婚后一般生男孩，这也使得岛民对于灵媒的尊敬和崇拜与日俱增。

个案11：阿兰，女，24岁，南日岛人，本科，在厦门工作。

阿兰是土生土长的南日岛人，长期生活在岛上，在完成九年义务教育之前鲜有出岛的机会，更多的时候，阿兰就在岛上父母开的店里帮忙，日复一日，生活似乎也平淡无奇。从高中考上莆田中学开始，阿兰终于可以自由地往返于大陆和海岛间，并在高中毕业后顺利考上福州的高校，可以说，阿兰也算是南日岛较为优秀的青年一代，自然在婚配市场上占据绝佳的地位。对此，阿兰说：

> 本科毕业后，家里就开始筹备起相亲的事情了。按照岛上的习俗，女孩子20岁出头就要开始张罗着相亲了，超过25岁去相亲的会被认为是异类。女方对于男方的要求一般都是年龄大2岁左右，家庭财富多多益善，未来婆婆年轻可以带孩子的；而男方对于女方的要求比较简单明了，就是长相姣好，个头高挑，最好不是独生女。我们岛上的生育观念还是比较朴素的，他们普遍认为“一娘矮矮三代”，个

头高的女孩子生下来的孩子个头也高，只有这样，才能应付得了海上作业的风险和种地的艰辛，就算跟邻里发生纠纷需要群殴时也能在身高上占据优势。……而且，相亲时主要还是看长相，长相姣好的女孩子真是抢手货，来相亲的男孩子都会踏破门槛。所以家里要是有漂亮的女儿，做父母的也不着急答应男方，一定要挑个好人家才会接受彩礼。这时候男方的长相、工作、家境什么的都很重要。我们莆田秀屿区有个忠门镇，那个镇有钱的人家多如牛毛。我们岛上的人喜欢将漂亮的女孩子嫁到那里去，跟嫁入豪门似的。年轻漂亮的女孩子一旦相亲成功，就可以拿到至少 50 万元的彩礼钱，因此，忠门镇的男孩子就算再老再丑也会有年轻漂亮的女孩子愿意嫁给他（阿兰捂着嘴笑）。

相亲的时候，男方还特别强调相亲对象最好不要是独生女，按照我们岛上的风俗，独生女是当作儿子养的，长大后要给父母养老送终的。最重要的是，很多独生女的家庭都要求招上门女婿以保持血脉延续，或者实行“两顾”，即结婚后必须生育两个子女，第一个随父姓，第二个随母姓，如果第一个是女孩，第二个是男孩，就要把女孩改过来跟母亲姓，男孩跟父亲姓，而这些规矩都是订婚时说好的，且大都要立字据以备日后起纠纷。在目前质优男丁较少的情况下，很多独生女很难相到好的对象，更多人选择自由恋爱。

在厦门的时候，工作太忙了，从早到晚都在公司里，也没时间找对象。从去年本科毕业（23 岁）开始，家里人就天天催着我去相亲，确实非常烦，我想好好做工作，等工作稳定下来再来考虑，可家里不这么想。去年国庆回南日岛，家里托灵媒让我去相亲了一个男孩子，长得高大清秀，可怎么说呢，我总觉得有点怪，两个人都不认识，也不知道要说什么，然后都是大人在说话，我坐在一边听。见面了半个小时他们就走了，一连好几天都没有跟我联系，我想估计是没看上我吧。可是回厦门了以后，有一天我突然接到那个男孩子的电话，没话找话说地跟我聊天，还约我出去玩，我也真的就跟他出去逛街吃饭了，后来他又主动约了我好几次，估计是对我有意思了吧，可我不明白，如果当时相亲时就看上我了，应该马上就跟我联系才对啊，怎么过那么久才跟我联系？后来我问他了，他才说了实情。原来，相亲那天他们家都没看上我，觉得我个头不高，南日岛人为了后代着想都喜欢找高个的女孩子。事情的转机还是有一天，他奶奶拿着他们俩的生辰八字到庙里，请主事帮看缘分，主事当场就说这两个人八字相符，命里有喜气。于是他奶奶就满心欢喜地叫他跟我联系了，他妈妈，就是我准婆婆，一开始也不喜欢我，后来也是奶奶负责说服的。

于是，阿兰国庆才相亲，春节就要准备订婚了，尽管她是那么不情不愿，但在南日岛这样的环境中，一群婆娘老妈子会数落并劝说快点订婚，而阿兰的母亲也颇为着急，常以邻居家29岁的女孩太老了没人愿意相亲的反面案例作为要挟，让阿兰早点点头答应。就这样，阿兰从相亲到定亲，到结婚，只用了3个月。从某种意义上来说，南日岛很多年轻女孩子在如花的年纪就已经淹没在琐碎的柴米油盐中，并很快地繁衍后代。

那么问题来了，相亲时和相亲后为何都要请灵媒，灵媒何以在相亲过程中发挥重要的作用呢？带着这样的疑问，笔者继续访谈了阿兰，她说：

我们岛上很多女人年轻时在外地打工，一旦结婚或者生孩子就会回到岛上。她们平时没什么事情做，就兼职做媒婆，按照我们岛上的规矩，介绍成功一对，男女双方一起要付给媒婆5000元，现在涨价了，需要5500元左右，你想啊，当媒婆成本可低啦，打几个电话，或者发几条短信，只要双方看上眼，5000多元钱就落入口袋了，也算是一本万利的好事。所以我们岛上很多回到村里的女人都喜欢当媒婆，成本低见效快。当然，媒婆也不是那么好当的，不仅人脉要广，而且嘴皮子功夫也要好。所以呀，你看岛上很多女人在家做完家务，就抱着孩子或孙子走来走去，一打听到谁家孩子到了结婚年龄，就会不厌其烦地说服他们去相亲。她们一般都会准备个本子来登记，以免介绍的人太多了会混淆，本子上记着双方的名字、联系电话、职业、所在的村，男的一本，女的一本，离婚的一本、外地的一本，这样下来，什么样的人想找什么条件的，都跟电脑信息一样储存着，有合适的对象就调出来用。要相亲的人也很实在，年龄啊，长相啊，学历啊，工作啊，什么的，在相亲前就会跟媒婆说好，根据他们需要的条件来寻找合适的对象，也就是看条件结婚啦。能帮年轻的女孩子找到有钱人家，对媒婆来说是很有面子的事情，结婚那天大家都看得到结婚的车子、房子、黄金首饰、酒席的好坏，也都会私底下打听是哪个媒婆介绍的，留下好口碑，以后就会有更多人慕名前来，生意自然就更加红火。但是，这些做媒婆的有的是时间和精力，又个个巧舌如簧，在她们的嘴里，丑女都能被说成天仙，很多不良癖好也是隐晦不说的，所以相亲也是有风险的。我们岛上的人结婚早，也结得快，一旦看满意了，两三个月就准备要结婚了，所以很多缺点都是婚后才会发现的，不过已经来不及了，忍也要忍一辈子了。就是因为有些媒婆介绍的不靠谱，我们岛上的人相亲时更愿意找灵媒当媒婆，大家都相信灵媒代表神灵的旨意，是神灵的载体，她说的话就是神灵的意思，她看好的姻缘就是上天的安排，大家还是比较在乎的。所以，男女双方相亲看对眼了以后，就要让灵媒带去庙里，请庙里的占卜师为两人对缘分，有时为了图个便利，也会直接请修道比较深的灵媒占卜。按照两人的生辰八字推算，测出八字是否相合，如果八字不相合的就算男女双方再喜欢也不能结婚，因为这是神灵不同意，是违反天规的，如果八字相合，双方家长就满心欢喜地准备订婚了。这样算下来，从相亲到订婚，一般在一个月内，如果这段时间女方没有明确表示要订婚，男方就要赶紧再去相别的女孩子了。因此，我们岛上人的结婚年龄一般都很早，25 岁是正常的黄金年龄，超过 25 岁就要被亲朋好友左邻右舍劝说着赶紧结婚。岛民结婚的理由往往是为了让父母早点抱孙子，或者同龄的同学邻居都结婚了我也必须快点结，或者邻居家哪个女孩到了 29 岁太老了没人愿意相亲然后很难嫁出去，或者神灵说今年结婚比较好我就找个人结了。因此，在岛上经常可以看到 20 岁左右的年轻父母，或者才 40 岁的奶奶外婆。

还有一个重要的原因，就是岛上人都觉得灵媒当媒婆牵线的年轻夫妻比较容易生男孩。一般情况下，都会登门寻求灵媒的帮忙。当然，灵媒也按照她们所依附神灵的位次而有不同的受欢迎程度，而且价格不菲。我们现在的生活水平提高了，媒婆的价格也跟着涨价，原来介绍成一对，男女两家就要付给媒婆 5000 元，今年开始涨到 5500 元，有的人家相到好人家，不在乎钱就会给 6000 元，而对这些媒婆来说，只要动动嘴皮子，打几个电话就可以了，成本低收益高，所以我们岛上很多人当媒婆，当然，在这么多媒婆当中，我们还是比较信任当媒婆的灵媒，觉得她们介绍的对象代表天意，最重要的是，比较容易生男孩。按照岛上的风俗，新生的男孩子满月时，家里人还要给媒婆送红蛋、肉，外加 2000 元的红包，我们重视男孩子，在灵媒身上花多少钱都开心的。所以啊，我们岛上的灵媒收入非常高，一个月介绍成功两三家，就比在外面打工好得多了。而且灵媒人脉广，岛上的人还是比较敬畏的，介绍条件好的人家的机会比较多，我们还是比较信任的。

还有一个我们岛上特有的现象，就是当媒婆的灵媒还负责新人结婚那天办酒席。我们都喜欢在家里办酒席，请亲朋好友过来热闹一下，不喜欢像城里人那样到酒店去吃饭，其实就是图个喜庆。结婚前一周就要跟灵媒商量好，哪天办喜酒，一桌菜要多少钱的标准。结婚那天，灵媒就会用卡车载来锅碗瓢盆安排酒席，然后自己掌勺，忙得不亦乐乎。当然，买菜的事情也是她承包的，会比市场价贵一些，但一辈子就办这么几次喜事，大家还都是舍得花钱的，主要还是面子问题。酒席一般要准备十八道菜，其实到第九道的时候大家都已经吃饱了，但上完水果后还要再继续吃满十八道，这样才能显示主人的热情，如果少几道菜，会被村里人戳脊梁骨的，谁也不愿意留下话柄让人说好多年。

在笔者的调查中，灵媒的收入还远远不只在于相亲、办酒领域，还广泛地涉猎于占卜、乔迁，以及对岛民来说重要的土葬仪式中。可以说，灵媒承担着多重的社会角色并能游刃有余，这大大拓展了灵媒的就业途径和收入来源。在平时，广泛的职事活动，使得她们的经济收入来源渠道比较广泛，不仅有比较稳定的供物、酬金收入，也常有数量不等的捐助收入，家庭经济状况相对丰裕，衣食少忧。

从岛民重视的丧葬习俗亦可见一斑。2015 年元旦①前南日岛还是实行

---

① 南日岛于 2015 年 1 月 1 日零点起实行火化，大岛全面实行殡葬改革，小日、鳌屿、罗盘、赤山 4 个小岛村暂不列入殡改范围，赤山村已经搬迁到大岛居住生活的，一并列入殡改范围。南日镇此举围绕建设“生态旅游镇”的目标，改革土葬、推行火葬，革除丧葬陋俗，有效节约土地等自然资源，保护生态环境，促进人和自然的和谐，推动社会主义精神文明和新农村的建设。为了推动殡改工作的顺利开展，秀屿区采取印发宣传单、出动宣传车、广播、岛上广告、LED 播放等多种方式营造浓厚氛围，完成岛上配套设施建设，建立和完善殡葬服务体系，做好渡船运输保障。同时出台优先安排火化、设立殡仪服务站、施行奖惩并重措施、签订殡改责任书等相关措施。该区还争取 2015 年上半年清理“活人墓”，2015 年下半年对全岛新旧坟墓采取“一迁、二改、三植树”办法进行全面整治。

土葬，很多家庭都要建造家族坟墓以成为百年后的长眠之地。在确立坟墓地界的时候，周围地界的邻居都闻讯而来，要么不愿意离得太近，要么担心占用他家的地盘，要么对于土地归属持有异议，于是，邻居们在动工之前都要过来吵架，对有争议的地盘喋喋不休地据理力争，声音大得方圆几里都听得见，引得村民纷纷出来看热闹。不过他们也以此作为常态，盖坟墓不吵架的才是最令人困惑的社会事实。据有经验的人家介绍，类似这样的吵架要持续好多年，岛民极端的小农意识和寸土必争的权力欲望，使得吵架成为常态，并异化为重新调整村落家族权力地位的工具理性。从某种意义上说，吵架就是一种仪式，作为表象的争斗本质蕴含着深刻的社会地位博弈。但也发现一个更有趣的现象，就是吵架的论据和靠山问题。吵架更为据理力争的一方，往往有神灵庇护，之所以会知道神灵的旨意，岛民往往会在确定地界的时候寻求灵媒的帮忙，让神灵附体后请求其指示，神灵会告诉你哪些该据为己有，哪些当作为公共用地。得到神灵谕旨的岛民于是在吵架的时候将此作为最强大的武器，众人皆会动容和敬畏，同时神灵的地位高低、灵验与否也会成为不成文的规定，岛民口耳相传，心里有谱，只要报上神灵的尊名，岛民就会掂量其分量，以此决定吵架要不要继续。总之，虚幻的神灵提供隐形的社会秩序，岛民遵章在社会场域里活动，维持正常的公共事务和村巷大小事的运作，其权力的效用远远高于公共部门的村长、支书等行政权力。与此相反，家族中是否在政府部门当差，抑或行政职务的高低，放在南日岛的环境下往往无法真正起作用，在岛民的逻辑里，当官与否及地位如何，其权力触角都无法延伸到海岛，对己构不成威胁，对他人也没有裨益，如果岛民世世代代要在岛上生存发展，外界的信息对他们来说就是隔靴搔痒，作用尤其有限。相比之下，触角延伸到岛民生活各个角落的灵媒，则被敬畏、被推崇、被出世神秘化，成为工具化神灵的现实体现。

二 身份认同与自我规训

新的自我与身份认同的建构是一个赋权的行动（Laclau，1990），是一个自我主体化、排斥和替换的过程（Foucault，1988），涉及制度控制、规训技术、命名艺术以及话语权力的安排（Kondo，1990）。

（一）生存小农—商品化小农—理性小农—社会化小农

南日岛女性进行就业流动时，从一个区域迁移到另一个区域，完成了空间的迁移，但也实现了身份的变迁。带有农民标签的南日女，遵循着从“生存小农—商品化小农—理性小农—社会化小农”的演进过程：为了满足基本生存和消费需要的“生存小农”，家庭生产的目标简单而明确，就是为了维护家庭生存和发展的顺利进行，他们的生存轨迹就是日出而作日落而息和自给自足。“家庭农场经济活动的基本动力产生于满足家庭成员消费需求的必要性，并且其劳力乃是实现这一目标的最主要手段”，“全年的劳作乃是在整个家庭为满足其全年家计平衡的需要的驱使下进行的”（恰亚诺夫，1996）。正如南日岛现在很多老年女性，由于没有退休金和医保等社会保障，基本上是处于“生存小农”的境地，种植南日岛最为普遍的地瓜作为主食，还有不需要太多浇水和繁杂看护的花生，以及青菜，有时还放养鸡鸭等家禽作为开荤食物，商品化经济似乎与她们没有强烈的相关和联系；然后是“商品化小农”，主要是在商品化和市场化渗透入乡村部分环节和领域后的小农。“小农既是一个追求利润者，又是维持生计的生产者，当然更是受剥削的耕作者”（黄宗智，2000）。“商品化小农”已经具有商业化的头脑，懂得市场交换的规律和运作，她们会将捕捞来的海产品放在市场上售卖，或者将海产品进行二次加工，比如将海带晒干后便于保存并售卖。南日岛就有很多中年女性，很多为就业回流女性，她们在岛上从事海产品加工，或者兜售海产品给游客等商业活动；再次为舒尔茨的“理性小农”，他们在市场经济中，受到经济利益的激发，对于收益和利润有着执着的追求。舒尔茨采取古典经济学的完全竞争假设，先验性地确定了小农是理性的，以追求利润最大化为行为目标。但他们对于环境和待遇的要求更加宽容和泛化，也没有强烈的抗争和维权意识。正如老一代的农民工，他们追求利益却不知如何保护利益，他们追求利益最大化，却无法将付出的人力资本和劳动与获得的收益画上等号。这也出现了很多就业流出的南日女，在就业流动过程中备受性别歧视，在结婚和生育等重要生命事件中受到雇主的限制，却找不到合理的释放途径和解决办法；最后是“社会化小农”，是指农民进入或者卷入到一个开放的、流动的、分工的社会化体系中，就业和生产方式呈现出多元化趋势。在小农的发展和转变过程中，也伴随着农民能力的发展变化（徐勇，2006）。

在此过程中，南日女被归类到不同的小农类型，实现对于自我的认同和农民身份的转型。很多年轻的女性，一旦就业流出，都没有太强烈的回流意愿，留城动机更加明确，在城市工作、生活过程中，积累了对于城市的深厚感情，达致心理上的城市融入，或者通过原生家庭经济支持买房留城，或者通过婚迁成为城市的永久公民。可见，在一个高度开放和多元化的城市场域里，年轻的南日女改变了传统的价值观和农民身份标签，更多认同于与城市接壤的标签和定义，否定自己的农民身份。

（二）自我规训与重塑

拉美特利在《人是机器》一书中指出，肉体是驯顺的，可以被驾驭、被操纵、被塑造、被规训的，体现灵魂的唯物主义还原（Laclau，1990），个体通过自我规训，自觉自愿地将自己的身体训练成可以适应纪律和规则限定的范式。

个案12：金福，女，48岁，在厦门制衣工厂打工。

金福是土生土长的南日女，原本在南日岛当家庭主妇和操持农活，丈夫在厦门开诊所，专治皮肤病，这样普遍化的性别分工在南日岛屡见不鲜。随着丈夫诊所生意的日益红火，金福离开了南日岛，追随丈夫来到了厦门，在城乡接合部安顿了下来，金福也很快在附近的制衣厂找到了工作。制衣厂的工作琐碎而繁忙，这对于一直在农村生活的金福来说，确实是个艰难的适应过程，每天早晨8点到下午6点的长时间劳动和流水线作业，颠覆了自由和悠闲的田园生活。金福开始学会使用闹钟，在固定时间吃饭，每天千篇一律的出门准备和家务劳动。对此，金福倍感压力，她说：

> 没来厦门之前，我每天睡觉睡到自然醒，做完家务后去田里浇菜，家里种的花生和地瓜很好打理的，好几天再去看一次都可以。晚上还可以去邻居家串门聊天，村庙里的活动也经常叫我去帮忙，我虽然天天很多事情，但做起来不会着急。现在可不行了，每天上班和下班都要打卡，穿工作服，上班不许说话闲聊。我负责做运动服的衣领和口袋，比起钉纽扣等其他的工序，这个算是比较好赚的，做一个衣领或一对口袋有五毛钱。大家都是流水线，你做慢了其他人就会催，如果一直做得慢，以后人家就不跟你一组了，这也逼得我每天急赶慢赶的。……刚开始我很不习惯，一着急就头晕，现在都一年多了，早就适应了，一天也可以赚一百多元，比在南日岛收海带风吹日晒的体力活还是轻松点的。

金福的例子可以多维度地见证规训在个体身体中所发生的现代化痕迹。资本主义的生产机器为了其赚取剩余价值和扩大再生产的需要，要将金福这类南日岛出外打工的女性锤炼成合格的打工妹。但没有人一生下来就是工人，尤其对于南日岛女性来说，她们应该“生为农民”，带着天然的农民标签。作为土生土长的农家女子，金福的身体带着先天的农民标签，但进入都市大工厂的流水线后，金福的生活方式和活动节奏彻底被颠覆。在工厂的劳动过程中，金福受制于工厂业已设置的纪律，作为秩序的书面化表现形式，纪律代表着规训的权力，通过外在的规训权力对柔顺的身体予以训练，将大量混杂、无用、盲目流动的肉体和力量变成多样性的独立个体、有机的自治体、原生的连续统一体、结合性片断。可以说，规训造就个体，权力通过制度控制、规训技术、命名艺术以及话语权力的安排（Kondo，1990），设计出精心计算的、持久的运作机制，采用将个体视为操练对象和操练工具的权力的特殊技术，改造和重塑身体，使之按照权力的意愿得以重塑（福柯，1999）。比如工厂里的作息时间表，就是规训的有效手段，其通过强硬、严格和苛求的本质，使打工妹时刻感觉到自己身体处于权力的监督下，她们的活动、生活轨迹、生活方式日益受制于时间霸权的统治，于是她们慢慢调整自己的思想观念和行为模式，从个体角度自发而自觉地理解权力、适应权力，接受规训，从而适应现代化生产的流程。而且，规训的过程中，进入大生产机器流水线的女性，认同自己的某种身份，不是因为先天遗传，或者因果关系，抑或生物性因素的合理性，乃至对于宿命的屈服，而是由于特别复杂而精细的权力技术和策略，而内化为具体的个体身份，尽管适应这样的过程需要更加迂回曲折、痛苦甚至反常的自我形塑的磨砺（潘毅，2011）。

（三）全景敞视下的自觉行动惯习

福柯的全景敞视主义空间思想源于边沁的圆形监狱蓝图，代表“一种新形式的通用力量”（见图4－1）。其构造的原理是：四周是一个环形建筑，中心是一个瞭望塔，瞭望塔有一圈大窗户，对着环形建筑。环形建筑被分成许多小囚室，每个囚室都贯穿建筑物的横切面。各囚室都有两个窗户，一个对着里面，与塔的窗户相对，另一个对着外面，能使光亮从囚室的一端照到另一端。通过逆光效果，中心瞭望塔里的监督者可以从瞭望塔的与光源恰好相反的角度，一目了然地观察到每个囚室里被囚禁者的每个动作。充分的光源和监督者的注视使监督者能有效地辨识被囚禁者，而被

图 4－1　圆形监狱

囚禁者却无法清楚地看到监督者（福柯，2012）。福柯的全景敞视空间植根于这样的圆形监狱理念，描述了这样一个封闭的、被割裂的空间，处处受到监视。在这样的空间里，每个人都被镶嵌在一个固定的位置上，任何微小的活动都受到监视，任何情况都被记录下来，权力根据一种连续的等级体制统一地运作着，每个人都被不断地探寻、检查和分类，列入不同的类型和范畴。所有这些都构成了规训机制的微缩模式，成为规避混乱的秩序（福柯，2012）。

下面笔者用一个典型的个案调查来具体描述全景敞视主义在私营企业车间里的运用，以此对南日岛女性在私企打工的状况有更深刻的体会。

个案 13：晓丹，女，南日岛人，21 岁，在漳州某台资罐头厂工作。

晓丹所在的台资罐头厂里，就有类似于全景敞视空间的车间（见图 4－2）。笔者特地观察了这样的车间空间模式，虽然不是特别等同于边沁的全景敞视监狱格局，但本质和内涵俱在。该车间是个高大的库房式建筑，有三层楼的高度，在车间南北方向的二楼位置，各有一间横贯东西走向的玻璃房，玻璃房里是车间主任和工厂中层管理人员的办公室。对管理人员来说，只要坐在办公桌前，就可以一目了然地窥视下面女工的工作状态，而女工都在排列整齐的水泥台面上制作水果，比如将剥好的荔枝修剪

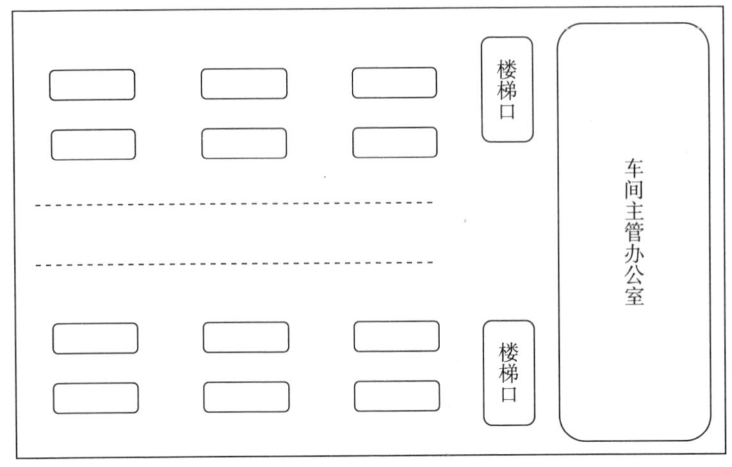

图 4－2　罐头厂的生产车间

注：▭是车间的工作台，每个工作台有六个工人，┄┄为车间的过道，车间主管办公室在二楼，为透明玻璃搭建的房间。办公室下面是车间的出口。

去氧化的果肉、枇杷去核、削芦笋等工序。这样一来，一方面是清晰可见的全透明玻璃办公室，另一方面是排列整齐的工作台和工人固定的位置，管理人员可以洞察女工的活动，以此避免女工偷吃水果，有不讲卫生的动作，或者打盹、偷懒、闲聊等。

由此可见，该罐头厂的管理层为了实现对女工细致入微的观察，采用了带有浓厚的全景敞视色彩的空间结构布局，以此行使管理的权力，并使之成为一种持久的、洞察一切的、无所不在的监视手段。这种手段能使看似隐而不现的细节变得昭然若揭，将整个空间变成处处皆可感知的领域，犹如上千只眼睛分布在各处监视着个体，使注意力永恒地保持着警觉，形成庞大的等级网络。处于底层的女工，面临着玻璃房里监视的眼光，以及车间其他女工内化的自觉纪律，习惯于秩序和服从，随时保持良好的工作状态，成为生产流程上高效率且默默无闻的操作者。全景敞视空间的塑造，使女工把规训内化、无限普遍化，以自律方式实施自己对自己的规训，而不是被迫的服从（福柯，2003/1975）。车间的空间格局和时间纪律的实践，通过流水线上的科学技术和集体力量凝聚技术的共同作用，创造出再社会化的打工妹身体，使其适应车间的生产效率和等级权力的控制。

除此，管理层和女工们在一定程度上能自觉地形成默契，彼此互相监督。在调查中，晓丹提到这样一个细节，她们车间的员工为了卫生，上班都要戴帽子，将头发都塞到帽子里去，有次一个新员工要下班，在车间里边走边脱下帽子，结果车间主任在玻璃房里当场发现并大声呵斥，于是车间里所有的女工都跟着起哄和叫嚷，吓得新来的女工匆忙地戴上帽子往外跑。

在这里，呵斥、起哄和叫嚷成为重要的沟通语言和工具，交流着等级框架体系内的成员对于秩序的维护，在这极其抽象的交流背后体现的是符号游戏的本质。呵斥的管理人员代表着权力的主体和权威，叫嚷的工人是被纪律和制度规训成的柔顺身体，犯错的女工则是全景敞视空间里的众矢之的，不同等级秩序的众多个体，形成集体性社会身体，具有共同的凝聚力和目标向度，受到权力效应的干预，以维护等级制的、仪式化的规则和纪律。一旦存在公然冒犯纪律秩序的越轨行为，其他成员就会群起反对以维护集体的共同利益。可见，全景敞视下的纪律已然在女工中内化于心，而等级秩序也已固若金汤，现代化的大生产在制度、机器、叫嚷声中快速顺利地运转起来。

三　语言成为群体分野和身份差异的工具媒介

语言的社会功能应将其独特的社会价值归因于这样的事实：即它们倾向于被组织到差异体系之中，而这种差异体系，在差异性偏离的象征秩序中，再现出社会性差别的体系（布尔迪厄，2005）。在这里，语言不仅仅只是一种客观的表意性符号或者沟通的手段，还是一种施事性的力量，具有施事性的能力，是权力关系的一种工具或媒介（刘拥华，2009）。语言关系代表着符号权力的关系，通过这种关系，言说者及其各自所属的集团之间的力量关系以一种变相的方式体现出来，涉及言说者之间的符号互动交流以及背后所隐藏的结构复杂、枝节蔓生的历史性权力关系网。语言体现着言说者在网络中所处的结构位置，还是其象征权力的现实表达，语言所诠释的社会性差别、层级体系、网络格局等在符号交流中被生产和再生产出来。

在个案 13 中，晓丹所处的台资企业就是典型的个案，在该企业中，闽台语或闽南话成为企业的官方语言，会不会说闽南话成为划定等级结构的潜在标准。女工在企业中所处的层级、所拥有的资源、所行使的权力，都与闽南话的使用高度相关。从某种程度上说，会讲闽南话成为向上流动的阶梯和媒介，台商老板往往更加青睐于会讲闽南话的老乡，语言上的优势天生可以拉近彼此的心理距离，使交流双方产生一致的身份认同、思想共鸣，更容易产生信任感和归属感，也能衍生出相同的习惯和表达方式。在此，闽南话成为新权威语言而得到认可，新权威语言所表达的社会世界与闽南群体的旨趣相联系，用塑造出来的地方习语表达特定的兴趣。因此，在各方能力、禀赋相当的情况下，台商老板更愿意将企业的管理层位置交给自己信赖的闽南老乡。在企业里，闽南话成为可以炫耀的文化资本，成为迈向较高层级地位的标签，闽南话拥有着权力和霸权地位，是群体内部分野的重要标志。晓丹就提到企业里的女孩阿玲，来自泉州，美丽大方，会讲一口流利的闽南话，语言上的天然优势使阿玲能与老板很好地进行沟通，老板也很赏识她，经常带她出去应酬和洽谈业务，在工友的眼里，阿玲扮演者秘书的角色，虽然是老板的配角，但对于工友来说，却是代表着老板的权威，阿玲说的话也是老板的意见表达，阿玲作为言说者被赋予了权威身份，并让其他人认可和知晓，于是，凭借着这样的语言优势，阿玲获得了较大的提升机会，在企业层级结构中也是顺利实现向上流动。正因为语言已经产生施事性的力量，成为仪式和象征性权力的工具和手段，同样地，与阿玲一样的其他女工，也纷纷效仿，虽然不是每个人都有提升的机会，但向上流动的可能性还是大大高于其他不会讲闽南话的女工。而获得向上流动机会的女工，成为管理人员后，也会拉拢自己的老乡或亲戚，成为非正式群体。这样一来，车间里很明显地分化成闽南语系的群体和非闽南语系的群体，她们在岗位提升、培训机会等方面呈现出明显的分野，并由此延展出薪酬待遇的差异。在本个案中，台商老板扮演者雇主的角色，闽南语系的老乡是其工具，闽南语成为她们彼此沟通的媒介和身份标签。雇主与闽南老乡间认同统一的管理文化，形成利益上的“共谋”关系。

语言不仅仅是被建构的符号，还具有建构性的力量，帮助建构一种对于现存社会秩序的认识，构成象征权力，或者说符号暴力的基础，是区分群体之间关系的变相的形式表达。但语言对于层级结构的划分存在“可接受性”的问题，容易导致非闽南语系群体的不满。在调查中，晓丹也表达了作为南日女的不满和愤懑，她说：

那些当上管理层的女人，能力和学历并不比我们更好，就因为她们会说闽南话，天天跟老板和其他负责管理的大姐套近乎，她们每次回老家都要带上一堆土特产送给老板和管理的大姐，老板都很喜欢她们，她们办公室里也经常播放我们听不懂的闽南歌，完全无视我们的存在。我讨厌听那些闽南歌，每次一放音乐我就用耳塞堵住耳朵。……我们几个南日岛的老乡在工厂里很没地位，工作时间长，天天挑水果都挑花眼了。如果没有升职或者加工资的机会，我们都不愿意继续待下去了。

对于其他女工被边缘化的不满，老板渐渐也察觉了出来，于是也安排了一定比例的非闽南语系的女工进入管理层，或者当班长，以平息其他女工的不满和散布谣言的趋势，鼓励女工工作的积极性。尽管如此，闽南话作为企业里的“合适语言”，还是无法抹去其在向上流动中的重要地位和肩负的象征性效力。

第五节　女性群体阶级意识的觉醒和抗争

一　生活世界殖民化与女性抗争的日常表达

哈贝马斯认为，生活世界殖民化是系统入侵生活世界，导致生活世界秩序紊乱，陷入混乱与冲突状态之中，造成各种异化普遍的滋生和蔓延，也造成人的价值和生命意义的失落。在他看来，这种殖民化的根源（除了权力和市场）是国家政策的失误和滥用，亦即现代资本主义国家干预政策的过度实施所致的消极后果。他认为，整个社会是由系统和生活世界两个部分构成的。生活世界是人们在日常生活交往中达成相互理解必需的共同的背景知识，包括文化、社会和个性，担负着“传播、保存和更新文化知识的作用”，协调、整合和规范交往行动者与群体的关系和需要以及个体社会化和个性成长的需要。生活世界内在地指导日常生活，代表着同一文化群体的生活方式。系统则是指同一文化群体从事物质再生产以维持日常生活与生存的能力机制，它指向国家、经济和法律等制度，表现为社会复杂性的增长和工具理性的扩张。所谓系统入侵生活世界，就是指生活世界被肢解、破碎，丧失自身的整体性和协调功能，越来越依附于系统命令；同时，日常生活还陷入普遍的货币化、机械化、标准化，丧失自主性、独立性和能动性。在日常的人际关系网里，“共享”的价值观被市场的“排他性的自利态度”和“以感官独享欲望代替深层反思的取舍标准”所取代，生活世界中非经济活动的地带被商品化了，现代人也慢慢改变其价值观、世界观和对自我的理解，极度个人主义式的生活成为现代人的主要生活模式（杨善华，2006）。从本质上讲，生活世界殖民化表现为日常生活程序化、行政权力化、意识形态化和官僚化。而系统普遍入侵生活世界的深层原因在于科学技术意识形态化和现代资本主义国家政策的失误与滥用，当然，这里也包括他们的科技政策的失误与滥用，而且，从某种意义上讲，后一方面直接造成和强化了生活世界殖民化（吴苑华，2012）。

在生活世界殖民化的普遍趋势下，资本主义大机器生产带来劳动的异化，众多的南日女被定格于生产车间的结点上，淹没于机器的轰鸣声和流水线的高效运转中。南日女被物化，成为生产剩余价值的工具，她们的存在似乎衍生为机器上昼夜不停的齿轮，精确地咬合，快速地旋转，她们所付出的劳动被异化和现实化，每付出一个小时的劳动或者完成一道工序，就直接计算成现金或物质利益，与收入直接画等号。在调查中，笔者发现相当部分的南日岛女性从事高度工业化和机械化的流水线作业，比如制衣业、电子业等。然而技术的进步并没有把她们从繁重的劳动中解放出来，反而增加她们的体力负担。被调查的女性普遍反映，她们所从事的工作分工越来越细，处于高度紧张的大规模流水线上，对个人的技术依赖性越来越低，企业追求更多的是效率和速度，而忽略了对人的尊重和保护。在高度细化的劳动分工下，女工们从事的都是简单而无趣的劳动，没有太多的技术含量，劳动力的竞争退化到体力的竞争而非技术的竞争。这样的工作状态似乎于年轻女性更容易接受，而对于年纪大的女性来说，她们更多是转行从事家政等相对更自由低效的工作。

然而，对于南日女来说，她们进行劳动并不是单纯为了个体发展的需要，而更多表现为生存的理性，是为了家庭收益或者个体生存的需要而做出的选择，被马克思称为“经济关系的无声的压力”。根据马斯诺需要层次理论，在满足基本的衣食住行等生存需要的情况下，为了达致自我实现和自我发展的需要，南日女也需要获得再社会化和培训教育的机会，提升个体的能力素质以适应现代化大生产的需要。而现实的情况是，在南日女进入城市生产流程中，她们遭遇了资本主义大生产强大的生产力，她们更多的是处于生产线的底层，企业需要她们付出的更多是体力，而忽视了对其技术和能力的培训，这加剧了她们的弱势地位。在与资本主义大机器生产的博弈和抗争中，作为打工阶层的她们也衍生了特定的力量来源：一种是结社力量（Associational Power），指的是工人形成集体组织的各种基础；另一种是结构力量（Structural Power），指的是工人在经济系统中的位置，反映工人的议价能力（Wright，2000）。通过对结社力量和结构力量这两个概念的引入，理解南日女的反抗和维权的状况。正可谓“不同的工人有不同的政治”（裴宜理，2001），对于南日岛女性就业流出后所面临的不平等和反抗的行为模式，必须将其与特定的地域特征、性格体验等方面加以综合权衡。

二　异化劳动下的极限体验及其抗争表达

如福柯所言，“我的动机十分简单。在某些人看来，我希望它自身是充分的，那就是好奇心，而且是唯一值得我坚持不懈地去实践的好奇心。不过，这种好奇心不是去吸收适合认识的东西，而是使得自我超越成为可能”。（Foucault，1985）如果说福柯的极限体验是一种自我主动获得的感受和认同，那么，女性打工者获得的极限体验则是外在的、不自觉的、被动的参与方式，是权力和制度规训下对于女工身体的占有和剥夺，使其成为不自由的、无法决定自己身体劳动的机械化生产操作者。这里，所谓的极限体验，就是凭借极端强烈的经验（劳动过程的痛苦），产生越界的经验或行为（违反正常八小时的工作时间），通过试图突破既存的范畴和分类，进而改变自我的行为模式和精神状态。可以说，极限体验是在现有知识界限之上或之外的体验，超越可以窥见的、可视的制度的范畴，塑造符合劳动过程需要完美的身体（Brown，2000）。

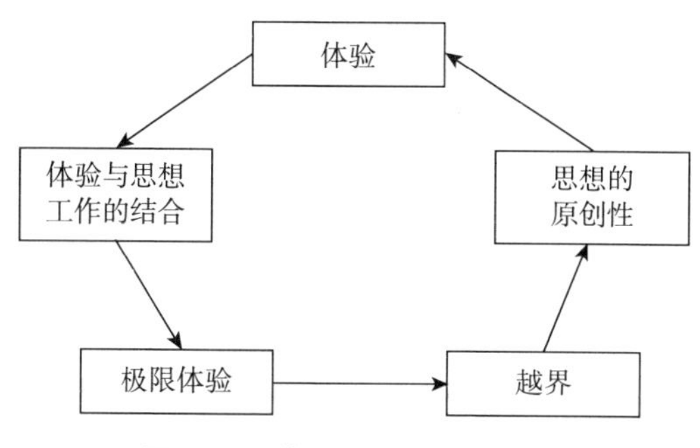

图 4－3　体验与思想工作关联

从图 4－3 可以看出，社会化大生产通过让女工在流水线高效率的环境下紧张地工作，压抑其个性，得到对于工作劳累的、痛苦的体验，且这种体验往往与工作经历和劳动过程紧密联系在一起，是可以引起条件反射的生物性反应，长此以往形成对于劳动过程的极限体验，使得她们有着力图打破现有规章制度和等级秩序的“越界”行为，建构具有女性话语权的自觉能动性，以及对于现有结构的解构和反抗，达致个体对于现有知识的“真理性”认知，改变自我和他者。例如在个案6的制衣厂里，经验丰富的班长经常把每一道工序做精确的安排，据此计算出最大的工作量，确保每个女工的能力都能发挥到极限。在工作的时候，女工们常处于紧张的高强度精神负荷中，疲于奔命地完成任务，劳动过程严重异化。对于年纪大的女工来说，以年轻人的标准订立的任务总量常超出她们的能力范围，她们的熟练技术难以发挥价值作用而取而代之的是体力的竞争，这使得她们完不成任务就只能加班，用延长劳动时间来完成“赶工游戏”。因此，无偿加班成为一种常态，女工们尽管常有怨言，却不得不顺从于老板分配的任务。

个案12中的金福跟笔者谈起这样一个典型的事件：有次老板要求员工加班，不仅不给加班费，而且晚上只有一碗面条作为辛苦劳动的补偿，为了节省伙食费，面条异常难吃，一个来自小日村的胆大的女工，将装满面条的碗倒扣在桌上，顿时汤水四溅，引得女工们在食堂一阵骚乱。老板知道后，强烈要将其炒鱿鱼。该女工毫无惧色，拍着桌子扬言如果将她炒鱿鱼了，就将自己的小日村老乡和几个同一流水线的熟练工一起带走到另外一家制衣厂去。老板想想也觉得不值得，如果她真的带一批人走了，必将带来人心涣散，工厂员工队伍就会失去稳定性，中途招人总不是一件值得实践的尝试，而且会损失业已培养的高技能员工并导致技术泄密，影响工厂运转的顺利进行。同时，近年来一直延续的用工荒也对工厂的运营带来或多或少的负面影响，制衣厂还是希望女工们过年后还回到工厂打工，这样可以省掉一大笔介绍费①，还可以保证年后工厂正常运转。于是，老板请出车间主任来做中间调解人，将伙食的差劣归结为食堂管理人员“雁过拔毛”的贪污行为，并对女工承诺改善伙食，增加夜宵的开支，尽管如此，女工还是拿不到加班费，夜宵的改善只能成为她们暂时留在工厂的权宜之计，一旦有更好的机会，她们还是会选择离开。

① 为了缓解每年都会存在的用工荒现象，以及赶进度时对于女工的大量临时需求，工厂规定了，如果介绍一个普通工人来工厂打工，奖励500元，熟练工奖励1000元，家庭集体打工的奖励更高。

本个案中，来自南日岛小日村的女工的反抗情节，就是通过结社力量与雇主进行抗争的生动体现。在生产车间里，来自五湖四海的女性组成工人群体，她们流动性强，性格各异，利益取向不同，要在这样一个工序和流动性较大的群体内部达成团结一致，没有经过较长时间的磨合，确实难度很大。因此，相对固定且利益导向相似的非正式群体一般形成于老乡之间。结社力量也必然形成于这样的老乡群体里，毕竟她们缺乏罢工等西方资本主义社会中普遍通行的制度化抗争渠道，也没有成熟的工会①等现代社会的组织支持。在这样一个放任的劳动力市场和工作车间里，女工和雇主的力量严重失衡。为了维护她们的生产和收入权益，她们必然要形成一个统一的利益集团和话语体系，这就促使她们基于血缘、地缘、业缘等关系增强结社力量，形成防御性反应②，以对抗不平等的制度体系。本个案中，小日村女性就利用她们地缘的优势，形成反抗的结社行动，制约雇主的侵权行为。对此，裴宜理也指出，地缘、技术、性别等造成工人分裂，同样也可以推动工人阶级力量的形成（裴宜理，2001）。同时，作为入城打工的女工，她们的身份介于农民和工人之间，无法获得完整的工人身份，这样一种半无产阶级化的状态影响着她们的阶级意识和行动能力。而且生产机制将她们分配到不同的工序和生产车间里，她们的结构力量被生产机制碎片化，难以通过大规模的集体行动来影响生产过程，这使得女工在工厂里的议价能力大大降低。本个案中的小日村女性，尽管她们有着反抗的结社组织和抗争的思想，但她们始终无法形成拥有较多人数的组织基础来积累反抗力量，无法开展长时段的、大规模的、组织化的抗争，她们在遇到不平等待遇时，单薄的力量无法对付强大的雇主，只能采取自发的、分散的、野猫式的集体行动，只能在个别条件上解决问题而无法从根本上改变现状，且达到直接的目标后就草草了事。比如个案中的女工，就只能争取到改善夜宵来暂时解决矛盾冲突，而无法从根本上改变高强度的加班制度对于女工身心的摧残。

① 相对于国有企业的“福利工会”，民营企业的工会职能比国企的“福利工会”功能更差，只能是“花瓶工会”，因为它只是一件摆设，除此之外，并无价值。

② 斯科特在《弱者的武器》中研究了农民的反抗，认为农民的反抗行动是发生在其生存权利受到威胁之时，地主拿走了收成并不必然导致农民造反，但如果地主拿走的威胁到了他们的基本生活，农民就要揭竿而起。斯科特将这种不以提升自己在社会分层中的地位，旨在恢复其原有生存位置和公平理想的反抗称之为农民的“防御性反应”。

三　“用脚投票”——弱者的武器

斯科特在《弱者的武器》一书中探讨了工人的日常反抗，他指出怠工和偷懒是最常见的无声的反抗形式，用这种方式表达对劳动时间和薪酬待遇的不满（斯科特，2011）。正如巴灵顿·摩尔在异质化的情境中所提醒我们的那样，“过去数个世纪中人们对压迫的一个最经常和有效的反应就是逃走”。（Barrington Moore，1978）在该意义上，逃避抗议的可能性总是比冒公开对抗的风险更具吸引力（Michael Adas，1981）。因此，反抗者通过改变职业的异常流动来表达对压迫的反应，这种以“退出”而非“表达”的方式，就是经典意义上的“用脚投票”。

“用脚投票”最早由美国经济学家查尔斯·蒂伯特（Charles Tiebout）提出，是指在人口流动不受限制、存在大量辖区政府、辖区间无利益外溢、信息完备等假设条件下，由于各辖区政府提供的公共产品和税负组合不尽相同，所以各地居民可以根据各地方政府提供的公共产品和税负的组合情况，来自由选择那些最能满足自己偏好的地方定居。也就是说，居民可以“用脚”（指迁入或迁出某地）来给当地政府投票，以促使地方政府提高政府绩效（赵军，2010）。如今随着时代的发展，“用脚投票”这一词已经广泛地运用于其他的领域，最主要用于股票这一间接治理方式在公司治理中的作用，股东通过分析公司的财务资料或内部信息来决定是否购买或出售公司股票，当股东对公司的经营状况不满时，就会卖出手中的股票，造成股票交易价格由于供过于求而下降，股东通过对股票售卖与否和多少来传递满意或不满意的信号，以此介入公司治理，间接控制公司的运作。可见，“用脚投票”指的是组织中的成员提出自我价值及选择权利的无声诉求。

对于南日岛女性来说，她们来到城市后，想要提升自己的劳动力价值，最简便易行的方式就是流动，在流动中提升人力资本的价值。当她们在一个企业无法得到较满意的工资或工作环境时，就会想到其他企业去试试。由于企业间工资与福利待遇差别的客观存在，以及员工乡土网的存在，她们就会选择另选企业谋生。如果对于工资收入、工作环境、劳动时间不满意，她们中的大多数就会毅然选择“离职走人”（甘满堂，2013）。由于工会“花瓶化”，没有发挥其应有的作用和职能，她们不知道如何通过工会或其他组织来表达诉求和解决问题，发泄渠道和表达路径的不顺畅增加了她们向雇主提出涨工资或减少劳动时间等问题的难度，无法寻求到合理合法的方式来实现信息的交流，在暂时缺乏任何直接的和共同改变其处境的现实可能性的情况下，她们要么迫于谋生的需要谨慎行事，尽可能地适应每日所面对的境况，顺从于谋生的世俗压力，要么采取平静的抗争方式。恰在此时，跳槽、辞职走人成为简单有效且立竿见影的抗争方式，一旦她们遭受不公平的待遇，就会选择用这样的方式解决问题，没有硝烟弥漫的激烈对抗，更多的是破釜沉舟的冷静逃避。而对于雇主来说，近些年的用工荒时刻都在牵动着雇主的神经，影响着企业是否能够顺利运转。对此，企业也想出种种办法来挽留员工以减少用工的成本，这也恰恰为女性劳动力的"用脚投票"行为提供了很好的现实环境，使得这样的行为方式不仅可以表达不满的情绪，而且也对雇主有相当程度上的压力，起到解决问题的效果。

在中国场域中，国家和市场成为权力的来源，而地方性文化实践，即处于转型和重构之中的父权制文化，也成为女性打工群体的社会环境因素。性别化过程、性别间行为的规范、婚姻和家庭的主导地位都在很大程度上影响着女性主体的性化过程。农村的原生家庭为女性提供重要支持和精神动力，养老抚幼的社会期待深化了她们对于家庭责任的自觉，婚姻成为她们摆脱就业流动状态的捷径。只要存在婚姻的可能性，她们都会义无反顾地选择进入婚姻状态来告别打工生涯。可见，从女性16岁打工到结婚前这样一个绝佳的黄金年龄段，为雇主和私营企业提供源源不断的充满生机活力的劳动力，而这样的年龄段又是生活经验和工作阅历最为单薄的时期，她们反抗的方式极其有限，在大部分的情况下，只能采取"用脚投票"的方式来表达不满。但也应看到，主体多场域的反抗和叛离超越抗争的传统意义，形成权力—抗争之间的依存关系，业已成为植根于日常实践的真实抗争政治（Comaroff Jean，1985）。南日岛女性就业流出的种种实践在一定程度上增强了她们斗争的经验和反抗的意识，当"用脚投票"成为常态并形成群体效应时，看似独立的个体事件已经演变成行业间的潜规则。女性的弱势地位正在被解构，被漠视、被挤压、被压迫的处境正在被改变，雇主们在20世纪90年代赚取第一桶金时对于劳动力的刻板印象也相应地发生了动摇，女性通过自己的抗争获得更加合理的生存空间。总而言之，作为弱势群体的女性，正在用弱者特有的"用脚投票"的方式，扭转着身份的固化认同，积极改变着边缘的地位，建构彼此间若隐若现但又坚强无比的群体认同。

第五章
就业流动的群体差异及比较

第一节　不同生命周期的女性就业流动比较

一　不同生命周期的女性就业流动状况

在女性群体内部，常采用时序分析法来解释不同生命周期的女性就业流动的状况。一般以年龄作为时序分析的区间范围，15～24岁年龄区间内的年轻女性有着较强的就业流动倾向，该生命周期的女性就业流动的机会成本较小，且没有家庭的负担，身体可以自由迁移，且她们的劳动技能较高，工作、人际环境的适应性较强，就业流动的机会较多，预期收益较大。而超过该年龄段的女性，社会传统对其有着特定的性别角色期待，她们要完成该生命周期中重要的人生事件，如结婚、生育、养育等，她们的就业流动意愿不强，流动水平相对低下。根据2005年全国1%人口抽样调查的数据，15～24岁就业流动性别比低于100，说明该生命周期的女性就业流动活跃，且有相当部分女性凭借婚姻迁移到夫家所在地就业；在25～65岁，就业流动性别比高于100，说明该生命周期女性大部分处于已婚状态，成家后就业流动性明显下降，很多女性就业回流到家乡养老抚幼，承担起更多的家庭责任（国家统计局，2006）。从年龄与就业流动意愿的交叉表可以看出，df为3，卡方检验值为0.750，说明年龄与就业流动意愿不具有统计显著性；从年龄与就业流动满意度的五个指标建立交叉表可以看出，劳动强度、工作稳定性、收入水平、发展前途等就业满意度指标与年龄在0.05的置信水平上有统计显著性，自由度df为12，卡方检验值分别为0.008、0.013、0.004、0.003。说明年龄会显著影响对劳动强度、工作稳定性、收入水平和发展前途这四个指标的满意度（见表5－1）。

表5－1 年龄与就业流动的交叉表 （N＝204）

		df	卡方检验值
就业流动的意愿		3	0.750
就业流动的满意度	工作环境	12	0.162
	劳动强度	12	0.008
	工作稳定性	12	0.013
	收入水平	12	0.004
	发展前途	12	0.003

对于南日岛女性而言，如果不是进入公职部门，她们对职业的选择要求比较高，跳槽和变换工作等“用脚投票”的方式成为常态，在她们的逻辑视野里，到婚配年龄的时候就要停止工作回家相夫教子，工作经历更多局限于婚前，因此未婚女性对职业的要求和期望与男性持平，可以说，这个生命周期的女性赚钱更多是个体发展的需要，而摒弃了家庭利益最大化的考虑。尽管未婚女性对职业要求较高，更加注重个体发展，但相当部分南日岛女性将职业当成权宜之计，或者成为寻找婚配对象以及婚迁的方式（主要为未婚女），或者因为个体整体素质不高而不得不经常变换工作（主要为已婚女），因此，工作环境在她们求职时并没有被特别强调，这表现为占30.3%的女性是游移型流动，她们工作换来换去，做什么工作都很无所谓。本书的个案访谈资料中，很多女性也表示她们婚前找工作更多是抱着玩玩的态度，等结婚稳定下来后才会在家庭定居地认真寻找适合自己的职业类型。而等她们完成生育任务重新择业的时候，由于职业经历的间断和年龄的增长，劳动技术滞后于日新月异的现代化大生产要求，寻找到稳定的单位较为困难，更多是为了实现家庭利益最大化的生存理性选择，因此，已婚女性较少游移型流动。

在女性就业流动的工作地点选择上，已婚和未婚女性表现出较大的一致性，那就是更愿意选择周边的城市或县区工作。福建省经济发展较快的城市主要是厦门和福州，南日女就业选择地点主要集中在厦门、福州，也有很多选择户籍归属地的莆田，很少有人愿意流动到外省去，除非是从事承包医院或者婚姻迁移，否则南日女更愿意选择省内的城市。这在一定程度上也根源于南日岛人对于家庭的归属感和家庭凝聚力。基于笔者多年来对于南日岛的了解，缔结婚姻和组成家庭是岛民非常重视的生命事件，与此相伴生的就是异常繁杂的表象仪式，以及对于子女姓氏、宗族意识的极端崇拜，以表明岛民对于婚姻和家庭的重视程度。因此，岛民很少有离婚的，即使婚姻幸福感不高他们也不会轻率地想到要去离婚，传统以来形成的男主外女主内的思想观念让南日岛人特别重视家庭，他们所有在外的努力和辛劳很大程度上是为了养家糊口，家庭的经济常为女性所控制和打理。在这样的传统语境下，南日岛民就算就业流出也不愿意离开南日岛太远。而且，近距离就业流动的女性可以通过嵌入在劳动力市场社会组织的家庭和本地网络来完成劳动力再生产，对于她们就业流动满意度的提升有着正向的积极影响。同时，省内就业流动也比较容易获得安全感和认同感。在调查中，很多南日岛女性表示她们更愿意在莆田语系的区域就业，同样的方言可以减少语言沟通障碍，让她们获得更多的归属感，感觉自己是本地人而不是异乡人，心理距离和社会距离也较小，容易实现本土融入，而且语言的相似也会形成来源地认同，有利于建立流入地社会支持网络，避免拉帮结派等非正式群体的形成。由此可见，南日岛女性就业流动的范围主要局限在福建省内，跨省流动的概率较小，这在已婚和未婚女性的调查中可见一斑，具有一定的共识。但对于实现跨省、跨市就业流出的这部分女性而言，已婚和未婚女性还是表现出一定的差异性。相比较而言，已婚女性省内流动的可能性比跨省流动大，她们更愿意在家乡或者周边城市工作，因此就业回流和近距离就业流出的比例较高，达到 63.6%，在已婚女性的逻辑视野里，省内流动意味着语言、生活习惯、风土人情较为相似，减少流动的成本和融入的困难，并且能够照顾到家庭，在家里需要人手（如在海带季节收海带）或者突发事件（如疾病等）时能及时返乡解决短期的困难。更重要的是，已婚女性要分担家庭的经济责任，她们的劳动力再生产不仅用于个人基本的生存和劳动力受教育、培训的需要，而且要养育子女、赡养老人，补偿老人代际抚养孙辈的支出，她们对于提供经济来源的职业更加珍惜，就算工作再辛苦也不会轻言放弃。而未婚女性则没有太大的生活负担，她们的劳动力再生产不需要养育子女，对家庭的经济贡献较少，属于“一人吃饱全家不饿”的理想状态，经济收入对她们来说更多是为了满足个体发展的需要，职业更是融入城市生活的多元方式之一。因此，未婚女性对于职业的依赖性较低，工作太辛苦、工作环境不佳、人际关系不和谐等因素很容易成为她们跳槽的理由。正是因为她们对职业的要求不是太高，且用人单位对具有较强劳动能力的年轻女性的需求较高，即使辞职也能很快找到工作，因此未婚女性的就业流动性较大，更多属于游移型流动方式，除非进入公职部门，要不做什么工作对她们来说并没有太大区别。

从表5－2可以看出，已婚女性的单位类型主要为事业单位，占27.6%；个体经营，占32.3%。未婚女性的单位类型主要为个体经营，占33.4%；私营企业，占22.2%；以及事业单位，占22.2%。可见，已婚女性有较大的比例在较高层级的单位任职，工作稳定性更强，或者通过个体经营的方式获得更多的经济收入，但也有相当部分的已婚女性是个体经营，以从事农林牧副渔为主，调查中也发现，这主要集中在教育文化水平较低的女性，她们没有年龄、生理上以及文化素质上的优势，无法在劳动力市场竞争中获得较好的机会，从家庭利益最大化的决策考虑而选择门槛较低的农业发展模式。相比之下，未婚女性更多从事个体经营，或在私营企业打工，这些人占有较大的比例，说明未婚女性具有年龄上的优势，更愿意经商和下海，或者在南日岛从事海产品养殖和贩卖的工作，以此获得较多的经济收入，如果没有足够的资金作保证，她们很多选择去外地打工，获得比原生地更高的经济收入。

表5－2　单位类型与婚姻状况的分布情况

单位：人

			您的婚姻状况		合计
			未婚	已婚	
单位类型	党政机关	计数	0	6	6
		您的婚姻状况中的%	0%	5.3%	4.7%
	国有企业	计数	0	12	12
		您的婚姻状况中的%	0%	10.5%	9.4%
	事业单位	计数	20	31	51
		您的婚姻状况中的%	22.2%	27.6%	27.1%
	私营企业	计数	20	12	32
		您的婚姻状况中的%	22.2%	10.5%	11.8%
	外资合资企业	计数	10	0	10
		您的婚姻状况中的%	11.1%	0%	1.2%

续表

			您的婚姻状况		合计
			未婚	已婚	
	个体经营	计数	30	37	67
		您的婚姻状况中的%	33.4%	32.3%	33.0%
	其他	计数	10	16	26
		您的婚姻状况中的%	11.1%	13.8%	12.8%
合计		计数	90	114	204
		您的婚姻状况中的%	100.0%	100.0%	100.0%

二　性别化年龄引致的姐妹分化

通过本调查数据建立年龄与个人在单位所处位置的交叉表可以看出（见表5－3），自由度df为12，卡方检验值为0.094，相关系数为0.650，说明年龄对个人在单位所处层级在0.1的置信水平上具有统计显著性，且具有推论意义。建立年龄与个人行政级别的交叉表可以看出，自由度df为12，卡方检验值为0.020，说明年龄对个人行政级别在0.05的置信水平上具有统计显著性，且具有推论意义。因此可见，女性年龄会影响个人在单位所处的位置和行政级别，二者存在高度相关。要解释说明年龄与群体分化、个人所处层级的关系，需要引入“性别化年龄”这个概念工具。

表5－3　年龄与单位地位的交叉表　　（N＝204）

	df	卡方检验值	相关系数
在单位所处层级	12	0.094	0.650
行政级别	12	0.020	0.170

性别化年龄不是简单的生理年龄差距，而代表着年龄的社会性别建构及其女性家庭角色和社会责任差异的社会事实，是被赋予了性别含义的年龄。性别化年龄是性别视角下对生理年龄的社会和文化解释，意味着社会文化传统对男女两性给予了与年龄和生命周期相关的、男女有别的角色期待和行为规范。原本属于劳动者个体主观体验的“女性年龄感”经过与劳动力市场状况、劳动分工和劳动力再生产三个维度的结合，演变成具有客观分类效力的“性别化年龄”。不仅代表社会文化传统对不同性别在同样年龄的行为举止、为人处事的差异性期望，而且意味着同样年龄在不同性

别群体上有着不同的性别意义，并由此衍生女性群体内部基于生理年龄而产生的社会意义上的“大姐”和“小妹”的分化。其中，在商、饮、服行业，小妹成为劳动力竞争中的稀缺资源，更容易得到就业的机会和前台的身体呈现，劳动力资本的价值高于大姐，但由于小妹家庭负担小、喜欢探索新鲜事物，因此小妹的就业流动性高于大姐（何明洁，2007）。对此，雇主常以相对的高薪来减少小妹的就业流动，在本次调查中，从事服务行业的未婚女性的年收入均值是 3.256 万元，从事服务行业的已婚女性的年收入均值是 2.843 万元。而在其他领域，比如各类专业技术人员，国家机关、党群组织、企事业单位负责人等领域，年龄的优势则让位于经验的优势，已婚女性凭借丰富的劳动经验、职称上的高层级等因素，在单位的职业层级中往往比未婚女性处于较高的层级，与之相对应的是，获得较高的收入待遇、职业声望、管理权力，用人单位出于稳定员工队伍的考虑也更愿意让对工作环境熟悉的已婚女性委以重任，以减少管理的成本，增加管理的权威性。在本次调查中可以发现，在这些对经验和技术要求较高的行业中，未婚女性的年收入均值是 3.714 万元，已婚女性的年收入均值是 4.787 万元；从女性群体内部比较而言，未婚女性成为普通职工或职员在 18～30 岁的占比为 67.2%，已婚女性成为基层管理人员或中层管理人员，甚至是负责人或进入高层管理在 30 岁及以上的占比为 78.6%，说明已婚女性比未婚女性更容易进入中高层，年龄已经积淀出厚重的劳动经验和管理权威并伴生收入水平的增长。

性别化年龄还导致劳动力市场上的竞争力比较，一方面是半老徐娘的已婚女性，她们以家庭收益为导向、劳动力供给充足，在就业市场竞争中处于弱势，对企业的依附性更强，从业的时间也较为长久，亦常成为就业回流的主要群体构成，而且家庭对已婚女性的角色期待更加明确，那就是相夫教子、回归家庭、抚养孙辈，她们自己由于体力和职业技能的局限，主观上更愿意回到家庭；另一方面是青春靓丽的未婚女性，她们以自我中心为利益取向，追求个体实现和个体发展，由于没有家庭的拖累，她们行动自由，可以胜任应酬、加班等额外要求，她们学习能力强，培训能在她们身上能起到立竿见影的短时功效，是雇主挽留的“香饽饽”，她们也更加年轻气盛和独立自主，常以跳槽来表现对雇主态度、工资待遇等方面的不满（何明洁，2007）。本次调查也发现，游移型就业流动往往是未婚女性，占 80.6% 的未婚女性表示她们“近五年来换过两份及以上工作”，而稳定型流动的对象更多是已婚女性，占 72.3% 的已婚女性表示她们“近五年来没换过工作”。对于用人单位来说，他们认为已婚女性的稳定性较大，对于工作的责任心更强，工作时间更为持久，相比之下，未婚女性心智尚未成熟，单纯活跃，希望尝试不同的工作机会，而且还有婚迁等不确定风险因素存在，流动性大，不容易管理。

三 普通话衍生的年龄层级分化

笔者在南日岛的调查中发现一个很重要的现象，那就是，在普通话成为南日女与南日岛以外世界沟通的重要途径这一普遍性社会共识的场域中，对于40岁以上的已婚南日女来说，普通话对她们来说却是不可逾越的障碍。尽管南日镇政府在改革开放后一直推广九年义务教育，传统观念的沿袭和对女孩人力资本投资习惯的潜移默化，这个年龄段女性的原生家庭没有给女孩提供足够的经济支持以完成九年义务教育这个最基本的学习过程，没有形成自觉的行动，导致很多40岁以上的南日女不会说普通话。而且南日岛地处台湾海峡，长期以来限于地理位置的劣势使得出海成为男人的权利，更多的时候，女人被安排在海岛上看家护院、养老抚幼。男人有了出岛的特权，拓展了视野和知识面，与女人相比有了更强烈的性别反差。从某种意义上说，语言沟通的障碍加剧女性的依附地位，她们一般都归顺于留在海岛从事与海产品有关的劳动，就算有机会出岛就业，也只能从事简单低级工作，或成为丈夫的帮手，经济社会的任何一个微小的变革，都可能对她们的就业带来负面影响。比如 2008 年全球经济危机期间，很多已婚女性就因为年龄大和技术水平低而成为被淘汰的对象。同时，不会讲普通话也使得她们在单位无法融入正式交往圈，只能与南日岛就业流出的血缘—地域群体进行互动和沟通。布尔迪厄指出，语言的社会功能应将其独特的社会价值归因于这样的事实：它们倾向于被组织到差异体系之中，而这种差异体系，在差异性偏离的象征秩序中，再现出社会性差别的体系（Pierre Bourdieu，1991）。可以说，语言成为单位交往的政治工具，成为身份认同、地位获得、权力运作的利益分野标准。方言和口音成为划分单位非正式群体的一个指标，一个人能否融入群体，与成员的关系相处是否融洽顺畅，在很大程度上取决于她所讲的方言。比如，不会讲普通话的南日岛中年女性，就只能跟来自于南日岛的人员交往，这样隔绝了她们认识其他地区人员的流通渠道，也阻碍了她们成为管理层的可能性。因为作为管理层，必须用普通话来传达命令、协调关系、市场决策，而语言沟通的不便使得她们很难接受高层级的技术，也无法具备良好的沟通手段进入管理层。因此，她们很容易被迫就业回流，或者只能局限于在莆田语系的区域打工，或者就业流出后成为丈夫经济、家庭生活的配角，这一切深化了男主女从的性别安排，更是使该年龄段的女性失去经济能力、家庭地位的自主权，在性别比较中趋于弱势。

相比之下，未婚的年轻女性，由于义务教育的普及，几乎都有机会享受教育的成果。在笔者的调查中，不少岛民表示，他们对于子女义务教育阶段的人力资本投入是没有性别差异的，政府减免学杂费的优惠使得义务教育阶段教育没有给家庭增加太多经济负担，他们也会“一碗水端平”让男孩和女孩进学校读书。但在接受高等教育的选择上，对于普通家庭来说，还是希望能将有限的家庭经济资本投入到男孩的教育中。由此可见，对于改革开放后新兴成长起来的年轻南日女来说，她们在义务教育阶段有着与同龄男性同等的受教育机会，人力资本在该阶段没有显著的差异，与大龄已婚女性相比，她们可以讲一口流利的普通话，这对于她们就业流出是很重要的优势，没有天生的语言障碍，也就杜绝了依附于男性的先天弱势。受到同等的基础教育有利于她们对于新鲜事物的探索和劳动技能的掌握，她们比已婚女性更容易适应现代化生产的流程，能适应加班、出差、应酬等让已婚女性头疼的职业要求。可以说，未婚女性的原生家庭提供的人力资源背景使得她们更能适应就业流出对于劳动力的要求，也更能呼应现代化城市建设对于新型女性的塑造。

第二节　上楼女性与居村女性的比较

南日岛正在经历从传统到现代的变迁，现代社会的利益追求和对城市生活方式的向往激发着南日女离开南日岛到外地工作、生活，也使她们主动或被动地从传统人蜕变为现代人。就业流出的女性，亦称上楼女性[①]，开始表现出明显的现代特征，城市适应能力和市民化水平高于居

① 上楼女性是指在农村原生地的耕地不再耕种或转为其他用途，到城市工作生活的农村女性。本文所指的主要是就业流出的女性，她们不再从事农业生产，在城市有生存和发展的空间，她们的市民化水平高，城市融入意愿强烈。

村女性，并积累了丰富的经济资本、社会资本和文化资本。在就业流出地，错综复杂的人际关系、血缘—族群关系使得主体塑造过程中的差异化和他者化政治被进一步复杂化。她们不仅仅被区分为本地人和外乡人，而且还按照其所属的地方和族群被进一步细分（Lee，1998）。对此，南日岛上楼女性在就业流出地不断磨合、冲突、适应，发展出属于自己的空间格局，并在经济资本、社会资本、文化资本三个维度日益表现出与居村女性强烈的差异性。

一　经济资本的比较差异

调查数据显示，上楼女性的年收入区间主要集中在5万~10万元，占44.4%，3万元以下占25.9%，3万~5万元占25.9%；而居村女性的收入水平相对较低，主要集中在3万元以下，占37.3%，以及3万~5万元，占35.3%，5万~10万元这个区间的较少，占21.6%，由此可见，上楼女性总体的收入水平高于居村女性，上楼女性在就业流出地的收入有着多元化的来源渠道，或经商，或打工，或到公共部门任职，收入渠道的拓展增加了她们的收入来源和收入水平。同时，能够吸引女性就业流出的往往是就业流出地较高的经济发展水平和工资水平，能在就业流出地找到合适的就业机会本身就大大增加了收入的稳定性和获得高收入的可能性。相比之下，居村女性的收入来源较为单一，她们更多是从事海产品的养殖和加工，比如调查中，很多南日女表示，在海带收成旺季，她们一天的收入是150元左右，还包吃两顿饭。这样的收入虽然不错，但是具有明显的季节性，呈现不稳定的状态，每年只有海带挂苗和海带收成的时候才能有这样的就业机会，其他时间更多是赋闲在家，就算有收入机会也远远达不到这样的收入水平。这样一来，居村女性的收入机会有限，收入水平则相对较低。

同时，上楼的南日女在城市找到工作后，都能以勤劳肯干的工作态度为自己和家庭增加经济资本，实现家庭收益的增长，具备区别于居村女性的经济基础，也为逢年过节衣锦还乡积累良好的物质储备。而这也是上楼女性进城最大的追求和最能炫耀的资本。就业流出的女性，获得了较多的就业机会和多元化的收入渠道，而且交往范围的扩大，增加了她们寻求经济基础较好男性的可能性。她们通过婚姻迁移和与本地人联姻等方式实现了向上流动，所拥有的有形无形的经济资本总量高于居村女性，这在一定意义上造成了上楼女性对居村女性的“有效歧视”[①]。上楼女性在城市的工作生活使其日益市民化，她们已经无法适应原生地农村的生活方式，经济资本的优越感增加了她们歧视居村女性的心理感受，也促使她们更加需要通过夸富宴或礼物交换等方式表现自己在经济资本上的比较优势和市民化后果的优越感。而无论是宴请还是送礼，都要有丰富的经济资本作为基础，上楼女性每次“显摆”的过程都要以耗费经济资本作为代价，这也是她们对于居村女性“有效歧视”所造成的损失。在调查中，不少上楼女性表示，按照南日岛的风俗，春节送礼一般送烟、酒和鲍鱼，而这些奢侈品到春节时候肯定会涨价，这增加了她们礼物交换的投入金额。尤其是很多上楼女性，常年在外工作，只有春节才有机会回家，因此喜酒和满月酒常安排在春节才操办，经常出现今天办喜酒明天办满月酒的状况，而村里就业流出的上楼女性又占有很大的比例，这样一来，春节那几天，同村或同姓氏的岛民往往从村头吃到村尾。上楼女性在此时也要撑足了面子，不惜花重金进行夸富宴的表象仪式。以鲍鱼为例，平时 80 元一斤的鲍鱼（以 15 个一斤来算），到了春节就是 150 元一斤，而一斤十个，或一斤八个，甚至一斤三个的鲍鱼，单价就更高。烟和酒更是宴请的必备之物，南日岛的习惯就是在家请客吃饭，鲍鱼是请客必备的美食，且不论其价格不菲，单单烟酒的消费就可见一斑。敬烟是岛民交往的寒暄工具，宴请前都要发两根烟作为见面礼或宴请后的感谢礼。经济条件好的宴请者就会选择送中华烟，每次赠送一包烟作为礼物，以显示家庭雄厚的经济资本。由此可见，上楼女性通过夸富宴和送礼的方式表现出对于居村女性的“有效歧视”，在给自己带来经济消耗的同时，也调整了上楼女性在村里的地位结构和利益格局。

二 社会资本积累的行动自觉

在城市工作生活的过程中，南日岛上楼女性与城里人交往、沟通，日益得到城里人的认同，她们有着更为强烈的城市融入的意愿，她们在内心深处已然将自己当成城里人，追求城里人的生活方式和消费理念，逢年过

① 加里·S. 贝克尔用有效歧视的概念解释白人对黑人的歧视有可能减少黑人的收入，使其蒙受更多的损害，但也会相应减少白人的自身收入。报复性歧视不仅于己不利，而且会使自己的境况更加恶化。参见〔美〕加里·S. 贝克尔：《人类行为的经济分析》，格致出版社，2011，第 25 页。

节回南日岛也像是一场衣锦还乡的仪式，她们在外表、穿着以及内心世界，都自觉地与南日岛居村女性划清界限，以体现她们是见过世面的城里人，这也间接促使交往网络的异化，原来长期基于血缘和宗族关系建立的稳固的人际关系网络被打破，异化为以就业流出和居村固化为分界点的子关系网络，就业流出女性形成的交往圈代表着现代化的元素和工具理性，她们更能在某些方面达成共识和相同的理解，在特定的时候该交往圈还能成为获得个人所需资源的工具，这在春节拜年网的调查中可见一斑。在个案访谈中，当问到“您在春节时常给哪些人拜年”（多选），除了“亲戚朋友”这一为所有被调查者都认可的选项外，上楼女性选择“在外工作和生活的人”占52.8%，其次为“在外工作的公职人员”，占46.3%。说明上楼女性的交际网络更加理性化和工具化，春节的夸富宴和礼物交换也主要围绕这些群体展开。由此，上楼女性在春节拜年时就是通过该交往圈积累了社会资本，开春找工作的时候可以通过网络成员的介绍和引荐寻求到合适的就业机会。这样一来，交往网络得以构建，上楼女性可以获得嵌入在网络中的资源，掌握了日后进一步发展的社会资本。在调查中，笔者就发现，南日岛很多上楼女性热衷于在春节拜访在同一个就业流出地工作生活的同乡，通过宴请、闲聊、互留联系方式等途径，建构更加广泛的交际网络，而南日岛很多人在外从事承包医院的生意，他们也希望能找到知根知底的同乡作为医院的管理人员来处理医院的日常事务，很多从事医院承包生意的岛民经常是在春节返乡时物色到合适的合作伙伴的。上楼女性对于交往对象的有效选择使得她们有更多机会接触潜在的生意合作者或雇主。不仅给她们自身而且给家庭成员带来更多的就业机会。她们春节时热衷的交往圈成为日后社会资本积累的重要基点。相比之下，居村女性则没有这样的交往意识，她们交往沟通的目的更多是为了满足自己对于外界的好奇心，而且她们交往的习惯已经养成，主要局限于亲戚、邻居等强关系群体，对于弱关系交际网络的营造还没有形成自觉的惯习。交际网络的局限使得居村女性难以获得太多网络中的社会资本，与上楼女性在比较中处于相对弱势。

三　人力资本的比较优势

文化素质和培训状况是衡量文化资本的重要标准，农业内卷化和农村资源的有限性使得高素质女性不愿囿于农村环境而选择到城市发展，她们通过获得更高的受教育机会积累了丰富的人力资本，通过求职和婚迁等方式留在城市实现向上流动，并不断地市民化并融入城市。一般而言，能顺利实现就业流出的女性，往往具备较高的文化素质和技术水平，本调查的相关数据也支持了这样的结论。在调查中，笔者发现上楼女性具有高中和中专文化程度的占 19.3%，具有本科及以上的占 38.1%；居村女性初中及以下所占比例较大，为 63.0%，具有高中和中专文化程度的占 10.9%，具有本科及以上学历的只占 8.6%。通过进一步的交互分析还发现：上楼女性与居村女性在受教育程度上存在显著差异（$X^2=44.420$，df = 3，sig = 0.001）。可见，上楼女性的整体文化程度还是要高于居村女性。上楼女性能在就业流出地生存、工作并定居下来，得益于其有着良好的受教育背景，使之能在竞争激烈的异地得到比较优势并脱颖而出。

“工作技能并不是可以直接转让的，所以需要通过一般的或针对特定工作的培训和劳动力市场信息的获取来进一步加大对人力资本的投资”（雅克·普特，1993）。在本调查中，当问到“您目前是否有国家承认的专业技术职称”？上楼女性拿到初级职称的占 23.8%，拿到中级职称及以上的占 12.6%；相比之下，居村女性很少有拿到专业技术职称，有拿过专业技术职称的仅占 6.7%，还主要局限于在南日岛从事小学教育的教师或担任镇（村）干部的女性。通过进一步的交互分析还发现：上楼女性与居村女性在专业技术水平上存在显著差异（$X^2=8.027$，df = 3，sig = 0.091）。可见，上楼女性的专业技术水平高于居村女性。为了能在城市职场竞争中生存下来并获得较好的工作机会，她们必须不断提高个体综合素质和专业技术水平以胜任工作环境的要求，现代社会的日新月异也使得不断提升自己成为上楼女性普遍的共识。相比之下，居村女性则没有这样的压力，南日岛传统的生活方式造就了她们原生态的生存观念，劳动技能也主要是沿袭传统的方式方法，没有与时俱进提升个体能力素质的紧迫感。

四　文化资本生成的市民化差异

布尔迪厄指出，社会场域中存在着文化资本，是借助不同的教育行动传递的文化物品，成为区分场域内行动者的分类标准和基本原则。行动者在特定场域内的地位和发展状况取决于其文化素质与场域内文化资本的契合程度，以此判断行动者所处的社会地位。而行动者的整体素质高低和认知水平则受制于所隶属的阶层等级、社会制度、家庭文化等多重因素。同时，文化资本还分为身体化形态，表现为精神和身体的持久性形式；客观形态，表现为工具、书籍、机器等文化商品形式或理论体系；制度形态，表现为客观的体制结构三种基本形式。文化资本还代表着规制行动者整体素质的文化因素。比如就业流出的南日女，在就业流出地实现了个体市民化，就要受制于流出地的文化资本，她们的身体受到文化资本的潜移默化，得到直接或间接的隐蔽性继承和传递，使其日益从农村人转变为城里人，实现身份的蜕变，上楼女性整体素质与文化资本的契合程度，决定着她们的市民化水平。调查中，笔者发现一个关于市民化价值观冲突的典型个案。

个案14：雪芳，33岁，目前居住在福州市区某小区。

林雪芳是典型的南日岛上楼女性，中专毕业后留在南日岛的小学任教，结婚后跟随丈夫到福州工作，最近刚刚入住新房。她所居住的小区，是本地人和外地人混居的小区，作为南日岛的上楼女性，雪芳常有着自认为可以张扬的骄傲，每次回南日岛都能成为家人炫耀的谈资。但自从雪芳的母亲到福州小住以后，就出现了一系列家庭矛盾。比如，她所居住的小区每个季度都要征收物业费，雪芳按时交纳物业费已经成为惯习，但这对于在南日岛土生土长的母亲来说是不可理解和接受的事物。无论物业的工作人员如何磨破嘴皮母亲就是执意不交，她认为女儿一家花一百多万买的房子没必要继续交纳其他的费用，而且还将农村的老乡观念带入具体行动中，动员邻居也抵制交物业费，并指责物业不打扫好卫生，以此作为不交物业费的论据。在雪芳交纳物业费后，母女的矛盾升级，母亲觉得这笔钱交得冤枉，购房时已经交清房款了为何时不时还要再交钱，而雪芳觉得交物业费是当时购房合同上写明的，自己有义务交纳物业费。尽管存在分歧，但雪芳的母亲还是认了。不过，随着时间的推移，雪芳发现母亲经常往物业跑，家里的电暖器坏了，母亲直接拎给物业修，一开始物业还勉为其难，找电工帮忙修理了，而且家里的垃圾母亲都要放在门口，不拿到楼下的垃圾桶里，她的理由是，我都交了物业费了，清理垃圾是物业应该做的。还有从南日岛带来的鸭子，吃不完就暂且养在阳台上，给邻居家带来一定的困扰。对此，雪芳做过很多工作，但就算如何解释母亲还是听不进去。于是，诸如此类的冲突时不时都在上演。

从该典型个案可以看出，雪芳是南日岛典型的上楼女性，能适应城市生活，实现城市融入和市民化，而她的母亲则是南日岛的居村女性，带着浓厚的农村价值观难以融入城市的文化资本，市民化程度的错位和文化隋距导致母女价值观的冲突。可以说，农村社区建构的文化资本建立在宗族、血缘关系、地缘关系、互助关系、差序格局、辈分伦常的关系网络基础上，共享一套最基本的价值观，且违反该价值体系会受到村庄舆论的压力，因此，农村文化资本能够维持农村的和谐稳定与人际关系的协调，居村女性身处此文化资本中潜移默化得以规训并形成内化的价值观念。相比之下，上楼女性的市民化程度高，她们已经过了刚进入城市时文化震惊所带来的心理不适，早已适应城市文化资本带来的生活方式的改变，城市文化资本以地缘关系和利益关系为基础建构的价值观念形塑着她们的思想认知和行为模式，她们能够顺从于相应的规则并保证惩罚的有效性，践行集体共同意识。

由文化资本所衍生的市民化差异在上楼女性和居村女性中主要体现为自我认同、态度偏好和发展意愿三个方面。通过对上楼女性与居村女性和市民身份认同的交互分析发现，上楼女性和居村女性在市民身份认同上存在显著差异（$X^2=8.670$，df = 3，Sig = 0.000）。上楼女性认为自己是农村人的比例为58.2%，而居村农民的这一比例为82.5%；上楼女性认为自己是半个城市人的比例是31.6%，而居村女性的这一比例为16.2%；上楼女性认为自己是城里人的比例为10.2%，而居村女性的这一比例为1.3%。可见，对于“自己是哪里人”的自我认知，体现社会分类或话语框架中完成自我主体身份建构，实现自我身份认同的结果。自我认同越向市民靠近，代表着市民化水平更高。上楼女性对于自己的城市身份认同的比较优势，表明她们比居村女性有着更高的市民化水平，在城市现代语境中有着更为强烈的认同感。在对态度偏好的调查中，当问到“您对城市的工作和生活方式的态度如何?”，回答“喜欢”的上楼女性占62.1%，回答“不喜欢”的占29.3%；而居村女性的这一比例则为43.8%和46.3%。通过交互分析显示，卡方检验的显著性水平较高（$X^2=4.376$，df = 2，Sig = 0.009）。可见，上楼女性和居村女性对于城市工作生活的态度还是有显著差异的，有43.8%的居村女性回答“喜欢”，说明居村女性也同样向往城市的工作生活方式，但她们业已习惯农村的生活方式，出于对城市快节奏和城市融入的心理障碍，她们还是不愿意轻易尝试进入城市工作生活，回答“不喜欢”的比例也较高，占46.3%，这反映了居村女性又接纳又排斥的矛盾的态度偏好。在对发展意愿的调查中，当问到“您希望自己以后在哪里继续生活?”，上楼女性选择在城市的比例为73.6%，她们还是愿意维持现在的发展轨迹，对她们来说，在城市工作生活的经历使得她们已经难以回到农村，她们已经自觉在心理认可和接受城市的文化资本。相比之下，居村女性选择在农村的比例为46.1%，对于她们来说，城市的生活确实具有强大的诱惑力，她们也希望能在城市获得属于自己的发展空间，但出于对家庭、原有生活方式的留恋，她们中很多人还是愿意回到农村发展，或者就业流出后又就业回流到原生地，对农村生活的强烈归属感使她们牢牢依附于农村。通过进一步的交互分析可以看出，上楼女性和居村女性在未来发展问题上没有显著差异（$X^2=8.304$，df = 2，Sig = 0.098），她们都对城市有着强烈的好奇心和发展趋向性，只是在日后养老阶段才产生居住意愿的分化，上楼女性有更多比例愿意留在城市，而居村女性更愿意回到农村。

第三节　就业流动的性别比较

一　就业流动基本状况的性别差异

一般而言，男性外出打工比女性多（郑杭生，2007；蔡昉，2000；刘晓昀，2011）。农村中平均每户有0.7个男性劳动力外出打工，而女性只有0.35个。从家庭比例来看，男性外出、女性在家的留守妇女家庭占26%，女性外出、男性在家的家庭只占3%；从男女就业流动的比例看，男性劳动力外出打工的比例为60.46%，女性仅为38.10%；从男女就业流动的年龄来看，外出女性平均年龄要比男性低，为33岁，男性则为36岁（刘晓昀，2011；蔡昉，1997）。

就业流动的内在特征也存在明显的性别差异。根据第三期妇女社会地位调查的数据，从职业类型来看，女性更多从事普通无特殊技术的工作，如服装业、家政服务业、饭店商店服务业等等，占63.91%，而男性只有45.10%，还有相当部分从事技术人员工作，如医生、工程师、司机等等，占30.72%；从行业种类来看，男性在建筑业、工业、商业领域居多，分别为22.92%、21.59%、14.29%，而女性在工业、商业、公共饮食业领域居多，分别为29.27%、20.73%、9.76%；男性外出距离更长，往往选择离家乡较远的地点，而女性选择的地点往往在本县范围以内，至于省外的就业流动，男女则无明显差异；男性往复式流动的比例也高于女性，男性农忙时回家比例要高于女性，或者打工时请假回家，或者在家务农再外出打工；女性就业流动的平均年限往往低于男性，一般情况下，常是男性先外出，女性再跟着外出；男性就业流动的收入比女性高；男女就业流动的地点分布中，东部的男女比例差距小，而中西部男女比例差距大；在就业回流中，女性参与家庭非农经营的人数多于男性，主要从事家庭加工生产、商贸经营（刘晓昀，2011）。从事非农经营的农户中，女性家庭成员参与的比例高于男性，女性更多地在家中从事家庭经营活动，且往往是子女数较多、年龄较大的女性。此外，除种植技术外，1/3 的农村妇女掌握一门以上的非农实用技术，目前农村女性主要从事非农劳动的比例为 24.9%，男性为 36.8%，比 2000 年分别提高了 14.7% 和 17.9%；在主要从事农业劳动的同时，还从事其他有收入劳动的农村妇女占 14.5%。外出务工拓宽了农村妇女的视野和见识，非农就业能力明显增强，有外出务工经历的回流妇女从事非农劳动的比例达到 37.8%，比从未外出务工的农村妇女高 16.3%（第三期中国妇女社会地位调查课题组，2011）。本调查中关于单位类型的调查数据也支持就业流动状况的性别差异。其中，男性主要从事农林牧副渔，国家机关、党群组织、企事业单位负责人，办事人员的职业，女性主要从事农林牧副渔，个体劳动，商、饮、服等职业（见表 5-4）。说明女性主要还是从事低技术含量的工作，所从事的工作较不稳定，相对于女性，男性更多从事技术含量高的工作，且在南日岛上以及外地担任办事人员等其他公职人员的人数也较多，就业回流人员有相当部分男性从事农林牧副渔这类捕捞、海产品养殖工作，赚取到可观的收入。

表 5-4 被调查者职业类型与性别的分布情况

单位：人

		性别		合计
		男	女	
职业类型	各类专业技术人员	17（11.3%）	20（9.8%）	37
	国家机关、党群组织、企事业单位负责人	34（21.1%）	3（1.5%）	37
	生产运输工人	0（0.0%）	9（4.5%）	9
	办事人员	34（21.1%）	6（3.0%）	40
	商、饮、服工作人员	0（0.0%）	47（23.2%）	47

续表

		性别		
		男	女	合计
	个体劳动者	25（15.8%）	54（26.2%）	79
	农林牧副渔劳动者	49（30.7%）	65（31.8%）	114
	其他劳动者	0	0	0
合计		159	204	363

从单位类型看，南日岛就业流出的男性很多在党政机关、国有企业、事业单位等公职部门任职，占就业流出男性的36.48%，这主要是出外求学并在外地就业的人员，受教育水平和整体素质普遍较高。除此还有自己创业、开店、做生意，甚至是办企业（见表5-5）。而就业回流的男性则主要从事个体经营，进行海洋渔业捕捞、海产品加工等行业。特别是2013年，莆田市委市政府发布了《关于加快推进南日岛海洋牧场建设的决定》①，该决定按照“两核一带”的总体布局，推进南日岛海洋牧场建设，打造省级海洋经济综合开发试验区。按照“一年全面启动，三年拉开框架，五年实现跨越”的发展目标要求：到2014年，海洋牧场建设工作全面启动，完成海洋牧场建设规划和试验区产业发展总体规划，发挥规划引领作用，南日群岛及埭头半岛沿海公路、码头基础设施等支撑体系建设取得重大进展，为海洋经济综合开发试验区建设打下坚实基础；到2016年，海洋牧场建设将初具规模，以海洋牧场为基础的海洋经济综合开发试验区建设步伐加快，试验区“一区多园”的开发格局初步形成，建设面积达300平方公里；现代海洋渔业、海洋新兴产业和海洋

① 《决定》拟着力打造两大海洋产业核心区。建设海洋生态渔业发展核心区，以南日岛及平海湾海域为载体，依托风电产业，重点发展海洋养殖，探索海上风电场与海洋牧场建设相结合的开发模式，建设全省乃至全国规模最大的海洋牧场生态养殖基地；着力打造海洋文化创意核心区，依托湄洲岛妈祖文化，整合南日岛生态岛屿群，创新海岛开发模式，发展海岛旅游及文化创意产业，积极引进台湾文化创意资源，加快妈祖文化的推广和传播。着力构建海洋经济发展带。以埭头半岛为中心，依托兴化湾、平海湾，实施陆岛联动开发，拓展海洋牧场建设空间，打造形成全新的沿海海洋经济发展带，作为连接南日群岛、湄洲岛与大陆的纽带。依托南日岛水道和兴化湾的全面开发，在埭头半岛建设现代物流园区，重点发展以海洋渔业物流为主的专业物流产业；依托平海湾优越的生态环境条件，大力推进海洋健康产业园建设，重点发展海洋保健品研发制造、高端医疗咨询服务、疗养旅游、海上健康运动等产业。

服务业加快发展，海岛开发稳步推进，海洋经济总产值将达300亿元；到2018年，将建成1000平方公里现代海洋牧场，形成“北有獐子岛，南有南日岛”的海洋牧场建设示范基地，试验区成为莆田、福建对外开放合作的全新载体和海洋经济新增长极，海洋经济总产值将达1000亿元（东南网，2013）。如此的天时地利加快了南日岛未来的发展，也为南日岛民回乡创业和就业回流提供了很好的就业环境和政策语境。在调查中，很多被调查者表达了回乡创业和就业回流的热情，他们对于南日岛日后的经济和政治环境持积极乐观的态度。可以预见，未来南日岛民，无论男性还是女性，就业回流的可能性将大大增加。

表5－5　被调查者单位类型与性别的分布情况

单位：人

		性　别		
		男	女	合　计
单位类型	党政机关	26（16.4%）	7（3.4%）	33
	国有企业	24（15.1%）	15（7.4%）	39
	事业单位	26（16.4%）	21（10.3%）	47
	私营企业	9（5.7%）	51（25%）	60
	外资合资企业	0（0%）	22（10.8%）	22
	个体经营	74（46.4）	88（43.1%）	162
	其他	0（0%）	0（0%）	0
合　计		159	204	363

本书所获得的调查数据也凸显了男女两性的性别差异。从表5－6可以看出，性别差异对于就业流动意愿有显著影响，其中自由度df=1，卡方检验值为0.013，说明在0.05的置信区间有显著意义，男性和女性在就业流动方向上有显著差异，且具有推论意义。男性更愿意就业流出，女性更愿意就业回流。其中，被调查的363个样本中，男性就业流出的有109人，占男性被调查者的68.4%，女性就业流出的有119人，占女性被调查者的58.2%；男性就业回流有50人，占男性被调查者的31.6%，女性就业回流有85人，占女性被调查者的41.8%（见表5－6）。调查中还发现，就业流出的男性中，有一部分是出境到澳门、香港、意大利、新加坡一带打工、做小商品或服装等轻工业贸易，也有做建筑业的。但就业流出的女性则主要在国内，比

如莆田、厦门、福州、广东、东北一带，比如浮叶村的女性主要在晋江从事捕捞和海产品加工，其他村的女性很多跟随丈夫到省外办医院，做钢材、木材贸易等等。

表 5－6　就业流动意愿与性别的交叉表

单位：人

	男	女	合 计
就业流出	109（68.4%）	119（58.2%）	228
就业回流	50（31.6%）	85（41.8%）	135
合 计	159（100%）	204（100%）	363

X^2 =8.710，df=1，sig. =.013

当然，在此过程中，也有人口从外地流入到南日岛的。比如在调查中，岛民反映有很多外地人来南日岛养鲍鱼，为承包鲍鱼池的本地人打工；或者从事建筑业的施工队，主要来自惠安，从事水泥浇灌、钉模板等工序；也有部分从事水果贩卖生意，主要来自安徽省和河北省，因为他们的水果来自于北方，进价便宜，比本地从莆田进货的垄断价格低，而且他们吃苦耐劳，在南日岛创业初期都住在货车上，对南日岛的民生事业也有着一定程度上的促进作用，但就业流入南日岛的人口相对还只占一小部分①，尚未形成集群类聚现象。

二　迁移决策的性别差异

蔡昉通过实地调查发现，与男性相比，女性的迁移动机更接近于以发展为主，而不是生存所迫（蔡昉，2000）（见表 5－7）。调查将女性分为对家庭总收入负较大责任的大龄和已婚女性，以及家庭对其贡献率要求不高的年轻和未婚女性。对于前者主要比较其迁移前和迁移后的收入，前者因具有较多的农业劳动经验和家庭角色期待而选择留在本土，而后者具有较少的农业劳动经验，出外工作的预期收入要高于本土的收入，可以实现更多的发展需要，因此后者更多在外地工作。根据迁移决策过程理论，家庭就业流动的策略选择往往是家庭集体决策的结果，并非是新古典经济学理论所假设的个人决断的结果。之所以会存在性别差异，其实就是家庭出

① 约一两千人，由于人员流动频繁，办理暂住证的人口很少，无法精确统计。

于利益最大化的考虑进行的家庭分工或投资策略，如果家庭成员能通过就业流动实现最大利益或者向家里汇款维持家庭开支，那么家庭决策就倾向于促使其实现就业流动，而这样的家庭成员往往是具有较好人力资本的男性（杨云彦，2001）。

表 5－7　迁移动机的性别差异

单位：%

迁移动机	女性	男性	合计
生活所迫，靠在农村挣的钱无法生活	8.1	15.1	13.1
在农村没有工作机会	38.0	32.3	33.9
躲避在农村惹下的麻烦、责任等	1.9	0.8	1.1
在城里能多挣些钱	20.1	34.4	30.3
向往城市的生活方式	11.3	3.4	5.7
为了个人的发展	17.8	9.2	11.7
别人都外出挣钱，本人也想试试	2.1	4.6	3.9
其他	0.7	0.2	0.3
合计	100	100	100

资料来源：济南市抽样调查（1995）

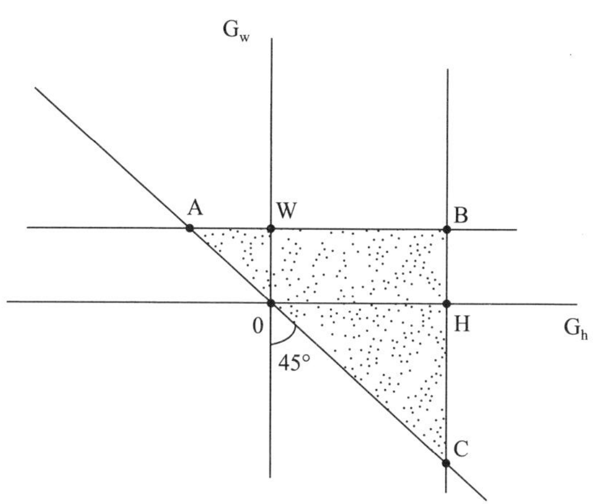

图 5－1　全家迁移的决策模型

蔡昉的实证研究还进一步建立了家庭迁移决策模型以解释家庭的角色地位。他发现一般情况下，当丈夫收入增量为正数，妻子收入增量为负数时，家庭作出迁移决策，即取决于图中 OHC 的面积（见图 5－1），也就是说，无论是传统的男主女从，抑或家庭收入最大化的考虑，决策的结果往往是妻子在家庭中处于从属的地位（蔡昉，1997）。剔除传统家庭角色观念的影响，图中 OHC 的面积大于 OAW 的面积，说明就业流动中男性的收入水平和劳动参与程度高于女性，妇女在就业流动中的附属依附地位高于她们的配偶（Hamermesh，Daniel S. and Albert Rees，1993）。

三 就业流动行为的性别差异

列文斯坦的研究发现，短距离的人口迁移中，妇女占主导地位。其他的研究也发现，在相对较为固定的迁移路线的人口迁移中，女性占多数，而在风险较大、尚未形成固定模式的探索性人口迁移中，男性则占多数。从分地区的人口迁移所表现出来的规律看，在亚洲和非洲国家由农村迁往城市的人口迁移中，男性占主导地位；而在欧洲、北美洲和南美洲这些城市化水平较高的国家，在乡城迁移中，女性占主导地位（段成荣，1998）。在中国迁移的性别选择中，在 0～15 岁和 30～65 岁阶段，男性迁移比例要高于女性，而在 15～30 岁及 65 岁以上则是以女性迁移者居多。15～30 岁的迁移人口中，有 60% 是女性。女性低龄化、未婚化倾向较为突出，这主要是源于中国特有的“干得好不如嫁得好”“婚姻是女人的第二次投胎”文化观念，女性常通过婚姻的选择来改变个体命运，在婚姻迁移中，有 88.89% 是女性，其中 15～24 岁年龄段的婚姻迁移中女性高达 96% 以上，婚姻迁移成为经济不发达地区女性永久性迁入较发达地区的最佳选择（郑杭生，2007）。此外，经济发达地区经济的快速发展，尤其是第三产业的发展，也比较适合女性进行职业选择，女性相对于男性更容易在劳动密集型的出口加工业和服务业中找到工作（段敏芳，2003）。笔者在调查中也发现，很多服务行业，诸如餐饮业、足浴城、理发店更愿意接收女性，特别是年龄小的未婚女性。然而年轻的未婚女性常是劳动力供给中的稀缺资源，很多服务部门经常因为招聘不到足够数目的小妹而经营难以维系。相比之下，男性迁移主要源于务工经商、工作调动和分配录用，集中于建筑、搬运和手工业这些第二部门（陈国成，2009）。在就业收入方面，女性净迁移的相对收入弹性也要大于男性（李通屏，2008）。根据男性和女性在不同分析期间所描绘出的累积风险函数曲线可以看出，男性的流动性比女性更强，但二者之间的差异不是很明显（见图 5－2）。

本次调查也支持学界以往的研究结论。根据调查数据得出就业流动类型与性别的交叉表（见表 5－8）。从表中可以看出，性别差异对于就业流

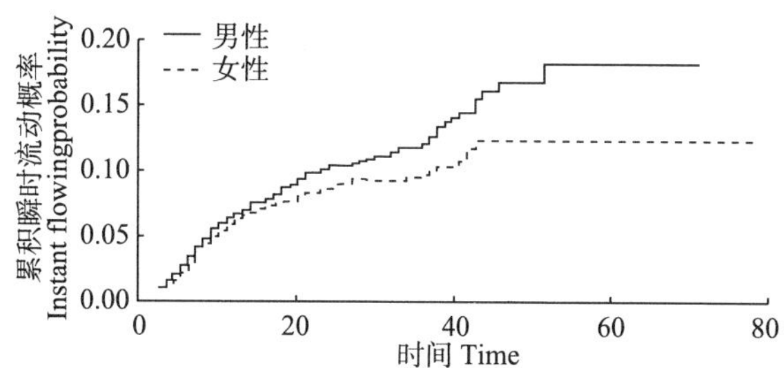

图 5－2　分性别的 Nelsoir Aalen 累积风险函数曲线

注：参见张世伟，赵亮．农村劳动力流动的影响因素分析——基于生存分析的视角［J］．中国人口·资源与环境，2009（4）：102.

动类型有显著影响，其中自由度 df＝2，卡方检验值为 0.056，说明在 0.1 的置信区间有显著意义，男性和女性在就业流动类型上有显著差异，且具有推论意义。其中，男性和女性都更多是固定在一个单位工作，分别占 73.7% 和 47.0%，而女性游移型流动的比例较大，为 30.3%，男性只有 5.3%，可见，相较于女性，男性的工作稳定性更强，女性更容易产生流动和职业不稳定现象。这可能与男性和女性的职业性别期待有关。一般而言，社会和家庭更希望男性在职业上有所发展和成就，男性要承担起养家糊口的家庭经济责任，因此他们对于职业的选择更加慎重，对职业收入、职业稳定性、职业性质的要求更高，往往根据个人的能力和兴趣做出理性的选择；而相比之下，社会对于女性的要求则较为宽容，更希望女性承担较多的家庭责任，这使得女性在职业选择上较为率性，随遇而安。

表 5－8　就业流动类型与性别的交叉表

单位：人（%）

	男	女	合 计
稳定型流动	117 （73.6%）	96 （47.0%）	213
选择型流动	34 （21.1%）	46 （22.7%）	80
游移型流动	8 （5.3%）	62 （30.3%）	70
合　计	159（100%）	204（100%）	363

X^2 ＝5.751；df＝2；sig. ＝.056

通过定义年龄段分别计算流动率和累计流动率，可以呈现平均流动强度的性别差异。杨云彦根据实证调研数据指出，男性和女性在15岁之前的流动强度没有明显的差异，15～24岁女性累计流动强度增长较快，超过男性；24～45岁，男性累计流动率逐渐增长并超过女性，45岁以后，女性流动强度很低，远远落后于男性。可见，男性的流动强度在一生的生命周期中高于女性，女性在社会经济活动、社会地位的参与程度低，在流动过程中常处于从属依附地位（杨云彦，2001）。

四　就业流动结果的性别差异

就业流动后果的性别比较，一个重要的权衡指标就是收入，这也是衡量性别地位的考量标准。在西方发达国家，女性平均工资比男性低30%～40%，在一些第三世界国家，甚至明文规定，工资按性别划分，女性工资只能占男性工资的50%，甚至25%（李银河，1997）。家庭迁移往往会导致女性迁移后的收入水平降低。很多国外的实证数据支持了这样的研究结论，比如1967～1971年间美国的迁移家庭中，丈夫迁移后的收入明显提高，而随迁的妻子收入则下降了；加拿大的调查数据也证明家庭迁移导致妻子收入水平的骤降；瑞典的观察数据也呈现出与美国和加拿大相同的趋势，但还发现那些受教育程度很高的妻子们，迁移后收入水平的降低尤其显著（Holmlund，1984）。而国内学者也利用实证数据发现，男女两性收入差距相当于女性平均月工资收入的40%（钟甫宁，2001）；在我国很多地方农村，老年女性的养老金也低于老年男性，城市女性因为所在的行业、部门与层级的工资性别差异而造成女性工资低于男性。此外，女性的职业层级分布呈现金字塔形结构，高职位女性遭遇玻璃天花板效应，所占的比例小，大部分的女性位于低职位，这也使得女性的整体收入大大低于男性。这样导致的结果是，就业流动中常存在男为主女为辅的状况。美国学者韦茨曼在《离婚革命》中揭示了，夫妻离婚后，妇女与孩子的生活水平平均下降73%，而丈夫的平均提高了42%。离婚后，单身母亲往往陷于贫困，而父亲反而因不再有负担而生活水平提高，使得母亲不得不选择再婚。这些充分说明了女性仍然在一定程度上依赖于男性，尽管女性进入就业流动领域，有属于自己的工资收入，但仍然从属于男性（郑杭生，2007）。结构主义的分析方法认为女性有特殊的社会角色安排，且女性自身受教育程度较低，造成女性在就业流动中常处于弱势地位，要么在非正规部门就业，要么在以家庭为基础的生产单位中从事无偿劳动（生育行为或养育劳动），这虽在一定程度上可以使女性兼顾家庭，但也在工作环境、收入水平等方面造成性别歧视。制度分析学派理论则认为，在一个男性占据支配地位，家庭决策权和资源占有权在男性的社会里，女性只能通过丈夫和儿子间接获得并使用资源，就难以规避就业流动决策中的性别差异（杨云彦，2001）。

在田野调查中，笔者也发现男女两性在就业流动满意度上存在明显的性别差异。笔者以就业流动中的满意度作为衡量指标，建立就业满意度与性别的交叉表（见表5－9），发现工作环境、劳动强度、发展前途不具有统计显著性，其中工作稳定性（$X^2=0.011$）、收入水平（$X^2=0.023$）在0.05置信区间有统计显著性，且具有推论意义。说明男性和女性在工作稳定性和收入水平上存在主观满意度上的差异。调查中，61.1%的男性对目前的工作环境表示“比较满意”，72.2%的男性对劳动强度“比较满意”，55.6%的男性对工作稳定性“比较满意”，但对收入水平和发展前途则反映较为“一般”，分别为55.6%和44.4%。相比之下，女性对工作环境、劳动强度、工作稳定性、收入水平的满意度集中在“比较满意”和“一般”两个评价层次，从总体上低于男性，女性尤其在劳动强度、发展前途上反映一般，分别为45.5%和43.9%，说明女性的职业选择更多是权宜的临时性工作，职业声望和职业层级低于男性。而且，调查中笔者也发现，女性就业满意度的主观评价高于男性，尽管女性与男性有同样的收入水平或劳动强度，女性似乎更为宽容，就业满意度的评价标准要低于男性。而事实情况是男性的就业满意度还是要高于女性，这更加充分说明了即使女性更加宽容，主观判断要求更低，但在工作环境、劳动强度、工作稳定性、收入水平、发展前途等现实层面的实际状况还是远远低于男性。还是有相当部分女性在就业过程中遇到性别歧视、“同工不同酬”“玻璃天花板”等问题。

表5－9　就业满意度与性别交叉表　（N＝363）

	df	卡方检验值
收入水平	4	0.023
工作环境	4	0.491
劳动强度	4	0.338
工作稳定性	4	0.011
发展前途	4	0.897

第六章
女性就业流动的影响模型与解释分析

南日女就业流动的影响因素中，个体控制变量、家庭经济发展能力变量、社会性别系统变量从三个维度影响女性就业流动的意愿和满意度，其中既有直接的影响，也有间接的影响。而该影响的作用及途径是否存在，影响程度如何，都需要通过调查数据进行检验。对此，本书分别从三个维度来验证前文所提出的假设，探讨个体控制变量、家庭经济发展能力变量、社会性别系统变量如何影响就业流动的两个维度，并运用相关的社会学理论和调查中的典型个案对数据结果加以解释和升华，以此获得更感性生动的理解和认识，希冀从定量和定性两个研究方法上对南日女就业流动的影响机制有深刻的阐述。

第一节　基于多元回归分析的解释模型与实证结果分析

一　南日女就业流动的解释模型与因子分析

（一）就业流动意愿

由于作为因变量的就业流动意愿是定类变量，故采用二元 Logistic 回归模型，其中，作为因变量的就业流动意愿 Y_1 中，“就业流出”赋值为“1”，“就业回流”赋值为“0”，自变量的年龄、文化程度、是否党员、婚姻状况、户口性质、7 周岁以下子女数用 x_1、x_2、x_3、x_4、x_5、x_6 表示，代表回归模型的协变量影响 Y_1 的取值，Logistic 线性回归模型为：

$$p = \frac{\exp(\beta_0 + \beta_1 x_1 + \cdots + \beta_k x_k)}{1 + \exp(\beta_0 + \beta_1 x_1 \cdots + \beta_k x_k)} \tag{6.1}$$

（二）就业流动满意度

由于就业流动的满意度是定距变量，因此对其分析采用多元线性回归模型，确定被访者的个体控制变量（年龄、文化程度、是否党员、婚姻状况、户口性质、7周岁以下子女数）、家庭经济发展能力变量（家庭经济资本、家庭人力资本、家庭社会资本、家庭自然资本和家庭政治资本）、社会性别系统变量（传统性别观念、父权制、性别角色期待、社会性别话语）为自变量，并分别以就业流动的意愿和就业流动的满意度为因变量，探讨自变量中诸因素与因变量的相关关系和影响程度，运用多元线性回归分析建立模型，故采用的数学模型如下所示，用来解释因变量与多个自变量之间的线性关系：

$$Y = \beta_0 + \beta_1 x_1 + \beta_2 x_2 + \cdots + \beta_p x_p + \varepsilon \ (i = 1,2,\cdots,n) \qquad (6.2)$$

公式（6.2）表示一个 p 元线性回归模型，其中有 p 个解释变量。该公式表明被解释变量 y 的变化由两部分组成：第一，有 p 个解释变量 x 的变化引起 y 的线性变化部分，即 $\beta_0 + \beta_1 x_1 + \beta_2 x_2 \cdots + \beta_p x_p$；第二，由其他随机因素引起的 y 的变化部分，即 ε 部分，为随机误差。β_0，β_1，β_2，…，β_p都是模型中的未知参数，分别为回归常数和偏回归系数。则多元线性回归模型的方程表示为：

$$E(y) = \beta_0 + \beta_1 x_1 + \beta_2 x_2 \cdots + \beta_p x_p \qquad (6.3)$$

其中 β_0是模型的未知参数，为常数项，β_1，β_2，…，β_n是回归系数，表示诸因素 x_{in}对 Y 的贡献量，ε 为随机误差。

就业流动的满意度 Y 分为工作环境、劳动强度、工作稳定性、收入水平、发展前途五个维度，本书将数据用自陈量表进行测量，根据主观判断由低到高分别赋值为 1、2、3、4、5、6、7。我们采用 KMO 和 Bartlett 方法来检验这五个维度的题项是否适合进行因子分析，结果得到 KMO 值为 0.624，说明题项间的共同因素很多，且 Bartlett 球形度检验的 sig 值为 0.000，达到显著水平，因此这些题项适合进行因子分析。我们对这些变量采用主成分分析法提取公因子，并删除掉系数小于 0.5 的小载荷量变量，在经过具有 Kaiser 标准化的正交旋转法得到两个因子，根据每个因子所包含变量的共同性质，分别命名为“生存型就业流动满意度”和“发展型就业流动满意度”，其中，“生存型就业流动满意度”主要包括工作环境满意度、劳动强度满意度、工作稳定性满意度；而“发展型就业流动满意度”主要包括收入水平满意度、发展前途满意度（见表 6-1）。

为了检验前文提出的假设，我们分别将生存型就业流动满意度、发展型就业流动满意度这两个公共因子作为因变量，将个体的年龄、文化程度、是否党员、婚姻状况、户口性质、7 周岁以下子女数作为个体控制变量。由于因变量是定距变量，故建立多元线性回归模型进行分析。

表 6－1　就业流动满意度的旋转因子矩阵

	生存型就业流动满意度	发展型就业流动满意度	提取公因子方差
工作环境满意度	0.668		0.560
劳动强度满意度	0.758		0.532
工作稳定性满意度	0.733		0.556
收入水平满意度		0.748	0.782
发展前途满意度		0.516	0.659
特征值	3.240	1.656	
解释的方差	46.65%	20.36%	33.56%

提取方法：主成分。

旋转法：具有 Kaiser 标准化的正交旋转法。

表中已删除的系数为小于 0.5 的因子负载值。

二　南日女就业流动的多元回归模型

（一）个体控制变量

在个体控制变量上，本书构建三个多元回归模型进行分析，分别为女性就业流动意愿模型、生存型就业流动满意度模型、发展型就业流动满意度模型。

1. 个体控制变量对就业流动意愿的影响

在模型Ⅰ中（见表 6－4），从被访者的个人特征变量来看，文化程度和户口性质对就业流动意愿在 0.01 的置信水平上具有正向的统计显著性，显著性概率分别为 0.005 和 0.002。说明文化程度和农业户口对就业流动意愿的影响强度还是比较大的，随着文化程度的提高，就业流出的可能性比就业回流的可能性大，文化程度的取值每增加一个单位，就业流出的概率增加 0.513 倍（Exp（β）＝1.513）。这充分说明了文化程度较高的女性，能够在就业竞争中占据有利的地位，她们更愿意到外面的世界去实现自我的价值，而且凭着较高的文化素质，她们找到合适工作的机会较大。在调查中发现，很多南日岛女性一旦出岛求学，基本上能适应城市的工作节奏和生活方式，她们早已融入城市生活，迫切需要在城市中找寻到属于自己的空间，留在城市成为“城里人”是她们追求的梦想。对她们来说，已经很难适应南日岛的生产和生活状态了。此外，从多元回归模型可以看出（见表6－4），农业户口比非农业户口就业流出的可能性大，回归系数为1.596，说明有农业户口的岛民更倾向于就业流出。在南日岛的调查还发现，很多人力资本较高的女性，或者家庭禀赋较强的女性，往往能凭借先天的有利条件获得非农业户口，她们往往在镇上从事稳定体面的工作，而具有农业户口的女性，由于南日岛特殊的“出嫁女”习俗，她们难以从原生家庭分到属于自己的土地或海域，也就失去了成为农民的可能性，她们只能靠给别人打零工谋生，直到结婚后才能从丈夫家庭获得属于自己的土地或海域，但也要看到，不是每个拥有农业户口的女性都能有地耕种、有海域捕捞的，她们出于家庭利益最大化的考虑，常会选择就业流出以获得更多的经济收益，因此，就业流出的可能性大大增加了。

年龄和是否党员对就业流动意愿在0.05的置信水平上具有统计显著性，说明年龄和是否党员对就业流出有着显著的负向影响，年龄的标准值每增加一个单位，就业流出的概率就减少27.7%。这可以用个体生命周期予以解释，15～24岁的年龄段未婚女性有着强烈的就业流出倾向，25～55岁年龄段的已婚女性就业流出的可能性降低，而55岁以上的女性为了承担隔代抚养的义务而选择外迁，由此呈现出倒“U”形的分布。是否党员也对就业流出有着显著的负向影响，有着党员身份的女性就业流出的概率减少59.2%，说明党员更倾向于就业回流，而非党员倾向于就业流出，调查中发现，留在南日岛上工作的女性很多从事小学教师、镇政府工作人员、村干部之类的工作，这些工作的性质有着党员身份的要求，因此党员的比例较高，而就业流出的女性，从事的工作多元化，并不是每个工作对党员身份都有硬性要求的，因此党员比例相对较低。

2. 个体控制变量对就业流动满意度的影响

在模型Ⅱ中（见表6－4），调整后的R^2为25.6%，说明模型的拟合优度较好，可以判断个体控制变量与生存型就业流动满意度之间有较显著的线性相关关系，自变量x可以解释因变量y的25.6%的差异性。从被访者的个人特征变量来看，除了年龄、党员身份和婚姻状况在0.01的置信水平上不具有统计显著性外，文化程度和户口性质具有统计显著性，统计显著性概率分别为0.000和0.002，说明文化程度和户口性质对于生存型就业流动满意度有一定的影响。其中，文化程度的标准化回归系数为0.587，说明随着文化程度的提高，生存型就业流动满意度也相应提高。正如布尔迪厄所言，身体呈现出一种文化资本的形式，文化资本通过身体的形式时时在制造着差别，教育即在于培育规范内化的身体，从而再生产出社会规范。因此，社会的生产和再生产就集中在于身体之上了。教育过程也使得身体接受权力规训，使个体服从于制度和权力，并接受他们。学校保证文化资本的效益，并使得文化资本的传递合法化，子代通过父辈赋予的教育资源以证明其天赋和业绩，并使之合法化。因此，文化程度高的女性生存型就业流动满意度较高，她们更容易获得工作机会，可供选择的单位类型和职业类型较多，对于工作环境、劳动强度和工作稳定性的满意度较高。第二个具有统计显著性的自变量是户口性质，其标准化回归系数为 0.303，说明拥有非农户口的女性更有利于其生存型就业流动满意度的提升，这突出表现在对于工作环境的满意度上，一般而言，拥有非农业户口的女性更容易在城镇找到工作，很多用人单位出于员工稳定性的考虑，更愿意招收本地人，特别是负责会计、财务工作的员工，用人单位认为选择本地人更加稳妥，减少各种风险。而且对于女性来说，结婚后面临着抚养子代、赡养老人的角色任务，本地人往往有着广泛的血缘、业缘等网络体系，多少可以减轻家庭负担和获得其他成员的支持，因此她们的工作稳定性较强，没有特殊原因一般很少被“炒鱿鱼”。可见，这样一个错综复杂的结构网络有利于她们在求职网络中占据较好的地位和优势。相比之下，拥有农业户口的女性流动性较强，增加了用人单位进行职业培训等再社会化方式的成本，她们离职的可能性也较高，用人单位出于风险性的考虑而尽量选择本地户口的女性。

在模型Ⅲ中（见表 6－4），除了文化程度对于发展型就业流动满意度在 0.05 的置信水平上具有统计显著性外，其他变量都不具有统计显著性，而文化程度的标准化回归系数为 0.337，说明具有较高文化素质的个体，有着更长远的发展前途，更稳定的职业状态，更可持续的就业质量。这也使得很多女性为了实现较高的就业流动质量，就要提升自己的个体素质，并在一定程度上带动家庭去性别化的人力资本投资、社会资本运作等的发展，促使个体—家庭—社会的有效联动。

（二）家庭经济发展能力变量

本书所涉及的女性就业流动的外在影响因素首先是家庭经济发展能力变量，以设计好的 18 个问题进行调查，并按照被调查者的主观判断和肯定态度分为完全不同意、不同意、部分不同意、不确定、部分同意、同意、完全同意七个选项，通过对各个选项的赋值，依次分别是1、2、3、4、5、6、7，将影响指标转变为区间测量水平，分值越高，则相关系数越高，对女性就业流动影响越大；分值越低，则相关系数越低，对女性就业流动起的作用相对有限。我们采用KMO和Barlett方法来检验这些题项是否适合进行因子分析，结果得到KMO值为0.726，说明题项间的共同因素很多，且Barlett球形度检验的sig值为0.000，达到显著水平，因此这些题项适合进行因子分析。研究中将这些变量采用主成分分析法提取公因子，并去除系数小于0.5的小载荷量变量，在经过具有Kaiser标准化的正交旋转法得到了五个公共因子，分别命名为"家庭经济资本""家庭人力资本""家庭社会资本""家庭自然资本""家庭政治资本"（见表6-2）。

表6-2　家庭经济发展能力的旋转因子矩阵

	家庭经济资本	家庭人力资本	家庭社会资本	家庭自然资本	家庭政治资本	提取公因子方差
家庭人均住房面积	0.756					0.609
家庭生活水平	0.845					0.677
家庭年收入	0.602					0.536
父母讨价还价能力		0.956				0.822
父母文化程度		0.827				0.886
父母健康状况		0.820				0.505
家庭关系网络规模			0.656			0.835
家庭关系网络密度			0.789			0.826
家庭的强关系			0.906			0.814
家庭的弱关系			0.735			0.486
家庭网络顶端			0.812			0.526
家庭拥有耕地数量				0.750		0.837
家庭拥有海域数量				0.826		0.723
家庭产业的影响力				0.816		0.809
家庭成员党员数量					0.635	0.821
家庭成员户口状况					0.836	0.789
特征值	6.108	3.236	2.426	1.829	1.602	
解释的方差	25.08%	12.56%	10.33%	11.65%	8.56%	75.36%

提取方法：主成分。

旋转法：具有Kaiser标准化的正交旋转法。

表中已删除系数为小于0.5的因子负载值。

我们再来看一下作为本书主要预测变量的家庭经济发展能力的五个资本形式对就业流动意愿所产生的影响。在建构的多元回归模型中（见表6－4），调整后的R^2为22.3%，说明模型的拟合程度较好，自变量与因变量之间有一定的相关性，自变量x可以解释因变量y的22.3%的差异性。

1. 家庭经济发展能力变量对就业流动意愿的影响

在模型Ⅰ中（见表6－4），除了家庭经济资本、家庭政治资本对就业流动意愿在0.05的置信水平上不具有统计显著性外，家庭人力资本、家庭社会资本、家庭自然资本都具有统计显著性，即家庭人力资本、家庭社会资本、家庭自然资本对就业流动的意愿有一定的影响。随着家庭人力资本的增加，就业流出的可能性比就业回流的可能性大，家庭人力资本的取值每增加一个单位，就业流出的概率增加1.612倍（Exp（β）＝2.612）。说明父母讨价还价能力强的家庭，特别是母亲对于家庭决策有较大自主权的家庭，能显著提高子女的受教育程度，并摒弃了对女孩的性别歧视，就业流动意愿大大高于其他家庭，特别是父母的受教育程度较高的家庭，对子女的教育更愿意有较多的经济投入，使得子女有更多的机会接受高等教育，而现实的职业获得规律是，“在哪里读书一般选择在哪里就业”，几年的求学经历常使得受教育者愿意选择在这个熟悉的环境工作，高等教育的经历和求学过程中积累的社会资本，都有利于其在就业竞争中占据优势地位，因此就业流出的比例较大。

此外，家庭社会资本和家庭自然资本对就业流动意愿有着显著的负向影响，家庭社会资本的标准值每增加一个单位，就业流出的概率就减少48.0%。说明家庭社会资本存量较高的家庭，有着更加丰富的社会关系网络，表现在网络规模、网络密度、网络强度、网络顶端、网络异质性上，家庭成员通过业已建构的关系网络获得嵌入在网络中的资源，有利于子女在社会关系网络资源较丰富的本地找到好工作，为提高就业流动满意度提供强力支持。同时，家庭自然资本的标准值每增加一个单位，就业流出的概率就减少24.7%，说明家庭自然资本的变化，会引起就业流动意愿朝相反的方向变化。在南日岛，家庭自然资本主要表现为家庭拥有耕地和海域的数量和质量，家庭自然资本多，就业流动意愿不强，更多选择就业回流，家庭自然资本少，则就业流动主要表现为就业流出。在南日岛的调查就可以明显地看出，南日岛在传统上就是以捕鱼和种植海带为生的海岛，由于没有多种经营，在20世纪80、90年代，南日岛的经济发展水平一直很低，很多岛民出岛打工，散布在晋江、福州、厦门等地，或者到中西部地区承包医院，到东北做木材生意，到云南从事珠宝生意等等，直到2000年以后，很多岛民发现南日岛的海域水质很好，于是尝试着养殖鲍鱼，以三年为一个周期，第一年投入的资金在第三年末可以数倍地回报，这样一来，鲍鱼的高额利润刺激着岛民争相养殖，大凡有些许积蓄的岛民都会选择投资鲍鱼产业，建鲍鱼池，贩卖鲍鱼到福州等地，到2013年，南日岛鲍鱼已经成为南日岛的标签，入选为中国驰名商标。因此，拥有较多海域的家庭往往选择就业回流，留在岛上养殖鲍鱼或者种植海带，以获得高额利润。但是，随着养殖鲍鱼的增多、特别是2012年海洋赤潮的出现，鲍鱼大面积死亡，鲍鱼养殖户损失惨重。有些人不得不放弃鲍鱼养殖，转而种植海带、海鱼、龙须菜，或者到外地去打工、做生意，气候的变化和市场的需求影响着南日岛家庭的自然资本，促使岛民对就业流动意愿做出相应的调整。

2. *家庭经济发展能力变量对就业流动满意度的影响*

家庭经济发展能力变量会影响就业流动满意度的两个主要维度。在模型Ⅱ中，调整后的 R^2 为25.6%，说明模型的拟合程度较好，有一定的解释力，自变量与因变量之间有一定的相关性，自变量 x 可以解释因变量 y 的25.6%的差异性。在模型Ⅱ中（见表6－4），除了家庭经济资本、家庭人力资本不具有统计显著性外，家庭社会资本、家庭自然资本和家庭政治资本对生存型就业流动满意度在0.05的置信水平上具有统计显著性。其中，家庭自然资本的标准化回归系数最高，为0.413，说明父辈赋予子代较多财产、耕地数量较多的家庭，女性生存型就业流动满意度随之提高，很多女性更愿意选择就业回流以享受到家庭自然资本所带来的经济优势。比如笔者调研中发现，很多家庭拥有耕地或海域，常将这些家庭自然资本予以出租，或者自己直接经营海产养殖生意，以获得丰厚的利润，这些家庭一般不愿意离开南日岛而选择就业回流家乡发家致富，而家庭没有分配到海域或租不到海域的家庭，靠种地难以维持生计，就不得不选择就业流出以提高生存型就业流动满意度；其次是家庭政治资本，标准化回归系数为0.369，说明家庭成员的非农业户口数越多，女性生存型就业流动满意度会有正向提升。可见，城市常拥有较多的多元异质网络资源，非农业户口的家庭成员在城市长期生活，积累了丰富的社会资本，可以在女性就业求职方面给予正向的积极影响。

在模型Ⅲ中（见表6－4），除了家庭自然资本不具有统计显著性外，家庭经济资本、家庭社会资本、家庭人力资本、家庭政治资本对发展型就业流动满意度在0.05的置信水平上都具有统计显著性。标准化回归系数最高的是家庭社会资本，为0.723，说明随着家庭社会资本存量的增加，女性发展型就业流动满意度会跟着提升，有利于收入水平、发展前途满意度的提升。家庭社会资本较强的女性，父母会通过业已建构的关系网络资源为其升迁和进一步的职业拓展创造机会，使得女性更有机会认识到单位的高层领导，频繁的互动增加升迁的可能性。除此，家庭人力资本较强的家庭，子代中女性的发展型就业流动满意度也会相应提高，因为人力资本意味着一个人知识储备和生活经验的累积程度，家庭人力资本较强，父母受教育程度越高，越能将子女的教育看成自觉自愿的目标，也会投入更多的金钱和精力，特别是母亲讨价还价能力较强的家庭，家庭决策权主要在于女方，对于子代的重大事务有着较多的话语权和掌控权，常能事无巨细地包揽子代的职业发展，提高职业满意度和职业声望，而且这种正向影响不会因为子代的性别而有差异性体现。但在对于家庭政治资本的回归分析中却发现，标准化回归系数却是-0.156，说明家庭成员党员数量和非农业户口数量会抑制发展型就业流动满意度，这与家庭政治资本对生存型就业流动满意度有正向积极影响形成强烈反差。中国家庭的传统决策惯习就是充分咨询家庭成员的意见，进行综合权衡再做出利益最大化决策，而家庭成员的党员数量多、非农业户口数量多的话，说明家庭具有决策能力的成员数量多，要兼顾多方意见难免难以做出最佳的判断，利益的博弈常常会削弱力量的发挥，生存型就业流动满意度属于较低层次的就业流动满意度，但也是非常重要、非常基础和非常必要的一个环节，家庭成员往往会压制住保留意见而选择先进入职业单位再做打算，因此更能产生正向的积极影响，而较高层次的发展型就业流动满意度则没有生存型就业流动满意度那么迫切，各个利益主体都会积极表现自己的影响力而导致力量的消减，对发展型就业流动满意度产生负向影响。

（三）社会性别系统变量

本书所涉及的女性就业流动的另一个外在影响因素是社会性别系统变量，以设计好的22个问题进行调查，并按照被调查者的主观判断和肯定态度分为完全不同意、不同意、部分不同意、不确定、部分同意、同意、完全同意七个选项，通过对各个选项的赋值，依次分别是1、2、3、4、5、6、7，将影响指标转变为区间测量水平，分值越高，则相关系数越高，对女性就业流动影响越大；分值越低，则相关系数越低，对女性就业流动起的作用相对有限。我们采用KMO和Barlett方法来检验这些题项是否适合进行因子分析，结果得到KMO值为0.738，说明题项间的共同因素很多，且Barlett球形度检验的sig值为0.000，达到显著水平，因此这些题项适合进行因子分析。研究中将这些变量采用主成分分析法提取公因子，并去除系数小于0.5的小载荷量变量，在经过具有Kaiser标准化的正交旋转法得到了四个因子，分别命名为"传统性别观念""父权制""性别角色期待""社会性别话语"（见表6-3）。

表6-3　社会性别系统的旋转因子矩阵

	传统性别观念	父权制	性别角色期待	社会性别话语	提取公因子方差
干得好不如嫁得好	0.525	—	—	—	0.522
男女同工不同酬	0.656	—	—	—	0.576
因性别而不被录用或提拔	0.723	—	—	—	0.668
因结婚/怀孕/生育而被解雇	0.577	—	—	—	0.659
因生女孩而被瞧不起	0.720	—	—	—	0.667
男性能力天生比女性强	0.612	—	—	—	0.623
女性要牺牲自己的利益来维护家庭利益	—	0.712	—	—	0.697
女性在家都要听从丈夫的意见	—	0.726	—	—	0.686
婆婆会影响丈夫对你的看法	—	0.535	—	—	0.673
女性就业流动要遵从丈夫的意见	—	0.780	—	—	0.854
女性赚的钱都要用作家用	—	0.764	—	—	0.746
男主外女主内	—	—	0.678	—	0.404
赚钱是男人的事情	—	—	0.720	—	0.615
女方需要做更多的家务劳动	—	—	0.834	—	0.722
养老抚幼是女人的事情	—	—	0.716	—	0.690
丈夫的发展比妻子更重要	—	—	0.722	—	0.748
女性有自由表达自己想法的渠道	—	—	—	0.856	0.821
在讨论中女性的意见很重要	—	—	—	0.850	0.748
家庭的决策会充分考虑到女性的利益	—	—	—	0.836	0.723
社会政策的拟定兼顾男女	—	—	—	0.812	0.717
女性所做出的贡献得到大家的肯定	—	—	—	0.908	0.869
男女双方交谈常有共同的主题和观点	—	—	—	0.743	0.672
特征值	1.526	7.839	1.904	4.369	—
解释的方差	7.50%	23.56%	8.24%	16.65%	64.71%

提取方法：主成分。

旋转法：具有Kaiser标准化的正交旋转法。

表中已删除系数为小于0.5的因子负载值。

由于社会性别系统变量涉及的指标体系较为庞大，为了研究的方便，在旋转成分矩阵中每个公因子所包含的题项中，计算出每个题项的影响大小，选取相关系数大于0.5的因子负载值，剔除小于0.5的不具有统计意义的变量。我们看一下作为本书主要预测变量的社会性别系统的四个降维因子对就业流动意愿和满意度所产生的影响。

1. 社会性别系统对就业流动意愿的影响

在模型Ⅰ中（见表6-4），除了父权制对就业流动意愿在0.05的置信水平上不具有统计显著性外，传统性别观念、性别角色期待、社会性别话语都具有统计显著性，即传统性别观念、性别角色期待、社会性别话语对就业流动的意愿有一定的影响。随着社会性别话语的增加，就业流出的可能性比就业回流的可能性大，社会性别话语的取值每增加一个单位，就业流出的概率增加0.909倍（Exp（β）=1.909）。女性拥有较多的社会性别话语，可以增加其就业流动的主体选择，权衡多重利弊而选择有利于个体充分自由发展的就业流动方向。

此外，传统性别观念和性别角色期待对就业流动意愿有着显著的负向影响，传统性别观念的标准值每增加一个单位，就业流出的概率就减少16.4%。这个数值充分表明了传统男主外女主内的分工格局，以及对于女性的角色定位强烈影响女性的就业流动，这充分表现在女性就业流动所呈现出的随生命周期变化的特点。未婚女性更多是就业流出，而已婚女性出于养老抚幼的角色任务，更多选择就业回流，除非丈夫在外地工作需要妻子的照顾，或者为了给子女提供较好的教育环境，已婚女性才会选择就业流出，这体现出性别化年龄所带来的差异。性别角色期待的标准值每增加一个单位，就业流出的概率则减少24.8%，说明家庭业已形成的习惯就是希望女性回归家庭，承担起家庭的责任，表现在就业流动意愿的负向影响。

2. 社会性别系统对就业流动满意度的影响

在模型Ⅱ中（见表6-4），传统性别观念、性别角色期待、社会性别话语对生存型就业流动满意度在0.05的置信水平上具有统计显著性。说明这几个自变量的变化会带来生存型就业流动满意度发生相应的变化，但性别角色期待变量带来的是负向的变化，标准化回归系数为-0.326，说明家庭、社会对于女性的性别角色定位期待女性能在家庭场域发挥更大更多的积极作用，女性在很多情况下为了照顾家庭，就要舍弃离家较远但却有发展前途的工作，或者无法就业流出而选择就业回流，或者为了家庭利益最大化的考虑而选择自己不感兴趣、工作环境或劳动强度都不适合的工作，比如建筑工人，虽然工作环境差、劳动强度大，但劳动收入报酬高，也吸引了不少女性愿意从事这项男性才能胜任的工作。除此，影响的显著性较高的还有传统性别观念，标准化回归系数为 -0.447，说明社会存在对于男性和女性的固化的且根深蒂固的性别分工、性别歧视、生育偏见、地位矮化，甚至在很多女性心中就已经将性别不平等内化于心且自我殖民化了，很多人抱持着“干得好不如嫁得好”的态度，这些观念的产生影响着女性生存型就业流动满意度，传统性别观念越强烈，女性生存型就业流动满意度越低，她们的社会地位、经济状况无法从根本上改善。

在模型Ⅲ中（见表6-4），影响较为显著的是传统性别观念。其中，传统性别观念跟模型Ⅱ一样依旧是负向的影响作用，标准化回归系数为 -0.259，究其原因与模型Ⅱ的论述基本相似，但“女子无才便是德”的观念也还是会影响发展型就业流动满意度的提升，社会对于女性从整体来讲还是比较宽容的，对其收入水平、工作稳定性、职业层级的关心和期待有限，而更看重女性的贤良淑德以及对于家庭的责任和义务。评价一个女性的重要标准往往首先是家庭的付出和照顾精力的多寡，而不在于她的职业发展前途如何、职业层级有多高、是否是职场上的“女强人”，社会公众和家庭成员对女性社会经济贡献的考虑倒是放在家庭贡献的后面。

表6-4 影响女性就业流动的多元回归分析

模 型	模型Ⅰ：就业流动意愿			模型Ⅱ：生存型就业流动满意度			模型Ⅲ：发展型就业流动满意度		
分 类	B	Exp（B）	Sig.	B	Beta	Sig.	B	Beta	Sig.
被访者个人特征变量									
年龄	-0.312**	0.723	0.032	0.016	0.052	0.517	0.004	0.043	0.677
文化程度	0.473***	1.513	0.005	0.367***	0.587	0.000	0.336**	0.337	0.029
是否党员 a	-0.953**	0.408	0.026	-0.370	-0.116	0.187	-0.376	-0.178	0.424
是否已婚 b	0.358	0.896	0.186	-0.008	-0.003	0.763	0.598	0.201	0.224
户口性质 c	0.612***	1.596	0.002	0.535***	0.303	0.002	0.078	0.039	0.809
7周岁以下子女数	0.269	0.921	0.183	-0.205*	-0.119	0.086	0.308	0.306	0.146
家庭经济发展能力变量									
家庭经济资本	0.206	1.202	0.181	-0.006	-0.006	0.863	0.276***	0.412	0.003

续表

模　型	模型Ⅰ：就业流动意愿			模型Ⅱ：生存型就业流动满意度			模型Ⅲ：发展型就业流动满意度		
分　类	B	Exp（B）	Sig.	B	Beta	Sig.	B	Beta	Sig.
家庭人力资本	0.543***	2.612	0.009	-0.146	-0.206	0.135	0.216***	0.108	0.008
家庭社会资本	-0.645**	0.520	0.036	0.316**	0.217	0.048	0.623***	0.723	0.005
家庭自然资本	-0.916***	0.753	0.006	0.375***	0.413	0.006	0.145	0.068	0.154
家庭政治资本	0.689	0.892	0.052	0.253***	0.369	0.004	-0.106**	-0.156	0.036
社会性别系统变量									
传统性别观念	-0.732**	0.836	0.016	-0.278***	-0.447	0.005	-0.312**	-0.259	0.032
父权制	0.536	0.878	0.125	0.116	0.048	0.186	-0.128	-0.123	0.577
性别角色期待	-0.636***	0.752	0.005	-0.316**	-0.326	0.050	-0.089	-0.056	0.622
社会性别话语	0.893**	1.909	0.016	0.158**	0.206	0.035	0.066	0.078	0.503
Constant	4.623		.008	2.557		.022	1.727		0.050
N	204			204			204		
Adjusted R^2	22.3%			25.6%			20.9%		
F	1.256		.000	6.588		.002	2.236		.008

说明：（1）$*p<0.1$，$**p<0.05$，$***p<0.01$；（2）a参考变量为“非党员”；b参考变量为“未婚”；c参考变量为“农村户口”。

第二节　基于结构方程的模型验证与实证结果分析

一　家庭经济发展能力变量的模型拟合结果与实证分析

（一）模型拟合结果

采用AMOS软件构建模型如图6-1所示，AMOS软件的运行结果，模型的整体拟合指标为：$\chi^2=54.000$，$df=20$，$\chi^2/df=2.700$，$GFI=0.825$，$AGFI=0.736$，$CFI=0.785$，$RMSEA=0.136$。总体来看，模型拟合指标基本符合要求。模型中观测题项的因子负荷系数如表6-5所示，所有的标准化和非标准化因子负荷系数都为正值且显著，所有测量误差也都为正值，符合结构方程的解的要求。结构模型中的路径影响系数如表6-6所示，所有路径系数的标准化系数均小于1，模型中未出现不适当解，可以用于检验模型中相关的假设。因为Y7的显著性系数为0.786，不显著，在实际模型运算中将其删除。

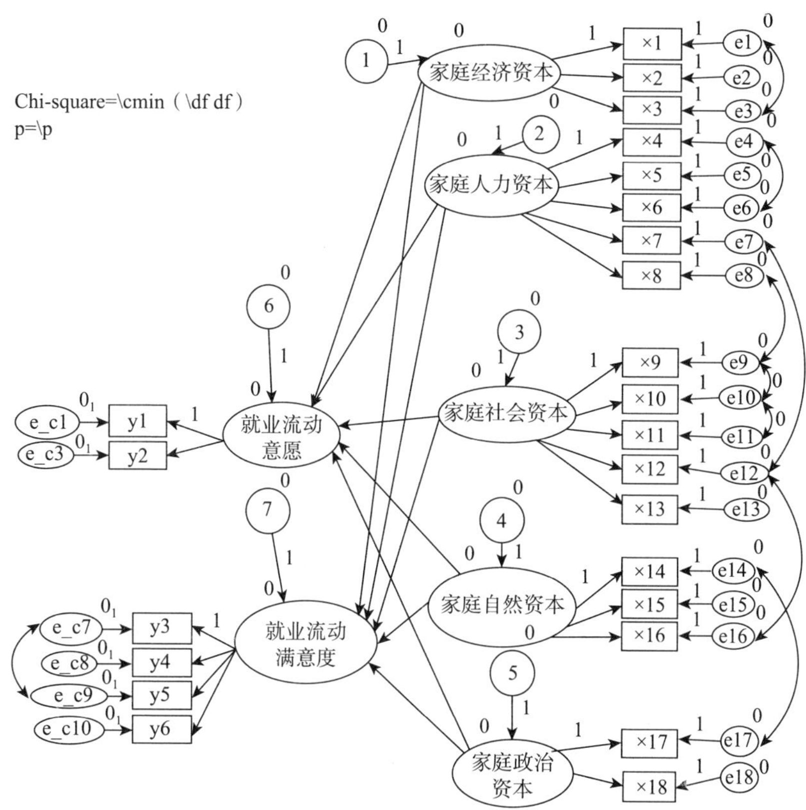

图 6－1　通过 AMOS 运算获得的家庭经济发展能力的结构方程模型

表 6－5　观测题项的因子负荷系数

观测变量	标准化因子负荷	非标准化因子负荷	S. E.	C. R.	P 值
家庭经济资本					
X1	0. 836	1	—	—	—
X2	0. 986	1. 158	0. 321	3. 732	***
X3	0. 854	1. 216	0. 056	19. 460	0. 011
家庭人力资本					
X4	0. 539	1	—	—	—
X5	0. 807	1. 097	0. 109	11. 058	***
X6	0. 869	1. 359	0. 097	11. 272	***
X7	0. 685	1. 116	0. 112	10. 309	0. 059
X8	0. 576	1. 246	0. 623	10. 564	0. 043

续表

观测变量	标准化因子负荷	非标准化因子负荷	S. E.	C. R.	P 值
家庭社会资本					
X9	0.356	1	—	—	—
X10	0.265	0.668	0.127	6.675	0.058
X11	0.511	1.729	0.274	6.382	***
X12	0.927	1.442	0.442	7.495	0.050
X13	0.849	1.538	0.432	7.447	***
家庭自然资本					
X14	0.836	1	—	—	—
X15	0.778	0.862	0.186	4.820	***
X16	0.552	1.549	0.459	4.322	***
家庭政治资本					
X17	0.743	1	—	—	—
X18	0.846	1.277	0.076	13.402	***
就业流动意愿					
Y1	0.611	1	—	—	—
Y2	0.736	1.225	0.165	8.274	***
就业流动满意度					
Y3	0.783	1	—	—	—
Y4	0.924	1.206	0.106	17.203	***
Y5	0.829	1.073	0.138	18.440	***
Y6	0.630	0.755	0.090	11.558	***

注：表中 p 值为 *** 表示在 0.01 的水平上具有显著性。

表 6-6　家庭经济发展能力对就业流动影响模型的路径系数分析结果

路径名称	影响系数	S. E.	C. R.	P 值
家庭经济资本→就业流动意愿	0.056	0.038	1.429	0.181
家庭人力资本→就业流动意愿	0.529	0.054	0.711	0.009
家庭社会资本→就业流动意愿	-0.688	0.162	5.095	0.036
家庭自然资本→就业流动意愿	-0.306	0.127	2.583	0.006
家庭政治资本→就业流动意愿	0.616	0.059	0.214	0.052
家庭经济资本→就业流动满意度	0.882	0.061	1.788	0.008
家庭人力资本→就业流动满意度	0.659	0.195	-0.528	0.001

续表

路 径 名 称	影响系数	S. E.	C. R.	P 值
家庭社会资本→就业流动满意度	0.610	0.162	0.524	0.004
家庭自然资本→就业流动满意度	0.436	0.050	2.584	0.009
家庭政治资本→就业流动满意度	0.065	0.076	3.665	0.007

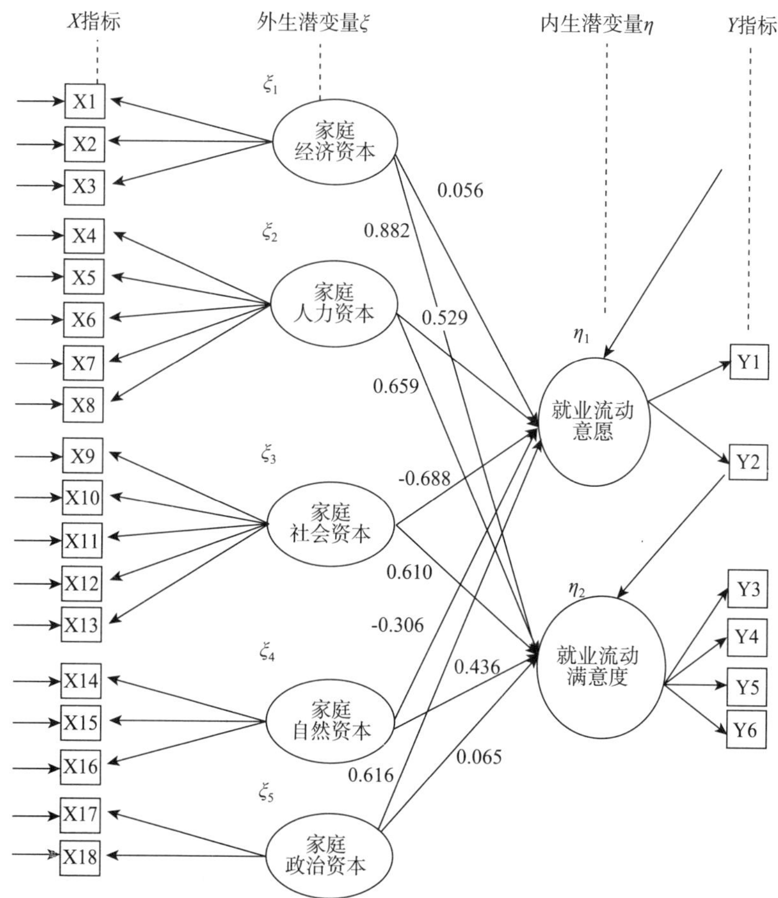

图 6－2　家庭经济发展能力影响模型路径分析

（二）研究假设的验证结果

1. 家庭经济资本的影响

假设 $H_{1-1(a)}$ 和假设 $H_{1-1(b)}$ 认为，家庭经济资本对女性，尤其是已婚女性的就业流动影响更加显著，就业流动满意度也会随之提高。从数据分析的结果来看，家庭经济资本对就业流动意愿影响对应的路径系数 $\beta=0.056$，

$p=0.181$，不具有统计显著性，即家庭经济资本对女性就业流动意愿没有显著影响，假设 $H_{1-1(a)}$没有得到支持；家庭经济资本对女性就业流动满意度影响对应的路径系数 $\beta=0.882$，$p=0.008$，具有统计显著性，因此假设 H_{1-1}得到了支持，家庭经济资本有利于女性就业流动满意度的提高。

2. 家庭人力资本的影响

假设 H_{1-2}认为，母亲的受教育程度和讨价还价能力有利于女孩人力资本的提升，摒弃对女孩的性别歧视，从而对就业流动满意度有帮助。从数据分析的结果来看，家庭人力资本中的父母讨价还价能力（见表 6－5 中的 X4、X5 和 X6），在因子负荷系数中在 0.01 的置信水平上具有统计显著性，对女性就业流动满意度影响较为显著。路径系数分析结果显示，家庭人力资本的显著性系数 $p=0.001$，而影响路径系数 $\beta=0.659$，说明随着家庭人力资本的提升，女孩就业流动满意度也跟着提升，因此假设 H_{1-2}得以支持，家庭人力资本有利于女性就业流动满意度的提高。

3. 家庭社会资本的影响

家庭社会资本对女性就业流动意愿的影响路径系数 $\beta=-0.688$（显著性系数 $p=0.036$），家庭社会资本对女性就业流动意愿有显著影响。可见，过多依靠家庭社会资本实现就业的女性，一般就业稳定性差，容易产生就业流动。但家庭社会资本对女性就业流动满意度的影响路径系数 $\beta=0.610$（显著性系数 $p=0.004$），说明家庭社会资本能显著提高女性的工资水平。因此，假设 H_{1-3}得以支持。

4. 家庭自然资本的影响

家庭自然资本对女性就业流动意愿的影响路径系数 $\beta=-0.306$（显著性系数 $p=0.006$），家庭自然资本对女性就业流动意愿具有显著性，但呈现负向影响，即家庭自然资本越多的女性，越不可能产生就业流动。研究假设 H_{1-4}得到反向支持，验证了家庭自然资本越少的女性，越有可能就业流动。

5. 家庭政治资本的影响

家庭政治资本对女性就业流动意愿的影响路径系数 $\beta=0.616$（显著性系数 $p=0.052$），家庭政治资本对女性就业流动意愿不具有显著性，即家庭户籍或党员身份的状况，对就业流动意愿没有太大的影响，女性就业流动的意愿可能受到婚迁、丈夫工作地点、家庭收益等其他更多因素的影响。调查中也发现，不少女性就业流入地不一定是城市，比如南日岛很多人到外地承包医院，而且会选择在医疗卫生水平相对薄弱的农村，南日岛的女性出于谋生的需要，可能会选择此类的流入地，而不一定会流动到城市。因此，研究假设 H_{1-5}得以支持。

（三）研究假设验证情况

家庭经济发展能力变量对女性就业流动的影响过程中，不同因素的影响作用和影响程度是不同的，即使是同一因素中的不同维度，对就业流动的影响也不尽相同。本书将家庭经济发展能力变量作为结构化整体，运用 AMOS 运算获得一系列实证数据，对原本的研究假设进行检验，如表 6-7 所示：

表 6-7　研究假设验证情况

编号	假设内容	实证结果
$H_{1-1(a)}$	家庭经济资本对女性，尤其是已婚女性的就业流动意愿的影响较为显著	不支持
$H_{1-1(b)}$	家庭经济资本有利于女性就业流动满意度的提高	支持
H_{1-2}	母亲的受教育程度和讨价还价能力有利于女孩人力资本的提升，摒弃对女孩的性别歧视，从而对就业流动满意度有帮助。	支持
H_{1-3}	家庭社会资本高的女性更愿意就业回流，过多依靠家庭社会资本实现就业的女性，一般就业稳定性差，容易产生就业流动，她们更倾向于就业回流，但家庭社会资本能显著提高女性的工资水平	支持
H_{1-4}	家庭自然资本越多的女性，越有可能就业流动	不支持
H_{1-5}	户籍不仅对推拉作用的影响一般，而且还使得推拉失去效力，女性就业不一定遵循推拉效应的乡—城流动方向	支持

二　社会性别系统变量的模型拟合结果与实证分析

（一）模型拟合结果

采用 AMOS 软件构建模型如图 6-3 所示的运行结果，模型的整体拟合指标为：$\chi^2 = 44.700$，df = 15，$\chi^2/df = 2.980$，GFI = 0.783，AGFI = 0.749，CFI = 0.753，RMSEA = 0.086。总体来看，模型拟合指标基本符合要求。模型中观测题项的因子负荷系数如表 6-8 所示，所有的标准化和非标准化因子负荷系数都为正值且显著，所有测量误差也都为正值，符合结构方程的解的要求。结构模型中的路径影响系数如表 6-9 所示，所有路径系数的标准化系数均小于 1，模型中未出现不适当解，可以用于检验模型中相关的假设。因为A11的显著性系数为0.884，A16的显著性系数为0.825，Y7的显著性系数为0.813，不显著，在实际模型运算中将其删除。

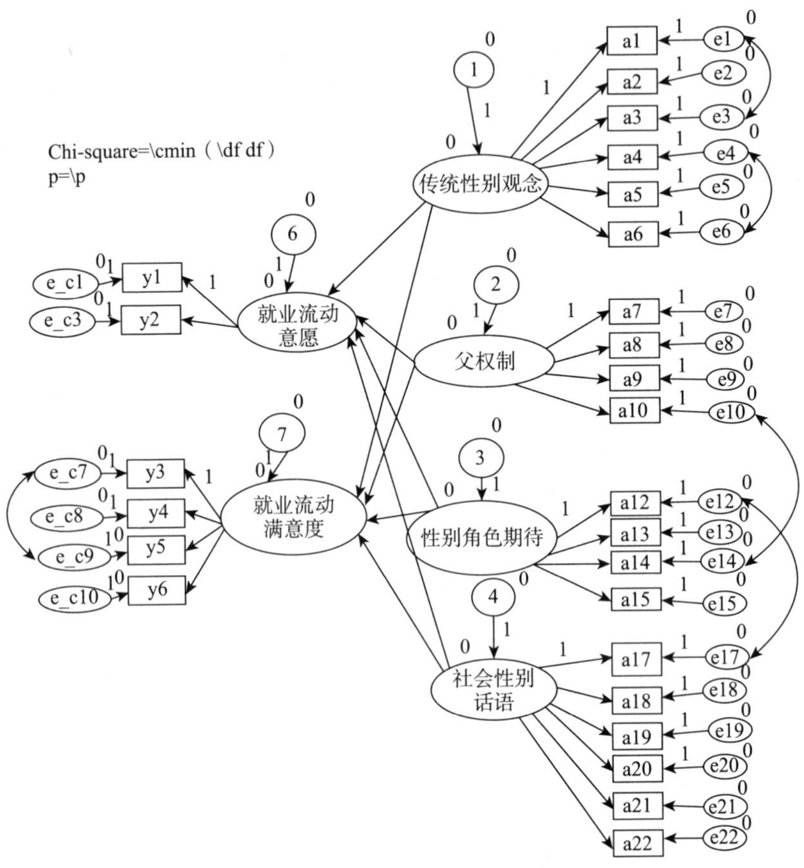

图6-3 通过AMOS运算获得的社会性别系统的结构方程模型

表6-8 观测题项的因子负荷系数

观测变量	标准化因子负荷	非标准化因子负荷	S. E.	C. R.	P值
传统性别观念					
A1	0.716	1	—	—	—
A2	0.814	1.053	0.077	12.136	***
A3	0.643	0.847	0.071	10.442	***
A4	0.678	0.934	0.075	10.782	0.065
A5	0.616	0.786	0.091	9.943	***

续表

观测变量	标准化因子负荷	非标准化因子负荷	S. E.	C. R.	P 值
A6	0. 347	0. 421	0. 087	5. 663	***
父权制					
A7	0. 459	1	—	—	—
A8	0. 789	1. 893	0. 924	1. 985	0. 049
A9	0. 976	2. 250	1. 130	1. 992	0. 048
A10	0. 189	0. 421	0. 142	3. 283	***
性别角色期待					
A12	0. 342	1	—	—	—
A13	0. 413	1. 310	0. 256	4. 949	0. 069
A14	0. 913	3. 081	0. 043	5. 738	***
A15	0. 733	2. 812	0. 468	6. 035	***
社会性别话语					
A17	0. 353	1	—	—	—
A18	0. 659	1. 766	0. 318	5. 774	***
A19	0. 762	2. 116	0. 364	5. 964	***
A20	0. 758	1. 954	0. 326	5. 845	0. 016
A21	0. 629	1. 623	0. 258	3. 654	***
A22	0. 708	1. 006	0. 254	5. 873	***
就业流动意愿					
Y1	0. 647	1	—	—	—
Y2	0. 757	1. 341	0. 128	9. 732	***
就业流动满意度					
Y3	0. 749	1	—	—	—
Y4	0. 884	1. 152	0. 081	12. 629	***
Y5	0. 771	1. 026	0. 069	14. 682	0. 035
Y6	0. 568	0. 773	0. 072	9. 549	***

注：表中 p 值为 *** 表示在 0. 01 的水平上具有显著性。

表 6－9　社会性别系统对就业流动影响模型的路径系数分析结果

路 径 名 称	影响系数	S. E.	C. R.	P 值
传统性别观念→就业流动意愿	－0. 089	0. 059	1. 649	0. 016
父权制→就业流动意愿	0. 093	0. 088	1. 616	0. 125

续表

路径名称	影响系数	S. E.	C. R.	P 值
性别角色期待→就业流动意愿	-0.755	0.126	2.985	0.005
社会性别话语→就业流动意愿	0.321	0.261	5.331	0.016
传统性别观念→就业流动满意度	-0.578	0.072	1.649	0.003
父权制→就业流动满意度	0.683	0.086	1.351	0.182
性别角色期待→就业流动满意度	-0.743	0.138	0.584	0.016
社会性别话语→就业流动满意度	0.436	0.236	5.018	0.035

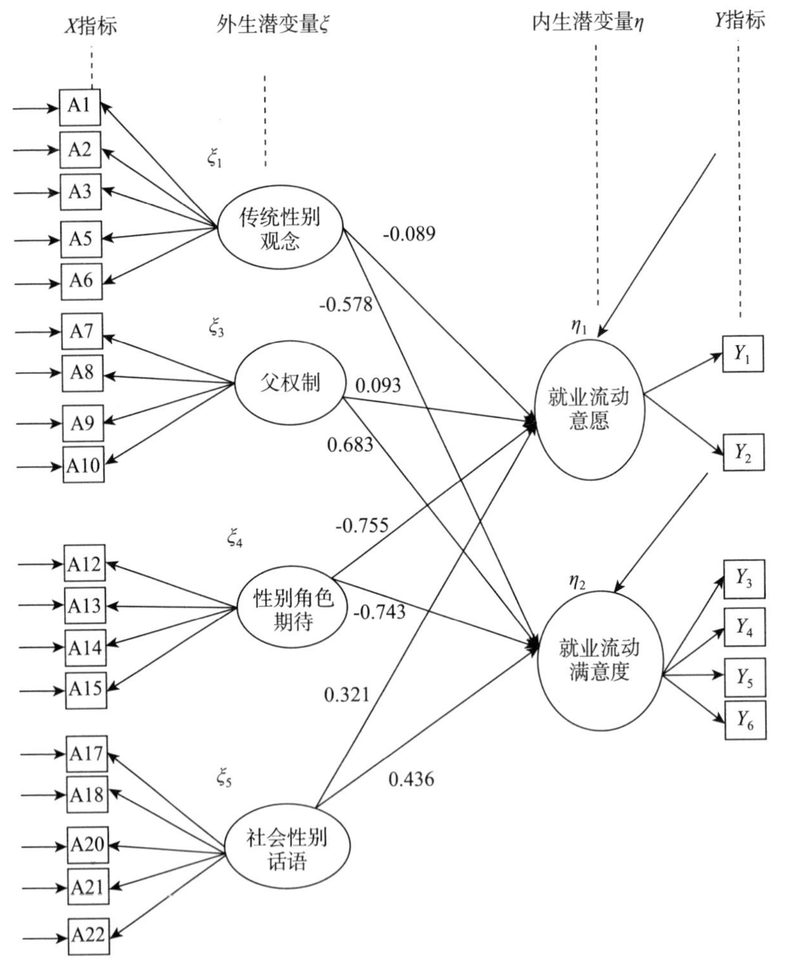

图 6－4　社会性别系统模型路径分析

（二）实证结果的解释与讨论

1. 传统性别观念对女性就业流动的影响

传统性别观念对女性就业流动意愿的影响路径系数$\beta = -0.089$（显著性系数$p = 0.016$），p值小于0.05，说明传统性别观念对女性就业流动意愿在0.05的置信水平上具有统计显著性，即传统性别观念会影响女性就业流动的意愿，传统的性别分工以及对于女性的角色定位等传统性别观念，会认为女性应该遵从婚姻、生育等家庭责任的需要，而适时改变自己的行为方式，特别是对于女性来说，婚姻是生命周期中重要的分水岭，婚前是自由的流动者，婚后在是否就业，以及就业地点的选择上，都要充分考虑家庭的因素，由此表现出性别化年龄所带来的差异。因此，研究假设$H_{2-1(a)}$得到证实。传统性别观念对女性就业流动满意度的影响路径系数$\beta = -0.578$（显著性系数$p = 0.003$），p值小于0.01，传统性别观念对女性就业流动满意度具有显著性，但呈现负向影响，即随着传统性别观念的加强，女性的就业流动满意度下降了。因此，研究假设$H_{2-1(b)}$得到支持。

2. 父权制对女性就业流动的影响

父权制命题（H_{2-2}）认为，父权制对女性就业流动的影响呈现出弥散的低度不平等。从数据分析的结果来看，父权制对女性就业流动意愿影响对应的路径系数$\beta = 0.093$，$p = 0.125$，p值远远大于0.01，父权制的影响不显著；而父权制对女性就业流动满意度影响对应的路径系数$\beta = 0.683$，$p = 0.182$，p值远远大于0.01，父权制的影响亦不显著。从以上的数据分析结果可以看出，父权制在女性就业流动中的影响日渐式微，研究假设H_{2-2}得到了支持。

3. 社会性别角色期待对女性就业流动的影响

性别角色期待命题（H_{2-3}）认为，女性是否就业流动以及从事的工作类型都要考虑家庭利益最大化和养老抚幼等家庭因素。从数据分析的结果来看，社会性别角色期待对女性就业流动意愿影响对应的路径系数$\beta = -0.755$，$p = 0.005$，p值小于0.01，社会性别角色期待的影响较为显著，女性能否实现就业流动，很大程度上取决于社会习惯对女性性别角色的定位；表6-9的数据还显示，社会性别角色期待对女性就业流动满意度影响对应的路径系数$\beta = -0.743$，$p = 0.016$，p值小于0.05，社会性别角色期待对于女性就业流动满意度的影响亦较为显著，但呈现负向影响，即女性的家庭责任越大，就业流动满意度越低。综合以上的数据分析结果，研究假设

H_{2-3}得到了支持。

4. 社会性别话语对女性就业流动的影响

社会性别话语命题（H_{2-4}）：随着女性社会地位的提高，女性的社会性别话语成为影响就业流动的必要因素。从数据分析的结果来看，社会性别话语对女性就业流动意愿影响对应的路径系数$\beta=0.321$，$p=0.016$，p值小于0.05，具有统计显著性；而社会性别话语对女性就业流动满意度影响对应的路径系数$\beta=0.436$，$p=0.035$，p值大于0.01，没有显著性。故而拒绝原假设H_{3-4}，说明随着女性的社会性别话语不断提升，女性的社会地位得到提高，女性所做出的贡献日益得到大家的肯定，成为影响就业流动的必要因素，但对就业流动满意度的影响作用有限。

（三）研究假设验证情况

社会性别系统变量在对女性就业流动的影响过程中，不同因素的影响作用和影响程度是不同的，即使是同一因素中的不同维度，对就业流动的影响也不尽相同。本书将社会性别系统作为结构化整体，运用AMOS运算获得一系列实证数据，对原本的研究假设进行检验，如表6－10所示。

表6－10　研究假设验证情况

编号	假设内容	实证结果
$H_{2-1(a)}$	传统的性别分工以及对于女性的角色定位，使得女性就业流动随生命周期变化而表现出性别化年龄的差异	支持
$H_{2-1(b)}$	对于女性的角色定位和传统观念会限制就业流动满意度的提升	支持
H_{2-2}	父权制对女性就业流动的影响呈现出弥散的低度不平等	支持
H_{2-3}	女性是否就业流动以及从事的工作类型都要考虑家庭利益最大化和养老抚幼等家庭因素	支持
H_{2-4}	随着女性社会地位的提高，女性的社会性别话语成为影响就业流动的必要因素	部分支持

第三节　实证结果的理论解释与个案分析

一　家庭经济发展能力——女性原生素质和就业流动过程的塑造

随着家庭现代化的趋势日益明朗，核心家庭独立性增强，父辈权威日渐式微，家庭关系逐渐以父子关系为主轴向以夫妻关系为主轴变化，核心家庭经历了从公领域到私领域的变迁，成为专门的、内聚式的结构，家庭将所有的资本积累用于培养子代的独立性和锻炼其生存的能力，而不仅仅是家庭利益最大化（Hareven，1976）。与工业化相适应，核心家庭能最大限度满足工业和技术社会中的个人主义和男女平等主义的价值观，核心家庭的私领域化和家庭成员的亲密关系，逐渐生成以孩子为中心的家庭关系（赫特尔，1987）。这样的变化摒弃了子代的性别差异，男性和女性一样可以享受到父母的关心和支持，核心家庭对于女性人力资本、社会资本等方面的提升有着正向的积极作用，并在更广泛的意义上，影响女性未来就业流动的意愿和满意度。

（一）家庭经济资本——家庭致富能力的纵向渗透

孩子的就业机会取决于父母对孩子的支出和偏好、孩子的家庭声望和社会关系，以及通过一个特定家庭文化中全体成员所吸取的价值观和技艺。调查显示，出身于有成就之家的孩子更可能有成就，因为花费在他们身上的追加时间较多，他们还具有比较优越的文化和基因遗传（贝克尔，2007）。特别是人力资本，具有自我筹措的能力，人力资本的收益率对捐赠和其他个人变量的反应更敏感。对于理性小农来说，提高人力资本的投资，不是被随机配置的，而是理性选择的结果。人力资本作为一种新型的经济资源可以为投资者带来收入，但获得人力资本需要付出一定的成本。只有当人力资本的收益大于其成本时，对人力资本的投资才会被选择。可以说，对人力资本的投资，是对这种投资面对的可能的高收益率的经济机会的期待，如果这种高回报得以实现，就会产生继续投资的动力，如果没有获得预想的回报，就会限制他们今后对于人力资本的投资。所以，“投资资源的有效配置乃是根据各种投资机会的相对收益率所确定的优先次序而进行的一种配置”（舒尔茨，1990）。在调查中，很多岛民普遍反映，他们对于子女人力资本的投资有着强烈的意愿，在经济条件许可的情况下是去性别化的，只要子女有出息，他们都愿意进行人力资本的投资。他们认为子女人力资本的提升，就意味着家庭经济收入的提高，会带来生活照顾、养老、医疗等等的连锁效应，过上他们认可的“好日子”。比如，笔者到岩下村一户家庭做个案访谈时，特意找到村里的女人阿娟。

个案15：阿娟，女，南日岛人，在福建农林大学的水产养殖专业本科毕业，尔后在福州的马尾海产饲料厂当业务员。

在农林大学的水产养殖专业本科毕业，然后在福州的马尾海产饲料厂当业务员，由于阿娟的专业知识与海产饲料厂的工作很对口，加上性格开朗，伶牙俐齿，在与客户的联系和谈判中如鱼得水，工作业绩不断上升。在积累了一定的客户群和工作经验后，阿娟回到了南日岛，从事鲍鱼的养殖生意。在前几年，南日岛的鲍鱼正是风生水起的繁盛态势，一斤 150 元以上的鲍鱼使得海岛上养鲍鱼的人家赚得盆盈钵满。因此，尽管鲍鱼场前期投资的费用很高，一般要七八十万才能建一个像样的鲍鱼场。但阿娟还是硬着头皮，找村里的亲戚和朋友借钱，承诺给一分的利息，加上房产抵押借来的银行贷款，2006 年开始谋划鲍鱼场的创办。可鲍鱼是长在海水里的，没有海域是无法养殖的，阿娟找到了万峰村的朋友阿糕，他家有几亩海域，以前用来捕鱼，现在鲍鱼行情看涨，就想着出租养鲍鱼，于是阿娟和阿糕商量，以一亩 1000 元的价格承包下来，不够的海域阿糕帮忙联系同村的其他人家出租，并为阿娟争取到 600 元一亩的租金。对此，阿娟非常感激，并承诺鲍鱼出卖后将提高租金作为回报。就这样，阿娟与家人买了木板、浮球、棕绳、鲍鱼筐等等，开始在海上搭建鲍鱼场。到了 9 月鱼苗放养的旺季，阿娟开始到处寻找好的鱼苗，她说：

> 以前在学校学到更多的是理论知识，工作后也是对海产饲料的销售较为熟悉。现在具体要怎么做，还真摸不着北。我们当地的鱼苗，质量好，但要三毛多一只，还要根据大小来判断，小的只要一毛多，中的也要两毛多。不同质量的鱼苗有不同的价格，质量的好坏我也看不懂，只好请村里有经验的师傅带我去看，让他看鱼苗的成长状况、贝壳上有几个孔，孔距多大。师傅说孔距大长得快，孔距小的就不怎么长了。因为鱼苗的好坏关系到三年后的收成，因此每次选鱼苗一般都是几家承包户一起去进货，统一买下后再来分摊。而且放养的时间也有讲究，2 月放养的鱼苗价格便宜，但成活率低，因为即将到来的夏天会损耗掉很多幼苗。9 月放养的鱼苗价格高，成活率高，冬天对幼苗没有太大的影响。放养后要每天去看鱼苗，及时去掉鲍鱼壳上的海蛎壳。另外，投入的饲料也是夏少冬多，撒入饲料后还要经常检查，以免饲料太多堵塞了鲍鱼壳上的孔。我们还在鲍鱼场里养黑鲷鱼、石斑鱼、福螺、大闸蟹……我们几家承包鲍鱼场的，平时都会互相学习，虽然没有正规地培训过，但也积累了不少的经验。就连岛上很多在外读大学的，毕业后都回来养鲍鱼了，养鲍鱼这几年的回报还

是比较高的。

现在我们全家都在养鲍鱼，说实在话，养殖鲍鱼也是体力活。培植鲍鱼的幼苗都是建在海边，搭起的大棚子里有好多水泥做的鲍鱼池，在鲍鱼池里有很多方形的板砖，上面贴着很多星星点点的小鲍鱼，小得只有指甲盖那么大，呵呵，这些算是大的了，鲍鱼刚出生的时候非常小，小得要用毛笔刮到板砖上。鲍鱼池里接着氧气管，不断地往池子里释放氧气。而且每个鲍鱼池里还要另外接水管来过滤海水，所以平时都要注意观察，看到池水有些脏了就要过滤一下海水，否则鲍鱼就会缺氧，或者脏东西会堵住鲍鱼壳上的孔。鲍鱼这种生物很娇贵，热不得，冷不得，随时都要补充氧气，要像照顾婴儿一样时刻观察鲍鱼幼苗。工人每天都要三班倒地看着，很辛苦，我们在鲍鱼池旁边还建了一栋楼，专门给工人休息和存放工具。这样下来，你也看到了，培养鲍鱼幼苗的鲍鱼池每个月都要花费非常多的电，用来供应氧气和过滤海水，还要请很多工人来给鲍鱼苗喂饲料①，不时地观察鲍鱼苗的生长状况，要花费相当大的人力物力财力，前期和后期投资都非常大。所以我们赚的钱很多都再投资到鲍鱼场去，这样的风险也会更大些。

等鲍鱼幼苗长到一定程度的时候，生命力增强了许多，就可以放到鲍鱼筐里养了，这时候就要把它们放到远海的鲍鱼场里，那里有优良的水质，有规律的潮汐，这些对鲍鱼的生长非常有利。南日岛的鲍鱼之所以这么有名，都是靠这纯天然无污染的海水。还有，我们的鲍鱼之所以甜美，还有一个重要的原因就是吃海带。南日岛的海带又厚又好吃，不仅人喜欢吃，鲍鱼也喜欢吃。其他地方养的鲍鱼都是喂饲料，味道和口感肯定跟南日鲍不一样。……鲍鱼场建在远海的地方，我们每天一大早就要坐船去鲍鱼场，载很多的海带去喂鲍鱼。一到鲍鱼场，我们就要把鲍鱼筐提起来，放进海带。鲍鱼筐灌满了水，刚提起来的时候非常重，估计有100多斤吧，我们女人要提起来可是要花大力气的。我长年累月这么提着，锻炼了手臂的力量，也就没觉得有那么重了。

养了这么多年鲍鱼，我也确实赚了不少钱，有钱了我就给家里盖

① 鲍鱼苗吃的饲料是海带做的，海带晒干后磨成粉，有利于鲍鱼苗的吞食，也很天然环保。

别墅，在莆田市区买大房子给孩子以后读书用。我们这一代赚钱就是为了后代不要像我们这么辛苦，我们最大的愿望就是让子女在城市吃公家饭，有一份体面的工作。……我的爸妈、哥哥和妹妹都跟着我养鲍鱼，他们也都赚了不少钱，我们家的生活在村里还算是不错的。现在村里越来越多的人看到养鲍鱼这么赚钱，也去借钱投资鲍鱼场。但现在行情没有以前那么好了。鲍鱼的生长过程一般是三年，这三年期间我们要不断地投钱进去，但都没有回报，所有的辛苦和希望都寄托在三年后鲍鱼能长大，能卖个好价钱。养鲍鱼算是靠天吃饭的，跟以前种地一样，也是很有风险的。三年内如果遇上赤潮①，或者照顾不周，鲍鱼就会死掉，三年的付出就会全部泡汤。这几年南日岛周边海域养了很多龙须菜，种植太多了，海水缺氧严重，就会影响鲍鱼的生长。2012 年还遇到过赤潮，那时村里很多养鲍鱼的一夜间都倾家荡产了。我们村有个养鲍鱼的夫妻，眼看着鲍鱼就要收成了，就想着鲍鱼后期长得快，反正也不差这么几天，多养两天等鲍鱼价格涨点再去卖。结果赤潮一来，可以卖几十万元的鲍鱼全都死光了。这对夫妻在鲍鱼场眼泪一把鼻涕一把地哭呀，一时想不开就直接跳海了，幸亏被旁边的养殖户救上来。所以这鲍鱼呀，是投资大、风险大的买卖，虽然回报会很丰厚，但要是倒霉的时候，一个晚上就可以把三年的投入都败光了。我们是靠天吃饭的，远远不如那些坐办公室的人收入稳定。我们养鲍鱼的，天天要像照顾婴儿一样照顾鲍鱼。南日岛的天气很不稳定，夏天经常有台风，我们在家待着，心里却想着鲍鱼筐会不会被台风吹走，绑浮球的棕绳会不会断掉，只要一来台风，那几天我们都没法安心睡觉。长期担惊受怕的，久了也麻木了，我们现在的心理素质都很好，呵呵。……我也希望镇政府对南日岛海域能统一规划，种植龙须菜的海域和养殖鲍鱼的海域要分开，不能因为两种养殖都很赚钱，就任由大家都来投资，应该有个总体的规划，要不龙须菜太多了影响海水质量，鲍鱼养不起来，对岛上的经济影响比较大，不管怎么说，鲍鱼是南日岛好不容易建立起来的品牌，应该要好好保

① 赤潮是在特定的环境条件下，海水中某些浮游植物、原生动物或细菌爆发性增殖或高度聚集而引起水体变色的一种有害生态现象。赤潮是一个历史沿用名，它并不一定都是红色。

护。现在不是在倡导非物质文化遗产嘛，这应该也算其中一个吧？

阿娟的成功榜样成为父母的骄傲，也是村里对于女性人力资本投资有效性的典型范例，现在，阿娟不仅自己发财了，还让自己的兄弟姐妹都参与到鲍鱼场来，带动大家发财致富，现在他们家不仅盖起了别墅，还在城里买了大房子，子女享受优质的学习和生活环境。这些正面典型刺激着村民，使他们认可人力资本投资对家庭发展所产生的巨大推动力，鼓舞着他们愿意把有限的物质力量投资于孩子的人力资本上，以实现高效回报，而这种投资没有明显的性别差异（见图6－5）。横轴 H_t 表示当期人力资本水平，纵轴 H_{t+1} 表示下一期人力资本水平，h 代表人力资本投资曲线。图中的 U 和 L 分别是人力资本处于稳定状态的点。当人力资本的存量水平 $H < H^1$ 时，由于对人力资本投资的收益率小于该项投资未来消费的贴现率，人力资本的均衡水平总是向 U 点靠近。但是，当 $H > H^1$ 时，由于人力资本存量水平累积到一个较高的程度，向人力资本投资会因其高收益率而持续增加，人力资本投资将在满足边际收益等于边际成本的条件下达到新的均衡状态。由此可见，正是由于人力资本投资回报率的不同，才使得村民选择不同程度的人力资本投资形式。调查中也发现，南日岛的村民作为新型农民，在人力资本均衡状态的投资中，能够更有效地协调好人力资本、劳动和投资三者的关系，以此提高家庭人力资本的积累以增强家庭经济发展能力。但也发现，从90年代开始海岛普及义务教育以来，在九年义务教育期间，男孩和女孩一般没有性别差异，但是九年义务教育后的受教育阶段，在家庭经济资本有限的前提下，家庭还是更愿意将经济资本投资于男

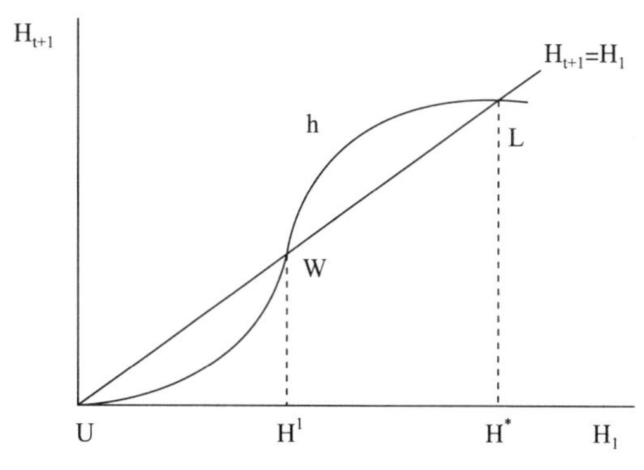

图6－5　人力资本的不同均衡类型

孩，对男孩有所侧重。只有当家庭的经济资本可以承担所有子女的受教育费用时，人力资本的投资才不存在性别差异。可见，家庭收入水平与女孩受教育水平高度相关。

（二）家庭人力资本——来自家庭的差异化配置

1. 父母讨价还价能力对于子代人力资本配置的性别倾向性

在多元回归分析中，家庭人力资本对于就业流动意愿的回归系数是2.612，说明家庭人力资本对于女性就业流动有正向的显著影响。从某种程度上说，父母的讨价还价能力①、受教育水平、身体健康状况都是家庭人力资本的表现形式，都会显著影响家庭的决策和女孩的受教育程度，进而影响就业流动的意愿。随着农村家庭规模的日益核心化和小型化，家庭内部资源配置更多是同代的父母做出决策，而不是传统的父母和祖父母两代人共同决策，这凸显了父母讨价还价能力对于子女教育决策的重要作用。布拉德和沃尔夫认为家庭讨价还价能力的差异是与资源的可得性为基础的，家庭权威和权力关系源于双方所占资源的比较，讨价还价能力较强的一方往往拥有较雄厚的资源（布拉德、沃尔夫，1960）。父母讨价还价能力的差异会影响家庭内部的资源配置，导致男孩和女孩在家庭资源获得上的性别差异。然而，与父亲相比，母亲的影响更加积极和显著，母亲对于子女的教育更加关注，在母亲讨价还价能力较强的家庭中，子女的受教育程度普遍要更高，而且还有助于提高女孩的受教育水平。由于女性与男性在生理特征、家庭和社会责任方面存在显著差异，在家庭预算比较紧缺的情况下，家庭会倾向于给男孩更多的教育投资。但母亲讨价还价能力高的家庭，会给予女孩更多的教育投资，以此提高女孩的受教育水平，且母亲在家庭中具有决策主导权时，家庭经济资源会更多地向营养、教育和衣着倾斜，这对女孩来说是个有益的现象，也抑制了对女孩的歧视。

同时，子女的人力资本状况显著地受到父母受教育程度的影响。来自

① 家庭讨价还价能力主要是指家庭成员对于家庭资源的分配和使用，代表着在家庭事务上的决策权。家庭讨价还价能力的度量在传统上采用了包括夫妻双方在收入和资产方面所占的份额与妇女在结婚时带入新家庭的资产。从社会经济角度来衡量，常用的指标包括家庭背景和地位、夫妻双方受教育的相对水平、年龄、家庭成员的角色分工、性别规范等。参见：Sowmya Varadharajan. The Pitfalls of Proxies of Power in Intra – household Analysis. 最后访问日期：2013 年 10 月 18 日。http://www.econ.yale.edu/seminars/NEUDC03/varad.pdf。

美国、巴西和加纳等国家的调查研究数据显示出，受到较高教育水平的母亲会带来女儿的高个子，同样地，受到较高教育水平的父亲会带来儿子的高个子（Thomas，1994）。作为衡量子女人力资本状况的身高，在很大程度上受惠于父母的受教育水平。特别是母亲受教育水平的提高会促成女孩享受到更多的家庭资源。而父母的受教育程度越高，还会越重视子女的教育，更愿意为子女支付教育开支，因而子女的受教育程度就会越高。一般而言，家庭决策权掌握在谁手里，在相当程度上决定了家庭的生活方式、主要特征和发展前景。在南日岛的语境中，家庭最重要和非同寻常的决策，如子女人力资本的投资，一般掌握在男方手里，而将那些不太重要且琐碎费时的事情的决策权下放给女方。这样就使得家庭的教育决策主要掌握在男方手中。因而，父亲的人力资本与对子女的教育投资有高度相关性。子女受教育程度高，本身对于就业质量就是正向的影响，有利于在就业中获得较高的经济收入、工作稳定性和工作环境等（王智勇，2006）。

（三）家庭社会资本——关系网络的规则与弱嵌入性

1. 家庭关系网络的规则秩序

在家庭关系网络中，主要有情感交流和工具交换。就业流动中交往形成的关系分为强关系和弱关系，强关系侧重于情感交流，弱关系侧重于工具交换。调查结果表明，家庭社会资本有利于就业回流，呈现负相关，说明家庭社会资本较强的女性，更愿意选择回流，即留在自己家乡工作，这可以用“差序格局”来解释。费孝通教授早在 20 世纪 40 年代就提出中国社会关系的建构与互动是依着“差序格局”来运作的（费孝通，2010）。中国人的人际交往模式以自己为中心，把与自己相互交往的他人按亲疏远近分为几个同心圆圈，与自己越亲近的，在与中心越贴近的小圆圈内。因此，在家庭所在区域构成的熟人社会里，家庭成员与外界的交往更多是情感性交往，且情感的紧密程度依血缘关系的远近形成差序格局。家庭社会资本较强的家庭，往往在本地拥有较高的社会地位和职业声望，并基于血缘关系和业缘关系构筑了稳固的社会关系网络，也可以利用业已形成的差序格局荫庇子代，使其获得较好的就业收入和地位。因此，家庭社会资本较强的家庭，其子代更愿意留在本土父母关系触角能发挥作用的地方。反之，家庭社会资本较弱的家庭，难以在关系网络中获得所需的资源，因此就业流动的方向不囿于本地，更可能通过弱关系获得就业机会，这与格拉诺维特的理论是相契合的。但调查结果还显示了，过多依靠家庭社会资本实现就业的女性，一般就业稳定性差，容易产生就业流动，且收入水平有限。这说明了过多依靠家庭社会资本实现就业的女性，由于自身人力资本的欠缺，难以在工作中崭露头角，发挥比较优势，在就业过程中常面临较多的困境，就业质量不是很高，只能通过安于现状以维持发展机会，就业流动的类型常处于工作换来换去，做什么工作都无所谓的状态。而且一旦遇到难以逾越的困难，就很容易选择回流。相对的是，较少运用家庭社会资本实现就业的女性，往往有着较高的文化素质，在城市的就业选择中有着相对的优势，就业流动的类型较为稳定。

除此以外，父辈的社会资本存量、关系网络的规模和紧密程度等因素也会影响女性就业流动。虽然在调查中很少有女性反映其父辈有科级或以上行政级别，因此给予女性的关系资源有限。但由于乡村是熟人社会，父辈尽管没有行政级别，但如果在乡村的威望较高，或有一定经济基础的话，也会被村民认可为“能人”，村民也很愿意与这样的家庭来往，村民所享有的社会资本资源也会向“能人”所在的家庭倾斜，使这些家庭在特定时刻能得到“关系人”的帮忙。比如采访到三墩村的一个女性，她就说，她家现在开了一个小超市，由父亲帮忙经营，其父亲在村里人缘不错，村民有什么事情都乐于跟他父亲商量，因此，他的超市经常有很多村民来闲坐，每次有人来，他父亲都会请大家泡茶聊天，长此以往，他的超市门庭若市，村民买东西首先想到的就是上他们家来，一来一去，他们家因此生意兴隆。而在此时，她毕业后一直找不到合适的工作，后来还是因为父亲的关系，托一个常来他家喝茶的熟人把她安排到附近的工厂做事。由此可见，父辈的社会资本和关系网络也会直接间接地影响到女性的职业发展，带来就业或升迁的机会。

2. 礼物交换和夸富宴的社会范式和崇高主题

大凡在社会体系中，不论是后进社会还是古代社会，人们接受馈赠就须有义务回报，以遵循权利与利益规则，在这里，现代社会赋予原始礼物以道德的维度，通过礼物的符号意义来重构社会关系逻辑。因此，“礼物、礼物中的自由与义务、慷慨施舍以及给予将会带来利益，并使得社会、社会中的次群体以至社会中的个体，能够使他们的关系稳定下来，知道给予、接受和回报”（马塞尔·莫斯，2002：209）。在礼物的交换过程中，礼物超越其实物本质，而具有社会生命和社会人格，使人们走出各自的关系网络再相互混融，形成契约和交换关系。与此类似，逢年过节熟人社会常通过宴请的方式，加深彼此的感情并重构关系网络，众多夸富宴的确存在明确的利益逻辑，目的是获取荣誉和声望，提升社会形象，家庭成员给予外界礼物和夸富宴的同时，是为了达致荣誉原则，即经济、社会、法律与道德的“混融”，对礼物的所有权经由这种混融而具有特定的含义，这也正是马林诺夫斯基所描述的“库拉圈”① 原理。在南日岛的调查中，笔者也发现了“鲍鱼库拉圈”效应。

在南日岛，鲍鱼由于味道鲜美和价格昂贵而成为奢侈品，岛民互赠礼物常选择具有海岛特色的、有较高品味的东西，于是，鲍鱼成为馈赠的绝好媒介，这也符合礼物交换的重要条件。因此，逢年过节或者重要的家庭事件，比如满月酒、结婚等，送礼和宴请的必备物品一定要有鲍鱼，送得起鲍鱼才是最有面子的事情，在很多情况下鲍鱼的数量和质量成为衡量一个家庭富裕程度和个人出手是否阔绰的重要衡量指标。一斤三个的极品鲍鱼成为人们竞相购买的等价物，正因为岛民对鲍鱼的这种执着的热情和追捧，鲍鱼的价格被炒作起来，根据每斤的个数来决定鲍鱼的品质，岛民送礼或宴请的时候常以此作为见面的开场白或宴请的诚意，收礼方和吃客也会心照不宣地知道东西的分量。但笔者也留意到鲍鱼流动的路径，遵循着金字塔的等级结构（见图 6 - 6）。岛民送鲍鱼一般沿着自下而上的礼物流动路径，这类流动路径带有明显的功利色彩，是为了积累社会资本而为的目的行动。但随着自下而上礼物流动的频繁，社会地位等级较高的人收到很多的鲍鱼，单靠个体家庭吃不完，就只能送给等级较低的关系密切人，比如亲属、朋友、邻居，而等级地位相近的群体，也会互相赠送鲍鱼，作为日常交往的一般等价物，但此类赠送相对较少，更多是自下而上和自上而下的鲍鱼流动，形成一个循环反复的轮回系统。可以说，鲍鱼库拉圈代表着一种对岛民来说具有重大意义且充斥着复杂人际交往关系的仪式，反映了特殊的文化特质和民俗氛围，将为数众多的岛民结合在一起，并且交

---

① 库拉圈大致覆盖整个马辛地区的岛屿。库拉的基本方式是用臂镯交换项圈，用项圈交换臂镯。在库拉贸易中，臂镯以逆时针的方向流动，而相应的，项圈以顺时针的方向流动。用马林诺夫斯基重点研究的特罗布里恩德岛来说，当地土著以项圈交换西边岛民的臂镯，再通过向南的库拉，用臂镯交换南方岛民的项圈。这是一种相对稳定的关系，一旦建立就基本不会被破坏，可以说“一旦在库拉中，就永远在库拉中”。处在库拉圈不同地方的土著基本按照这样的方式来进行库拉物品交换，受到传统规则和习俗的制约与管理，并伴随着复杂的巫术仪式和公开仪式。这样的库拉联系起了附近各个岛屿的土著，形成了库拉圈。

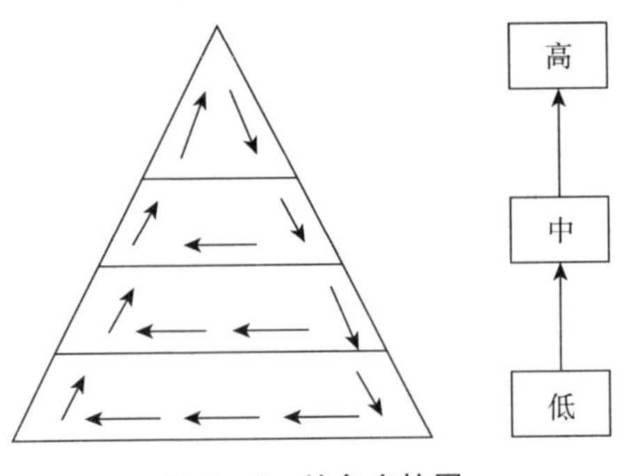

图 6－6 鲍鱼库拉圈

织在大量复杂的活动和仪式之中，成为结婚、满月宴请中重要的道具予以呈现。基于此，鲍鱼库拉圈联系起南日岛的诸多村落，使岛上的 6 万多人加入这场礼物流动的狂欢盛宴中，加深彼此的交流和感情，形成系统多元的有机整体。

鲍鱼养殖是南日岛新兴的行业，因此鲍鱼库拉圈的形成还处于初步雏形状态，但已表现出较为清晰的交换轮廓而固化了下来，将岛民涵盖入这样的交往关系圈中，成为具有相互责任和权力的人际关系类型，而且，鲍鱼库拉圈还嵌入着人际关系的特殊信任，使每个鲍鱼送出者都有信心能从收受鲍鱼者身上获得他所期待的资源，实现互动交换。笔者在调查中就发现，很多岛民是在春节才回到南日岛的，他们趁着春节岛民都在家的机会，互相拜访、送礼、宴请，增进彼此的感情，以此积累社会资本，提高关系网络的顶端、规模和异质性，以此从不同资源掌握者手里获得所要的资源。比如，南日岛很多人在外地承包医院，每年春节回海岛，这些承包者就会在老乡中物色满意的管理人员来为医院服务，而此时，鲍鱼恰恰成为交往的“叩门砖”，有求职意向的岛民就会通过送鲍鱼找上门来，以此为机会进行交流和沟通，如果满意就可以在春节后直接上班。因此，春节常是送鲍鱼的旺季，鲍鱼的价格也水涨船高，在春节时达到一年中价格的顶峰。

当人们生活“浸淫”在送与取的过程中时，也体现着荣誉原则。可以说，不论是鲍鱼库拉圈还是夸富宴，都遵循着荣誉原则而存在，人们会因为馈赠、实物供奉、仪式和礼物而感到满足。岛民在进行夸富宴的活动时，常会准备十八道菜，以显示主人的热情和慷慨，而事实是，经常吃到第九道菜的时候人们都已经饱了，但是为了撑足面子，当地的风俗要求一定要上满十八道菜，尽管非常浪费，却涉及面子问题，没有哪个主人会因为觉得浪费而选择少上几道菜，因为这涉及荣誉和信任。而且在前九道菜中，必定有一道菜是鲍鱼，有且只有最具南日岛特色的鲍鱼上桌了，才能体现主人的诚意，吃客才会觉得此次赴宴没有白来。在夸富宴的程序后面，还要敬烟，此时对烟的品质也有很大的讲究，如果送的是硬壳的七匹狼，大家会觉得这家人的经济水平一般，大家心知肚明而心照不宣。而对于夸富宴这样的重要仪式来说，最普遍的就是敬上软壳的中华，这样才能上得了档次，因此，很多办过夸富宴的家庭都不得不承认，鲍鱼和香烟的花费是所有消费中不得不选择也是最费钱的一部分。

“夸富宴作为一种财物的散发，就是‘确认’的一种基本行径”。人们在社会关系场域中，财富并不简单是经济理性的主体，而是用来赢得声望，获得支配他人的手段，并基于集体情感过渡到一种基本的社会秩序。对于中国场域来说，中国人惯常热衷于“面子的权力游戏”（黄光国，2004）。这使得家庭成员都愿意拿出一部分经济收入来支付人情方面的开销，通过礼物的互换，比如在春节给父母和子女压岁钱、给亲朋好友送礼等方式显示自己在家庭的经济地位和相对于家族其他成员的优越性，并由此拓展自己的网络规模和网络顶端，积累社会资本。同时，这个经济互惠网络几乎渗透每个个体及家庭的方方面面，每个家庭或个体可以从互惠体系中的其他家庭或个体中获得应有的利益交换。在这里，家庭具有更宽泛的含义，有着强烈的经济共同体的意味，家庭社会资本因为网络效应显得更为稳定和持久。因此，村民通过网络的互惠交换形成家庭特有的关系网络。在调查中，不少村民反映，日常的红白喜事等人情消费占据家庭收入的很大一部分，“村里有红白喜事，亲属和邻居都会去帮忙，不仅提供物质帮助，还提供人力支持……特别是到春节，在外打工的村民都会回家拜年，赠送礼物和宴请就成为惯常的交流方式”，村民通过这种朴素的沟通方式，不仅重新整合了原有的权力位置，还使家庭间达致新的融合，也为家庭拓展了更有广度和深度的社会资本。很多家庭的网络顶端都是通过春节或其他特殊节日的馈赠礼物等方式建立和巩固起来的。而且，夸富宴还被赋予新的权利义务，接受宴请的人，在夸富宴后都必须遵守信用原则，对主人有求之事给予能力范围内的支持和帮助，这种信任如同契约关系一样，宴请方和受请方都必须遵守，一旦哪一方毁约，比如吃完宴席后不帮忙，或者帮忙了不请客的，其结果就会置身于村落舆论的压力之下，在村里的声望受到极大的挑战。因此，当事双方都会遵循这条不成文的潜规则，谁也不愿意越界而给自己带来麻烦和困扰。可以说，这也体现了对于村庄共同体的理性回归，村民的契约精神联结了关系网络中的人群，人们基于共同的信任彼此交换礼物和社会资源，也在此交换过程中加深彼此的感情和对于村庄共同体的依附心理，构建熟人社会的基本秩序。

女性身处于这样根深蒂固的村庄场域里，有着强烈的归属感，更有就业回流的意愿，很多女性表示在外地打工是权宜之计，在她们结婚或者生育子女后就会想要回流家乡，村庄熟悉的环境和人际交往关系对她们有着强烈的吸引力，她们认可就业回流才是长远的发展选择。因为在熟人社会里，她们及其家庭可以直接面对面见到关系人，家庭社会资本能发挥到效果最优；而一旦离开这样的熟人社会，社会资本的影响力通过中介转手，往往无法直接触及关系人，发挥的效果则会大大逊色。在这样的网络环境下，如果海岛能提供充分的就业机会，她们会选择就业回流；如果没有合适的就业机会，就会选择在家养老抚幼，承担起家庭的传统分工责任来。因此，在海岛找到公职工作是很多女性的“香饽饽”，能在镇政府工作或在学校里当老师是件很荣耀的事情。特别是家庭有产业的，比如养殖鲍鱼、做水果批发生意的，这些家庭的经济资本较为雄厚，在岛上已经积累了深厚的人脉关系，他们对于儿子的要求更多是希望能子承父业，将家族企业做大做强，而对女儿的要求当然也是为家族企业效力，但能进入公职部门当差也是一个不错的选择，特别是自从公务员阳光工资改革和教师工资改革后，镇政府工作人员的收入有了一定的提升，教师工资实行“一刀切”，跟省内沿海发达地区，如厦门、福州等的基本工资水平持平，极大地改善了教师的待遇，很多年轻女性趋之若鹜。因此，但凡有些许门路的家庭，都削尖脑袋希望女儿能在公职部门任职，充分发挥家庭社会资本的触角搜寻可以用得上的门路。相比之下，家庭社会资本较弱的女性，无法与这样的家庭进行竞争，更多选择就业流出，或者提升个体的人力资本在外地寻找稳定的工作，或者自我创业获得经济收入的提升，她们的就业流动情况与前文实证调查的数据结果相符。

3. 女性对于家庭秩序的依附性和弱嵌入性

美国社会学家霍曼斯认为“在不对等的交换关系中，双方对交换关系的依赖程度及从中获得的利益是不同的，那些在交换关系中获得利益较少的一方于是获得了权力，而获益较大但又无力回报的一方只能以服从对方、改变自己原有的行动作为补充性回报手段”（贾春增，2000）。可见，在依附关系中，对于依附的一方来说，只能服从被依附一方、改变自己原有的行动，按照被依附一方的行动准则来开展行动。因此，女性在家庭秩序中更多处于依附关系，依附于对其有重要经济价值的丈夫或父亲，一般来说，男主外女主内的家庭性别分工模式使得男性的收入较多，承担起家庭的经济责任，经济收入较低甚至没有的女性只能处于从属地位，在家庭关系中处于弱势地位，随着女性依附于男性的可能性增加，客观上造成了男性对于女性的权力。

但作为个体行动者的女性，不甘于家庭秩序上的弱势地位，她们通过自己的积极性和能动性，在家庭秩序上具有弱嵌入性，即嵌入者嵌入社会关系的程度较弱，体现了对嵌入者—经济—嵌入社会关系程度的描述，将弱嵌入性原理引入对于微观行动者的研究，可以分为几个要素：嵌入者；被嵌入者；被嵌入者赋予嵌入者的种种社会性，如身份、规范、行动的限度及观念等；嵌入者的能动性；二者的互动、互动后微观的结构变化程度（孟宪范，2004），具体可以操作化为如下的影响图式：

（1）嵌入者：关系网络中的家庭成员

这里所谈到的嵌入者，是指在乡村关系网络中的家庭成员，具有经济性和理性，不仅嵌入于相应的制度体系和网络结构中，而且具有主观能动性，类似于结构二重性理论所提到的结构对于个体行动者具有制约作用，而个体行动者对结构也有解构和重塑的作用这样的意味。在阐述中，笔者将女性作为积极入世的行动者，对于家庭关系网络具有弱嵌入性，希望通过个体的努力摆脱传统的性别分工，实现个体的解放和发展。

（2）被嵌入者：实践亲属关系

关系网络中的家庭成员，要嵌入关系网络背后所隐藏的诸多制度和人情社会的潜规则。乡村中所建构的社会秩序是由流动的、个体中心的社会网络支撑的，每个家庭群体或家庭成员行为人都倾向于通过维持、再生产和改造人际关系，来维持生活中这种特殊的实用关系网。该关系网不但包括处于良好运转状态的全部谱系关系（基于宗谱关系的亲属关系），还包括日常生活之需而予以调动的非谱系关系，形成“实践亲属关系”。家庭间的团结和家庭内部的合作就是在实践中通过亲属和非亲属关系的共同运作来维持的。南日岛岛民间彼此的团结和家庭内部的合作是在实践中通过亲属关系纽带和非亲属关系纽带共同运作和流动来维持的。事实上，被调查的岛民基于友情的人际关系已经超出了亲属关系体系本身去建立和培育网络，集体化有助于将非亲属关系纳入家庭网络而创造新的联系。比如不少村民表示，如果手头很紧需要借钱，如果数额不大一般是找邻居借钱。平时联系较多的也是非谱系关系的邻居，遇到小事情来帮忙的也是邻居。

（3）被嵌入者赋予嵌入者的身份、规范、行动的限度

嵌入者在关系网络中，处于特定的结点上，占据着一定的资源，也被赋予网络的身份位置，而要从关系网络中寻求嵌入于其中的所需资源，就必须利用个体所处的地位和关系，构筑关系网络，但这种能动性的过程并不能随心所欲，必须受限于一定的结构和制度，使作为被嵌入者的结构和制度，赋予嵌入者以身份、地位，受限于特定的行为规范和制度体系。调查发现，岛民交往的圈子更多是本村的村民，流动性小，交往对象更多是同质性的家庭，因此网络顶端和网络异质性较弱，无法获得多元化、异质性和优势资源，只能处于低水平重复的网络关系中。这种网络关系深刻影响着女性的发展，使她们为了谋求长远的发展，必须走出海岛，拓展自己的社会网络关系和资源，在一定程度上增加了人力资本较强的女性就业流出的几率和意愿。

（4）嵌入者的能动性

嵌入者的能动性是弱嵌入性理论的人格体现，嵌入者作为能动的社会行动者，不是结构中的凝固因子，而是实践的主体，他们理性地运作资本、精心地构筑自己的关系网络，对业已存在的制度有解构和重塑作用。在家庭关系网络的构建中，家庭成员通过实践中的关系网络来动用人际资源，获取各种社会利益，这种横向的联系不同于静态的家庭垂直的血缘关系，必须在实践中不断维护和培养，是实践性的动态过程，使家庭关系网络处于不断的形塑之中。在家庭内环境里，家庭成员作为嵌入者，在关系网络中具有能动性，在日常生活的人情交往和关系维持方面有着积极的行动。在调查中，很多村民表示他们经常与亲戚和邻居交往，串门聊天什么的，特别是晚上和节假日。到春节的时候更是如此，很多村民会在家里大摆宴席，宴请来拜年的村民，因此春节时村里人经常从村头吃到村尾，在这过程中，不同的交往圈子相互交叉融合，扩大了村民的交际圈，也为他们所属的家庭扩大了网络规模。而且很多南日女就业流出到祖国各地，带有多元化异质性的社会网络资源，嵌入者的能动性可以使她们融入关系网络并建构起有利于长远发展的网络体系，在就业流动的关键时刻寻求利益

关系者的帮助和资源，这将是职业发展的重要环节，也体现了与传统女性的重要差别。

（5）嵌入者与被嵌入者之间的互动

两者之间的互动有着浓厚的结构二重性的理论意蕴。其中，嵌入者是体现着人格化的行动载体，被嵌入者是结构的物化形式，两者互相作用，物化结构限制行动者，行动者反过来通过自己的主观能动性，反作用于结构，两者的互动既有结构的行动制约性，又体现社会行动在结构再生产中的作用，强调行为主体的主动性和能动性。调查中，很多南日女表示，她们会积极主动地与村里各个利益相关者交往，平时通过串门、送礼、宴请等方式加深彼此的感情。比如有个女性表示，她家要在邻村承包海域养鲍鱼，就是靠她很要好的中学同学去疏通关系要到承包海域的，她在日常交往中精心运营的关系网络，在特定的时刻表现出重要的作用。同时，作为积极的嵌入者，她们在发挥主观能动性的时候常会遵循村庄、关系、秩序的乡规民约，以适当的方式与被嵌入者之间进行良好的互动。

（6）互动的结果：微观环境的改变

对于嵌入者来说，家庭成员作为行动者在网络中通过资本的运作和关系的构建，占据优势的结构性位置，在资源交换和互惠中形成不同的权力和声望，也使得家庭社会资本的积累得到差异化的配置。而对于被嵌入者来说，互动的结果使得制约嵌入者的微观环境和制度发生深刻的变化。可以说，嵌入者对于网络资源的积极构建，客观上促进了被嵌入者的资源积累和广度，拓展了乡规民约的范围，改变了岛民的思想观念和生活方式，使微观环境发生变化。

从以上的分析可以看出，嵌入者是柔性的，被嵌入者是刚性的，尽管刚与柔有诸多差异，有清晰的边界，但二者并不是不可调和的，在一定程度上有互融互补的可能性，这也体现了关系网络解构和重塑的流动性。

（四）家庭自然资本——来自家庭共同体捐赠的遗传天赋

家庭自然资本主要是指家庭拥有或可长期使用的土地和父辈给予的财产（包括动产和不动产）。土地为家庭提供了最基本的生存保障，也是家庭最重要的自然资本。父辈给予的财产使家庭获得外延式发展的基础。我们将自然资本以家庭拥有耕地数量和父辈馈赠的财产两个指标来衡量。调查中发现，南日岛各个村落的耕地分配标准不统一，与本村的自然地理状况有关。一般而言，每个人可以分到三分的土地，但也有例外的，比如西高村为平原，土地分得就多，而三墩村为丘陵，土地就分得少，岩下村有九重山，情况也类似。此外，夫妻双方都为农业户口，他们的子代都可以拿到村里预留的土地。但有的村没有预留地，这些家庭的子代没有可以耕种的土地，就只能选择经商或就业流出打工，对于女性来说更多从事手工业，比如收海带、海产品加工等，只有到中年以上的年纪才会选择耕种土地，种植不需要太多雨水和护理的花生或地瓜。相比于耕地，能分到海域的村民似乎更幸运些，南日岛的鲍鱼、海带、石斑鱼等海产品的养殖如火如荼，海域成为争夺的资源，也增加了海域的使用价值，出租海域比出租耕地能获得更高的经济收益。由此可见，家庭自然资本会影响女性的就业流动意愿，家庭自然资本较多的女性更多留在海岛上，而家庭自然资本较少的女性往往选择在外地打工。家庭作为共同体成为子女就业流动意愿和就业满意度提升时的利益取向，与此相反，如果父辈没有提供有价值的财产给子代，或者甚至还要因病因贫增加子代的经济负担，也会造成子代只能选择就业流出和低水平的就业质量。

在现实的调查亦可见一斑，很多女性普遍反映其父辈很少有科级或以上行政级别，因此给予子代的关系资源有限。但由于乡村是熟人社会，父辈尽管没有行政级别，但如果在乡村的威望较高，或有一定经济基础的话，也会被村民认可为“能人”，村民也很愿意与这样的家庭来往，村民所享有的社会资本资源也会向“能人”所在的家庭倾斜，使这些家庭在特定时刻能得到“关系人”的帮忙。父辈的社会资本和关系网络形成的自然资本也会直接间接影响到子代的就业意愿和满意度。同时，父辈自然资本中的动产和不动产也对女性就业流动有显著影响。调查中发现，娘家如果拥有较多不动产的话，就会通过各种方式招赘，以保持家庭的财产，这在南日岛是个很普遍的现象，女性招了上门女婿，就可以光明正大地使用家里的店面、房产，她们可以利用这些资金开店自己当老板、购买店铺赚取租金收入，甚至投资办厂，这有利于她们就业质量和社会声望的提升，不少家庭自然资本较多的女性，甚至开起了宝马、奔驰等豪车，甚至还有些人因为只购买本田车而被村民所嘲笑的。在这一过程中，最重要的结果是将这些女性牢牢保留在南日岛，很少有人表示会离开这个海岛去外地打工，对自己土地眷恋的深情和家庭自然资本带给她们的就业福利和收入待遇，牢牢地拴住她们的心和脚步。

二　社会性别系统——弥散的制度幽灵

社会性别系统是基于 L. Von Bertalanfy 系统论的主要观点而衍生出来的理论体系，探讨社会系统影响下的社会性别系统的形成和发展机制，以及社会性别系统从无序到有序、从低级无序到高级有序的发展历程。作为社会系统的一部分，社会性别系统带有明显的社会系统的特征，表现为在实际运作中的自组、振荡、耗散。其中，自组代表一个开放、远离平衡的体系，在一定条件催化下可以自发地组织成时间和空间的有序结构，呈现出生命特征的自组织现象，如女性在就业流动中会根据社会环境的变化适时做出调整，选择就业回流或就业流出，或为了家庭子女抚养或配偶职业成就的考虑在就业流动层级上有所取舍，达致动态的平衡和秩序；振荡代表系统内部的元素在一定条件下会随着时间发生有序的周期性变化，如社会对于女性的性别角色期待和家庭生命周期会使得女性就业流动的行为选择发生周期性变化并遵循一定的规律性；耗散代表系统在达到远离平衡状态的非线性区域时，一旦体系的某一个参量达到一定的阙值后，通过涨落使系统发生突变，从无序走向有序，并产生振荡，如女性在就业向上流动中常遇到的“玻璃天花板”效应。实际调查的结果也支持了这样的结论，影响女性就业流动的因素除了家庭经济发展能力层面，还有社会性别系统层面。

（一）传统性别观念在家庭场域中对于女性的还原和形塑

女孩在成长过程中，都要受到社会性别等级制度在家庭场域的框约，在家庭资源有限的情况下，比如有限的家庭储蓄用于子女教育的投资，男孩和女孩就会产生竞争性需求，谁都想获得家庭教育的投资以增强人力资本，从而获得较好的工作机会，或流动到较好的就业地点。在这场子代成员的教育投资博弈中，父母的性别观念起着关键性的作用，如果父亲或母亲有男孩偏好或女孩偏好，就会在教育投资方面有所取舍，选择偏爱的男孩或女孩进行培养。在调查中也发现，绝大多数的父母都有强烈的性别歧视，性别歧视的观念仍内化于心，并表现于行动的选择中。父母会满足子女的基本要求，比如基本的生存需求、九年义务教育的权利，但在较高层次的需要上，则会对男孩有较多的倾斜。在南日岛，家庭的性别歧视和男孩偏好仍在很大范围内有着广泛的受众，长期的性别观念沉淀和内化在普通民众的思想观念中，坚如磐石，牢不可摧。很多村民普遍持有女孩读书无用论，很多家庭更愿意供男孩读书而不把机会让给女孩，就算岛上很多村民通过养殖鲍鱼、做木材生意、加工海产品（主要是海带）等方式获得不菲的收入，但他们还是很难自觉地将培养女孩作为自己的责任，普遍认为“嫁出去的女儿泼出去的水”。这源于南日岛根深蒂固的父姓制度，根据南日岛的风俗，女孩嫁出去就是别人家的，只有男孩是跟父亲姓，才算是家庭成员；如若是独女家庭，独生女是当作儿子养的，长大后要给父母养老送终的，最重要的是，很多独生女的家庭都要求招上门女婿以保持血脉延续，或者实行“两顾”，即结婚后必须生育两个子女，第一个男孩随父姓，第二个无论男女随母姓，而这些规矩都是订婚时说好的，且大都要立字据以备日后起纠纷。

而且岛上年轻的女孩相亲后很多人不着急领结婚证，都是先生孩子，生了男孩再来筹办婚礼或者领证，如果生不了男孩就一直生，直到生了男孩才可以谈婚论嫁。因此，很多岛民都是结婚喜酒和满月酒一起办的，即选择春节岛民都空闲的时候，今天办喜酒，明天办满月酒。或者怀孕到大月份的时候去做彩超，如果是男孩就办喜酒，如果不是男孩就以后再说。这也催生了岛上一些不地道的医生，专门照彩超看性别，且价钱应需日增，赚得盆盈钵满。而可怜的年轻女孩，如果第一胎是女孩，第二胎还是女孩的话就要被迫去做引产，直到怀上男孩。虽然这符合岛民传统适者生存的丛林法则的无奈之举，但却成为当地的陋习。特别是在春节的时候，岛民彼此都互相登门拜年，如果生男孩就要敲锣打鼓上门讨要香烟和糖果，一群大人孩子前簇后拥，好不热闹。而婆娘们见面都是打听添丁的事情，对于没有生育男孩的家庭就要被指指戳戳，她们的观点都是一致的，那就是你赚多少钱我看不见，但你家没有男孩那可是全村都知道的笑话。因此，岛民对于男丁的狂热追捧日益白热化。对此，笔者也采访到了岛上的中年妇女阿兰，她跟我诉说了这样的痛苦：

我只有三个孩子，一男二女，大女婿家穷，给我们家当了上门女婿，我当时就觉得很满意，后来大女儿生了女孩，尽管不是很喜欢，但觉得她可以生两个，就希望第二个能是男孩，所以怀上第二胎五个月的时候我就托人去看彩超，结果又是女孩，我就说第二个不要了，流掉以后再生男孩，可我女儿第一胎是剖腹产，第二胎没法自然生产，如果流产就要再剖一次，她吓坏了，死活不肯流，只好生下来。

既然这样，我就希望儿子能给我生男孩，因为我儿子媳妇都是公家单位的，我就想着只能生一个，就在怀孕时去看彩超，如果是女孩就不要了，男孩就留下来，可我媳妇也一样不肯照彩超，结果生了又是女儿，唉，我就是命苦啊，现在回到村里都抬不起头来了，我的二女儿是抱养的，以后肯定要嫁人了，我都指望不上，现在村里人都说我们家有财无丁，每年春节回来我都很怕去别人家玩，更不敢去喝别人家的满月酒……

我们农村平时没什么娱乐活动，邻里乡亲平时就是聊天看电视。村里的年轻人都出去打工了，就算没出去的平时搞养殖也很忙，没空去串门，来往得也比较少。所以我们村啊，因为太无聊了，只要有人打架就会有很多人跑去看，就跟去镇上赶集或者看耍猴的一样，只有这个时候才会有那么多人聚在一起（阿巧捂着嘴笑）。我们村长经常跟我们说，在农村，电视为计划生育做了巨大的贡献。早期还没改革开放的时候，岛上的人都是农村的生活方式，每天一大早就出海捕鱼，到了快天黑才回来，女的在家里做家务，一天这么忙下来，天黑了就睡觉了，所以一到晚上，村里就非常的安静。你可能不知道，那时候村里人很少用电灯，都是用煤油灯，蜡烛算是个奢侈品了，所以大家天一黑就差不多要睡觉了。海岛上的人晚上又没电视看，又没地方可以逛街，实在是太无聊，大家就想着生孩子。所以岛上的计划生育工作非常难做。你看现在南日岛有六万多人，都是因为没有电视生出来的，呵呵。那时候抓计划生育可凶了，我对面那个邻居，家里有三间平房，二儿媳妇超生了，躲到外面去了，计划生育的找不到人，就拆房子，三个房间给拆了两间，不过就算是拆房子，媳妇在外地跑路，他们家也还是要生孩子，没办法，我们村孩子太少会被人说，没有男孩子更会被人说。

可以说，重男轻女的理念已然内化于无数岛民的精神世界里，成为禁锢他们生育行为乃至社会行动的人生哲学，几乎所有被调查的对象都认可男孩对于一个家庭的必要性，没有男孩将极大影响在村庄的社会地位和发生纠纷的处理能力。对此，笔者选择的吴姓家庭颇有代表性。

个案 16：吴姓家庭，早在 20 世纪 90 年代初就从南日岛迁移到涵江，在涵江自盖了小别墅，夫妻都在医院上班，收入丰厚，还有一个女儿阿丹，在莆田市当公务员，一家三口过得很幸福，经济条件较好。陈某，52岁，是这个家庭的女主人。

女主人陈某给笔者诉说了这样的烦恼：

> 我只有一个女儿，按照南日岛的风俗，独生女是要招上门女婿的，如果她嫁出去了我们家以后就没有人姓吴了，早在两年前我就给她介绍了好几个男孩子，都是市里的公务员或事业单位，作为我们父母，总是希望孩子能找到靠得住的好人家，但问题是，很多优秀的男孩子都不肯入赘，本来莆田人就是重男轻女，现在计划生育后每家都只有一个男孩子，谁会愿意给你当上门女婿，后来就只好找同姓的男孩子，跟我们家一样姓吴，这样一来，条件太多了本来就很难找，就算好不容易找到了我女儿还是看不上。后来问了她才知道，原来她有男朋友了，是中学同学，都谈了好多年了，我居然都不知道。……我想既然都找到了，也是好事，可仔细一问才知道男方不姓吴，而且他家很有钱，男方父母肯定不会让唯一的儿子给我们家当上门女婿的，没办法，我就想着要不“两顾”也可以，可男方家就坚持着一定要我女儿嫁过来，还放出话来，说什么一定要娶进来才可以，而且以后就算生一百个孩子也都要跟他们家姓。这样一来，我也生气了，凭什么这么欺负人啊？我辛辛苦苦培养女儿本科毕业还找到很好的工作（当公务员），说什么也不肯让女儿嫁到他家去。后来我也劝我女儿再去相亲，可这两个年轻人死活就是要在一起，怎么说都没用。耽搁了两年，现在女儿都25了，我们南日岛人都是很早结婚的，再拖下去就更找不到对象了。后来还是我女婿对父母以死相逼，苦苦哀求父母答应“两顾”，男方家才勉强松口。为了以防万一，我亲家来我家提亲的时候，我还特地跟他们签了协议，约定好以后生第一个孩子跟他们家姓，如果以后计划生育放开了①，单方独生子女可以生育二胎的话，第二个孩子要跟我们家姓，如果第一个是女孩，第二个是男孩，男孩还要再改过来跟他家姓，女孩再改过来跟我们家姓。唉，反正我也是吃了生女儿的亏，不能让下一代继续吃亏……

① 笔者于2013年9月对吴姓家庭进行个案访谈，当时“单独二孩”政策尚未付诸实施。

尽管这件事看上去解决了，但她女儿却表示压力非常大，她说：

按照现在的计划生育政策，如果第一胎生男孩的话，男方家很高兴，我们家却什么也没捞到，等政策放开二胎不知猴年马月。最可怕的结果是，如果第一胎生女孩的话，两家都会很崩溃，所以我现在最担心的就是第一胎不是男孩，即使到时真的能生第二胎，也希望第二胎是男孩，这样省得改名字，而且我家以后还有姓吴的血脉，如果第二胎是女孩，还要更改户口上的名字，名字改来改去，对小孩的成长也不好。

对于这件事的处理，男方的母亲也颇感委屈，她说：

我们家的家境也算不错，在商业城有两个店面，也盖了三栋楼，我们家现在住的房子，单单院子就有三百多平方米，我们家在当地也算是还不错的。如果不是我儿子执意要娶她家的女儿，我还真不愿意。我儿子不是公家单位，他随便找个女孩子都可以生两个，现在好了，找个公务员，就只能生一个了，我们家这么有钱，也不需要非得找个公务员的媳妇啊……现在协议签了，我的第二个孙子还要跟她们家姓吴，我到现在还是气不顺，我们家娶媳妇孙子还要跟别人姓！……

这个家庭所经历的尴尬还算是有了兼顾双方的结局，虽然各方都觉得自己亏了，没有他们预设的结果，但毕竟妥善处理了各方利益，顾及全家的面子，不至于让看似私人事件的婚配和生育行为成为亲戚朋友或街坊邻居闲暇的谈资，两个小夫妻纯真的爱情也算没有淹没在七嘴八舌的唾沫星子里。

正是基于南日岛这样的性别观念，除了独女家庭外，大多数家庭都会将有限的家庭资源交给男孩，男孩在竞争博弈中常常毫无悬念地轻松胜出，包括女孩在内的家庭成员都不会有丝毫的异议。在该过程中，被选拔去读书预示着家庭性别观念所体现的价值取向，就是男孩承担光宗耀祖、出人头地的家庭期待，而女孩由于家庭赋予的教育投资的不足，人力资本处于相对弱势，在就业流动中，不管是就业流动还是职业变迁，都会或多或少受制于教育的缺陷，难以有更多机会实现职业层级的向上流动，就业回流的可能性也大大增加。“现代社会对人的控制往往不是直接的约束，而是间接地通过对社会空间的控制来实现”（郑丹丹，2011）。社会和家庭在长期发展中积淀的性别等级制度，使得男孩比女孩更有机会脱离原生地而迁移到其他更为理想的区域，融入新空间后，男孩的人生历史有着重要的转折，这是长期留在原生地的女孩所望尘莫及的。

同时，受到南日岛根深蒂固的传统习俗的影响，衍生出岛民特殊的婚配制度。在调查中笔者发现，很多“一女户”或“二女户”不愿意让女儿嫁出去，在他们的思想观念里，一旦把女儿都嫁出去，那就是绝后了，这在农村里是有损颜面的大事，万万不能尝试的。因此在谈判的时候，家境好或者女孩个人条件好的家庭，就会要求招赘，条件稍差的就要求“两顾”。但随着计划生育的普及，很多“独男家庭”是不可以有生育第二个孩子的指标的，只有第一个孩子是女孩才可以生育第二个孩子，即“一孩半家庭”。由此，很多家庭的男丁成为稀缺资源，男方家长巴不得娶进门来，哪里还肯被招赘或“两顾”？很多家庭到子女结婚的时候都要为这个问题伤透脑筋，甚至吵得不可开交，逼着子女斩断情缘的。在某种意义上，“有情人难成眷属”确实成为岛民婚配的真实写照。前文提到的吴姓家庭，在双方父母谈判时就遇上这样的尴尬事，他们的女儿阿丹跟笔者谈起谈判当天的情形，她说：

> 我跟我男朋友是高中就开始谈恋爱的，都已经快七年了。读书那会我爸管得很严，不让我看电视，更不让我谈恋爱。有一次他在楼下等我一起去上学，被我爸逮住了，我爸当时很生气地推了他一个趔趄，警告他以后不要再来找我。从此我们只好转入地下，偷偷摸摸地见面，生日的时候约在电线杆下交换礼物，就跟地下党一样，但我们觉得很好，只要不分开怎么样都行。
>
> 读大学那会我在重庆他在厦门，尽管分开了四年我们还是感情很好，每天都要发好多条短信，打无数个电话，就跟热恋中的小情人一样。一到放假我们都会着急跑回家见面，或者偷跑去厦门看海，在一前一后地回莆田来。我们俩从认识开始就是奔着结婚去的，毕业后我们就跟双方父母摊牌了。他爸妈一听我在莆田当公务员，又是名牌大学的本科生，喜欢得不得了，满口答应，但只有一个条件，他们家只有一个儿子，只能娶进来，不能“两顾”，更不可能招赘。而我们家

只有我一个女儿，就要招赘，实在不行妥协一步也要“两顾”，让我嫁出去是肯定不行的。第一次见面双方家长就谈崩了，大家都不让步，闹得不欢而散。临走时，我爸强调只有“两顾”才能让我们结婚，要不以后断绝来往。他爸也放下话来，就算以后生一百个孩子也不可能留一个跟你们家姓吴。

家里死活不让我跟他继续来往了，还给我介绍了一个在莆田当警察的男孩子，撮合我跟那男孩子好。那段时间我跟家里人几乎天天吵架，我就是要跟他在一起，我就是要嫁出去，如果不肯让我们在一起，我们就去私奔，我就要跳楼。我男朋友听说我去相亲了，着急得跟热锅上的蚂蚁一样，也在家里闹着一定要跟我结婚，逼着他家里妥协。于是，他妈妈就经常给我打电话，希望我说服家里人妥协，我跟家里又沟通不来，双方僵持着，我们都快被逼疯了。就这样耗了一年多，双方家长看到我们没有妥协的意思，也不肯去相亲，想着我们年纪也大了，只好重新坐下来再谈判。最终，在我们俩的努力下，采取保住双方面子的“两顾”，第一个孩子跟爸爸姓，第二个跟妈妈姓，如果第一个是女孩，第二个是男孩，就要让男孩跟爸爸姓，女孩改过来跟妈妈姓。为了保证日后不发生扯皮，双方家长还签订协议，画押。这听起来似乎很可笑，但在我们村里是非常普遍的，很多自由恋爱的男女朋友经常是因为这些问题没谈好而被迫分手的。就是因为这样，我们村里的年轻人经常是相亲认识的，就算在外面打工的，逢年过节一个重要的事情就是回村里相亲，这种看条件结婚的方式可以避免自由恋爱带来的矛盾冲突。

结婚之后又有新的烦恼，那就是生孩子的问题，按照结婚前协议上说好的，两个孩子一个跟爸姓，一个跟妈姓。那么，谁都希望生个男孩子跟自己姓，特别是我家。所以最好的结果就是生两个男孩，一个姓吴，一个姓邱，皆大欢喜，谁也不占谁的便宜。但问题来了，我是公务员，我只能生一胎。[①] 如果生男孩，他家肯定高兴，但要是生女孩怎么办？而且我们家也等着我生孩子姓吴，“单独二孩”政策遥遥无期，不知道什么时候政策能放开。我要是没有生第二个孩子的机会，那么协议就白签了，我们家什么好处都没有。最好的办法就是生

① 笔者访谈的时间是2013年，那时“单独二孩”政策尚未施行。

双胞胎男孩，但这个概率太低了，我们双方家族都没有双胞胎基因。我妈还曾经帮我问过用试管婴儿技术生双胞胎男孩。你肯定知道，在莆田这个地方，历史上就有很多游医，专门卖狗皮膏药的，后来攒了些经验就成了赤脚医生。但是现在时代不同了，赤脚医生赚钱太慢，很多人都到外地，特别是一些偏远的地方办医院。所以国内很多民办医院都是莆田人承包的，具体细分为科室，每个人分配不同的科室入股承包，到年底根据利润情况进行分成，这在我们当地管做“炒摊”。我妈就是找了莆田的民办医院，打听到做试管婴儿可以包生男孩，标价是八万元，而且还有可能是双胞胎。说得我妈蠢蠢欲动，还当真带着我去看医生。可医生一看到我瘦小的身子板，强烈建议不能去尝试这么危险的办法。

当初既然选择“两顾”，就是为了有机会给我娘家生男孩以延续血脉，但现在是计划生育，我又是国家公职人员，单位对计划生育管控特别严格，我如果违反计划生育，那么，不仅我要被开除，分管的领导也要被处分，是一票否决制的，所以在计划生育上没有人敢越雷池半步。但上有政策下有对策，我妈又打听到了一种方法，就是年轻的夫妻去做试管婴儿，将培育出来的受精卵放在代孕妈妈的子宫里，让她帮你怀孕，生下来的孩子归你，你帮她负责与怀孕有关的手术费、营养费、生活费等开支，孩子生下来后还要额外支付给她一大笔辛苦费，具体要给多少钱，就要看跟代孕妈妈谈妥的价格来定。找外地人当代孕妈妈有好处，等生完孩子她就走了，不怕以后还来找孩子，而且为了防止以后代孕妈妈变卦，很多时候都是租房子给她们住，到时房子一退，谁也找不着谁，以绝后患。毕竟十月怀胎都会建立起跟宝宝的感情，找代孕的话就是怕孩子生下来不给，或者给了以后还经常回来看，谁也不愿意孩子知道他是怎么来的，这样对他的成长也不好。更不会让左邻右舍知道，害怕他们知道后会指指点点，成为婆娘们茶余饭后的笑柄。所以找代孕妈妈的话，夫妻双方经常都是跑到外地去租房子的，在村里就说是出去打工了。现在农村打工的人多了，几年不回家是常有的事情，带个刚出生的孩子回来是不会有人怀疑的，甚至我们村就有很多年轻人生完孩子才回家办喜酒的，今天办喜酒，明天办满月酒是很普遍的。

但是，找外地人当代孕妈妈的话，还可能存在风险，那就是健康问题。因为大家都是通过黑中介认识的，黑中介没有义务帮你保证健康，你找到人愿意代孕的话，为稳妥起见，就要带她到正规的医院去做全身检查，确定是健康的才来完成后面的事情，谁也不愿意为了省点体检费在日后搞得大家都不愉快。如果实在很担心健康问题的话，那就找个知根知底的本地人，往往是自家的亲戚，比如表哥的妻子这类的。作为亲戚，彼此都是熟悉的，办事情也更加妥当，不用担心各种风险。而且受精卵是别人的，孩子生下来一般也不会赖着不给，甚至有的人还觉得这样亲上加亲呢。

反正为了生男孩，我妈可是想尽了各种办法，只要有人提到一种方法，她就千方百计地去打听，花多少钱都愿意的样子。所以啊，我们村里重男轻女思想很严重，既然你要住在村里，那就要遵守村里的规矩，保持住在村里的所谓面子，这样才能堂堂正正地在村里挺着胸脯走路。但这样也使得村里人都想男孩、盼男孩、生男孩……随便问村里一个老太婆，她都会说，巴不得孙辈个个都是男孩，男孩永远都不嫌多，多多益善。这样下来，全村男女老少为了生男孩都是蛮拼的，也给家里人带来很多麻烦，生了男孩的嫌太少，没生男孩的很抓狂，在村里都抬不起头来。每当大年初一，庙里都会组织村里热心公益事业的人，带着一群孩子到前一年生男孩、结婚、升官、考大学的村民家里去，放鞭炮，讨糖果吃，如果家里从来没有因为生男孩而热闹一番的话，在村里是很没有面子的事情。有的人家只能眼巴巴看着别人家热闹，自己家什么也没有，那种内心的煎熬是无法体会的。所以说，现在我们村里人谈恋爱烦，结婚烦，生孩子烦，什么都很烦。归根到底，都是重男轻女给闹的。

而且我们村里虽然都是女人管钱，但女人的地位其实不高，没生过男孩的女人是被看不起的。在邻里纠纷、宅基地分配、协调水沟高低等事情上，家里要是没有儿子经常要被欺负，被邻居占便宜也只能忍气吞声。比如我家前面那户人家，十年跟邻居盖房子的时候跟邻居说好要留一条三米宽的路进出。这几年这家人在外做生意平时都没回家，只有在春节时才会回来住个把月。有一年回来的时候发现路变窄了，量了一下果真如此，邻居家把当围墙的石头往外挪出来一些，还在围墙外种了一排葱，这样路就更窄了。可吵架也没办法，邻居家有两个儿子，个个魁梧彪悍，拦在门口叫嚷起来，随时都要打架。这家人没有儿子，女儿也都嫁出去了，只有老两口，哪里敢跟邻居吵架，只好不了了之。这只是一个方面，村里还有很多事情需要男人出面解决的，比如上头炷香、给新人滚床单、宗族的祭祀活动，都是要男人来完成的，女人插不了手，只能站在旁边干瞪眼。有男孩的家庭，就可以挺着胸脯参与各种活动，风光极了，这也在很大程度上刺激着无男孩家庭的神经，让他们在村里老觉得矮人一等，就想尽各种办法让儿子辈、孙子辈一定要有男孩。

从阿丹的叙述中可以发现，能否生育男孩对家庭乃至宗族来说至关重要，这不仅仅是简单的繁衍后代、延续血脉，更是人情交往中的面子问题，是村庄利益格局博弈中的头等大事。在笔者的调查中还发现，出于对男丁的极度崇拜，村里的女人都狠下心一定要生男孩，甚至有的人家要求生了男孩才可以拿结婚证，要不就一直生，直到生男孩为止。如果没生男孩，村里人的观点都是一致的，肯定是女人的问题，谁也不会首先想到是男人的问题。一些略懂得医学常识的人也会说是女人的问题，还煞有介事地说，有的女人容易吸收 X 精子，有的女人容易吸收 Y 精子，所以生男生女归根结底还是由女人决定的。这看似科学的悖论，但在浮叶村民单纯且愚昧的精神世界中是可以理解，也是潜移默化地内化于心的。同时，没有生育男孩的家庭，由于没有机会参与男人世界的祭祀活动，也常常被置于村庄集体事务的边缘地带，长年累月下来，逐渐被边缘化并在村庄利益格局的调整中处于弱势地位。

反思吴姓家庭的个案，不难发现，在现实中的南日岛，很多青年男女都是在谈婚论嫁时由于姓氏归属、婚配模式、彩礼多寡等感情外的因素而不得不被“棒打鸳鸯”。根深蒂固的传统文化特质如乡规民约般牵制着村民的行为方式，使他们为了日后能够在村庄的熟人社会里长久地生存下来而不敢违背既有的规范，以免留下负面的口舌。虽然村庄里很多青壮年劳动力出外打工，有的甚至一年难得回来一趟，但遇上重要的节日，比如春节、清明节等，村民们哪怕出门再远，在外地有难以割舍的宏大事业，都要寻根回村，这就涉及村庄里的面子问题，中国乡村社会依照差序格局建构的人际关系网络，使一个个看似独立的村民个体因网络的存在而彼此关联，发生种种错综复杂的人情关系，谁也无法置身于关系网络之外。既然无法抽身而出，或者在重要的人生事件中需要跟村庄的关系格局予以见证，就得遵循村庄的文化特质。在一定意义上说，南日岛特有的文化特质是在长期捕鱼为生的历史变迁中，取其精华、弃其糟粕，不断优胜劣汰而保留下来的，是村庄长久发展重要的道德标杆和价值向度，假如违背这样的文化特质，必然为世俗所唾弃，无法融入村庄格局。由此可见，海岛特有的婚配模式是村庄姓氏得以延续、香火不断的重要方式，是老祖宗延续下来的精神标准，纵使现代化的多元思潮冲击传统村落的价值理念，但文化脉络的延续仍有广泛的受众，为村民们所追捧和崇拜，其客观规律亦有存在的必要性和重要性。

（二）父权制呈现出弥散的低度的不平等

父权制是社会性别系统的重要组成部分，在家庭场域里体现为种姓的延续和继承的规则，女性被限制在家庭私领域，公领域的价值被抑制；在生产场域里，父权制表现为男主外女主内的性别分工，女性承担生育、养育、侍养与照顾等人的生命力的生产，而男性则位于劳动生产的领域，从事具有经济价值和意义的工作，也深化了对于女性的主导和权威。在价值场域里，男性支配范式在政治、宗教、教育、经济领域被不断强调和凸显，赋予父权制以权力和权限，使男性支配范式得以永久存在和维持。在父权制下，女性成为家庭的附属，服从于家族利益的需要和家长的权威，男性建立威严来对女性实行有效的控制。正是在这样的现实语境中，女性在就业中常会遭遇性别歧视和职业性别隔离，使女性只能从事女性化的工作，所处部门的收入也低于男性，资源配置出现性别不对等。这样的性别不平等要归结于父权制控制下的制度体系。在更大的国家范围，父权制规制下形成性别分层，即性别的社会分层，其性别歧视是父权制借助区隔主义的官僚政治，扭曲再分配过程，在平等主义国家无法监控的基层生成的，并由此构建了一个特征鲜明的性别分层结构：与再分配中心的距离越远，受到的性别歧视就越严重。随着社会转型的推进，原来受到再分配体系保护的等级地位较高的女性受到的歧视也将逐渐加重（王天夫，2008）。

但笔者在对南日岛的调查中却发现，父权制已表现出弥散的低度不平等状态。按照传统惯例，女性在家没有分配土地的权力，家庭土地、房产的分配和处置都是男性的权力。但现实情况是，女性的原生家庭或夫家家庭在就业流动的决策上对女性并没有形成太多的牵制，女性的话语权和就业决策得到尊重和理解，很多女性特别是未婚女性得以就业流出自谋职业，与经济收入增加相伴随的是社会地位的提高。还有的女性就业回流到海岛，从事个体经营或海产品养殖的工作，既可以继承来自家庭的产业和生意，又可以在岛上拓展属于自己的发展空间，还能自愿回归家庭相夫教子。由此看来，南日女的就业流动表现出明显的主体能动性，父权制的影响日渐式微。

此外，笔者还比较了第一期和第二期妇女社会地位的调查数据，多元回归模型的结果证明了这样一个事实，性别制度环境在很大程度上影响女性收入状况即就业满意度，造成性别分层（郑丹丹，2011）。在1990年那时，社会进入转型期，出现大量的民工潮，就业流动以较大的频率和数量成为当时社会的重要现象，而在此过程中，乡城流动是最主要的流动方向，因此城乡的户籍状况在很大程度上影响就业流动的满意度，农村女性在收入待遇方面常常低于城市女性。父母的教育程度和父亲职业排序对于女性就业的影响不显著，毕竟对于女性的流入地来说，家庭的触角难以全部涵盖，更多是依靠女性个体的努力，因此年龄、城乡户籍、上学年数这些体现个体特征的变量影响显著。而随着社会经济的发展，人口流动逐渐成为常态，人们的迁移逐渐趋于理性，这时家庭特征变量的影响开始凸显，家庭会利用业已掌握的资源对女孩的就业进行周密的规划，运用家庭社会资本提高女孩就业质量，从数据不难发现，父母的职业排序在2000年表现为显著性影响。同时，性别歧视的显著度下降，说明更多单位和社会体制对女孩的就业更为宽容，更看重的不是性别因素而是个人特征变量，这是父权制衰弱和女性社会地位提高的间接反映。在对收入的回归分析中，我们发现户籍制度在就业流动初期会表现为显著的影响作用，这种建立在传统种姓基础上的身份制度会在一定程度上起着重要作用，很多女性婚嫁前随父亲的户籍，婚嫁后随丈夫的户籍，基于父权制基础上的户籍制度在很大程度上影响女性的就业流动。尽管如此，如果女性的个体特征足够优秀的话，身份制度则会让位于综合各种能力因素的细致分层方式，女性身份地位的高低，是实现向上流动抑或是向下流动，则是取决于身份要素和个体要素的制度“杂合体”，即“弥散的低度的不平等的社会状况”。可见，父权制的影响式微，就业流动的满意度高低与否更多取决于综合的制度要素。但我们也要看到，虽然在职业层级上出现很多“女强人”的个案，部分女性也呈现出强势的一面，在工作中表现出权力感，影响着人们对于性别平等的认知。然而，不论女性地位提升程度如何，女性社会地位所表现出来的“弥散的低度的不平等”并不能成为实现性别平等的证据，在城市就业流动的很多领域，以及农村回流地的更广大领域，制度体系所衍生的性别不平等还在一定程度上广泛存在并发挥着影响。

（三）本土化的新兴职业形态重塑传统的性别角色期待

在南日岛的传统视阈下，对于女性性别角色的界定就是贤妻良母，担负起所有的家务劳动，赡养老人，关注子女的成长和教育问题。在这样的传统惯习下，很多南日岛的中老年女性未出过海岛，在很长一段时间里，出岛成为男人和年轻人的权利，新生代的女性渐渐从传统的性别角色扮演中解放出来，在海岛以外寻找适合自己的发展空间，实现角色的脱域。而因种种原因滞留在海岛发展或者就业回流的女性，在本土文化特质潜移默化的影响下，衍生了多样化的新兴职业形态，灵媒就是其中一个重要的表现形式，该职业形态的出现，植根于海岛对于巫术和迷信的狂热崇拜，挑战了惯常的公权力，颠覆了传统的性别角色期待，也重塑了女性在村庄的社会交往关系。对于灵媒这样的群体，往往需要具有个人的天赋。“只有那些精神特别专注，信仰感情特别虔诚，具有正确处理人神关系的智慧和领会传达神意的灵性，能够目视四方、耳听八级的人，才有资格成为灵媒，获得神灵的青睐。”（马林诺夫斯基，1987a）除此，笔者还发现一个规律，南日岛上将灵媒职业化的都是女性，除了从惠安迁移到南日岛的浮叶村有男性灵媒外，其他莆田语系的村落都是女性灵媒，这也符合现代学者的研究经验。因此，岛上的女性灵媒群体日益壮大，数量不断增长，并职业化和稳定化，散布在几乎所有的姓氏家族里，广泛地影响着岛民生活的私领域和行政管理的公领域，发挥着重要的作用，成为南日岛文化的一大特色。

这种超自然的力量及无法说明的规律，发展为南日岛人特殊的信仰，灵媒常被视为神灵的现实版，大家都愿意跟灵媒攀上关系，或与之合作生意事宜，或习惯去其店铺购买东西，岛民对其更多的是敬畏和信仰。另外，岛上还有一些异化的灵媒，常在家里鼓捣巫术，使之有病痛之灾，对此，岛民皆避之唯恐不及，远远见到都要绕行。由此可以看出，灵媒在岛上成为社会关系交往的核心，与灵媒沾亲带故的岛民常常能从中获得丰富的社会资本，岛民对于神灵的敬仰和崇拜，使得他们就算社会地位再高、经济收入再多，也要对灵媒马首是瞻，毕恭毕敬，并以灵媒为中心发展出一个关系网络，犹如差序格局一般，在圈内的人，关系较为紧密团结，能获得较多的社会资本，随着圈数的增加，关系逐渐疏离，能获得的网络资源逐渐减少。这种南日岛特有的“灵媒社会资本”形式，深刻地影响着家庭社会资本的构成。一般来说，家庭成员与灵媒关系更为密切的，在当地往往能借助灵媒的力量获得较好的人缘和社会地位，在当地属于比较能办得了事情的“能人”，一旦他们离开海岛，社会资本必将重构，在岛上的优势位置就会淹没于陌生人的社会里，无法获得有效的资源。基于此，拥有较多“灵媒社会资本”的人更愿意生活在海岛上，而很少出外工作，同时他们也会把这样的就业发展理念通过耳濡目染传承给子女，并利用他们在岛上业已建构的关系网络为子女找到合适的工作机会或做生意的机遇。对这些家庭来说，他们大多倾向于回流，而不是外出工作，以保持目前的社会地位和安逸的生活状态。

作为南日岛新兴的职业形态，灵媒起着维持村庄公共秩序，行使公共权力的作用，其日积月累发展起来的“灵媒社会资本”已经成为南日岛重要的资源形式而荫及一方百姓。同时，新兴职业形态的兴起也挑战传统对于女性的性别角色期待，并非所有的女性都要甘于留守家庭承担家庭责任，女性也可以创造性地实现个体的人生价值。而且随着新兴职业形态的增加和不断完善，也客观上调整女性在村庄的权力关系地位，比如南日岛的灵媒，已经从名不见经传的小人物蜕变为人人趋之若鹜的“能人”，在以男性为主导的公共领域的诸多方面发挥着重要的积极作用，也重塑了传统对于女性的性别角色期待，既具有传统刻板的性别隐喻，又兼具生动立体的现代特征，体现工具理性和价值理性的完美结合。

（四）社会性别话语体现女性的主体能动性

调查结果表明，女性的社会性别话语对就业流动意愿具有统计显著性，说明在是否就业流动的问题上，女性在家庭还是有较多的话语权，家庭决策的考虑会照顾到家庭利益最大化，但也开始会注意到女性的意愿和发展前途。调查中，很多女性表示，她们有自由表达自己想法的渠道，在家庭的讨论中会听取她们的意见，家庭的决策会充分考虑到女性的利益，她们对于家庭的付出得到家庭成员的认可和体谅。特别是对于年轻的女性来说，社会性别话语在她们身上有更明显的体现，女性的地位呈现出弥散的低度的不平等，这也是女性家庭地位、社会地位提升的间接反映。之所以能出现当前积极的正向转变，根源在于女性经济权力的增强，从而影响政治权力、社会声望、分配资源的水平。布卢姆伯格的性别分层理论认为，性别不平等“嵌套”在不同层次的外部环境：男女两性间的关系嵌套在家庭之中，家庭又嵌套在社区之中，家庭和社区进一步嵌套在社会的国家和阶级分层的体系之中（乔纳森·特纳，2001）。女性只要在某一个层次上拥有经济权力，就会影响其他层次中所掌握的政治权力，而话语权就归属于政治权力。可见，社会性别话语从根源上体现了女性经济权力的崛起和社会地位的提升。

在女性经济权力提升的同时，经济权力的嵌套还受到折扣率的影响，女性的经济权力会因其集中于所在层次的不同而增减。如果女性相对的经济实力处在家庭的微观层面，比如女性参与劳动并为家庭增加收入，但男性控制了更宏观的社会领域，女性不会得到与她们的经济贡献相应的家庭权威。男性对于更宏观社会领域的控制，使女性在家庭中本应有的权力打了折扣或减少。相反，如果女性在更宏观的层面拥有权力，那么折扣率就会为正，又增进女性在微观家庭层面的权力。亦即，女性在宏观社会领域的经济权力越多，她们就越能获得政治的、意识形态的权力，她们在微观家庭层面所做出的贡献能起到更大的作用，并提高她们在家庭中的权威和社会影响力。总之，女性只有在社会等级、职业层级结构中具有权力，才能彰显家庭的贡献和地位，否则单纯以增加收入获得的家庭地位是不牢靠的社会地位提升。这也符合在南日岛的实证调查结果，尽管很多女性有了自己的工作和收入，但还是依附于男性，家庭重大事务的决策权还是在男性手里，社会性别话语有一定的提升但还没有根本上的改观。而只有女性成为单位的主管、中层领导，或者职称上有提高，或者有独立稳定的工作，这样的情况下，女性才真正建构起稳定的社会性别话语，在家庭、社会中的地位才会相应提高，女性地位所呈现出的弥散的低度的不平等才能成为发展稳态。但调查中，很多男性和女性都表达了一个共同的观点，他们都认为女性的地位提升是要有一定限度的，男女不可能实现真正的平等，绝对的平等或女性地位高于男性的过犹不及，都不利于社会和谐。男高女低的性别分层格局是长期历史选择的传统，有一定的合理性和本土文化适应性，从根本上无法改变。可以说，提高女性的社会性别话语固然重要，但也要符合相应的文化氛围和社会认可度，适度的提升和符合女性的意愿是塑造社会性别话语的关键。

第七章
总结与讨论

正如引言所述，以就业流动作为切入点，更能体现女性发展的时代变迁，更具有现代化的气息，也能与传统女性和现代男性形成鲜明的对比，更具现实意义。该领域的研究一定会极大地引发女性学、社会学、人口学的价值热情和富有意义的思考。阅读和分析大量的国内外文献，笔者深感国内外文献研究的不足，以及国内研究对于国外理论和研究成果的脱节，尤其在实证研究方面还有很多的欠缺需要弥补，特别是在具有性别视角的理论综述和实证研究建构上。本书从纵横两个角度对国内外文献进行系统梳理，回顾学界关注女性就业流动的起点，研究的历史谱系与阶段性特点；综述各相关学科的研究范式、运用的理论视角、借助的分析方法与资料来源，以及研究发现与得到实证支持的理论解释等。建构影响南日岛女性就业流动的理论解释框架，分析个案访谈资料以呈现生动立体的就业流动过程和全景，利用田野调查数据和数理统计模型探讨影响女性就业流动的多维因素，并对研究假设进行实证检验。本章节将总结本书的主要发现，提出因应之策和政策体系，评论本书的贡献与不足，并提出线索性导引，指明今后研究的方向和重点。

第一节　本书的主要发现与结论

本书以空间迁移和身份变迁为切入点探讨女性就业流动的意愿和满意度。将结构二重性化的女性身体资本与流动迁移、女性的身份变迁与流动分层、女性主义迁移理论，以及地位实现模型、新家庭经济模型运用于理论基础的建构和解释中，通过问卷调查和个案访谈，对女性就业流动进行多层次与多指标的统计描述和生存图景的全景呈现。结合社会性别视角建立理论解释框架，并充分估计女性就业流动所带来的正面和负面后果；剖析个体控制变量、家庭经济发展能力变量、社会性别系统变量的影响，能使女性就业流动问题的合理引导具有性别意义，并推动个体—家庭—社会多元统筹女性的未来发展。

本书有如下的一些发现。

（一）探讨女性就业流动意愿和满意度对深化女性就业和社会分层研究具有指标意义。女性就业流动是指具有劳动能力的女性走出家庭或家务劳动进入劳动力市场实现劳动参与的过程，包括空间迁移和身份变迁两个维度。本书将空间迁移和身份变迁操作化为就业流动方向和质量，为了配合调查问卷的主观态度量表，将就业流动方向和质量分别用就业流动意愿和就业流动满意度来表述，以此寻求影响二者的多重影响因素，以及内在的运作逻辑。研究证实了从就业流动意愿和满意度角度来探讨女性就业流动，有一定的科学合理性，而且不同的就业流动意愿会带来职业层级、家庭地位、社会地位等方面的身份变迁，由此衍生对女性就业、社会地位提升、和谐两性关系的深远影响。

（二）女性就业流动的意愿和满意度受到个体、家庭经济发展能力、社会性别系统的综合影响。研究将家庭经济发展能力细分为五个指标，分别是家庭经济资本、家庭人力资本、家庭社会资本、家庭自然资本、家庭政治资本；同理将社会性别系统细分为四个指标，分别是传统性别观念、父权制、性别角色期待、社会性别话语。多元回归模型的分析结果和结构方程模型的验证结果都表明：

1. 随着女性个体人力资本的积累，女性就业流动必然发生深刻的变迁。年龄、长相、学历、是否党员、婚姻状况等归属于女性的人力资本变量会影响女性的就业流动，表现出差异化的流动意愿和满意度，从而带来女性身份的变迁，表现在职业层级和社会层级的向上流动和向下流动。本书发现，家庭决策更倾向于让男性就业流出，男性比女性更能获得较好的收入待遇和职业层级，在家庭分工出现矛盾的时候往往会牺牲女性的利益来照顾男性的职业发展；随着年龄的增长，女性就业流出的可能性降低，但就业流动满意度会随着年龄增长而提高，表现出与生命周期相对应的变化。说明社会和家庭对女性性别角色的期待更倾向于回归家庭，以家庭为本位，但是随着年龄和经验的累积，她们对收入、职业层级的要求更加理性，也更有机会获得较高的就业流动满意度；在性别化年龄的作用下，未婚女性更愿意在外地工作，而已婚女性更倾向于回流家乡；子女的数量—结构双重影响已婚女性就业流动意愿，家庭7周岁以下子女数多的女性更多是永久性回流，家里7周岁以下子女数少的女性更多是往复式流动或就业流出。

2. **家庭经济发展能力是影响女性就业流动的家庭禀赋。**家庭经济资本对女性就业流动的影响有限，更多家庭经济资本较强的女性更愿意选择就业回流，家庭经济资本能实现女性就业流动满意度的纵向渗透和投资理性；家庭人力资本对子代原生素质的投资能摒弃性别差异，母亲的受教育程度和讨价还价能力有利于女孩人力资本的提升，摒弃对女孩的性别歧视，从而对就业流动满意度有帮助；过多依靠家庭社会资本实现就业的女性，一般就业稳定性差，容易产生就业流动，她们更倾向于就业回流，但家庭社会资本能显著提高女性的工资水平，有利于女性就业流动满意度的提升；家庭自然资本的遗传馈赠增加女性就业回流的可能性，家庭自然资本越多的女性，越不可能就业流动，她们更愿意留在家庭能庇佑得到的地方工作，充分利用家庭业已建构的自然资本；户籍不仅对推拉作用的影响一般，而且还使得推拉失去效力，家庭政治资本常使得女性就业流动不一定遵循推拉效应的乡—城方向，婚迁或随夫就业的方式常使得女性在就业流动中从属于家庭和丈夫的决策。

3. **社会性别系统业已形成的现实语境多重形塑女性的思想逻辑和行为范式。**在以男性为主导的就业流动场域中，社会性别系统引致的性别殖民化，深化了女性自我规训和身体重塑的行动自觉，但异化劳动的极限体验和生活世界殖民化唤醒女性的阶级意识，抗争表达的表征仪式成为弱者的武器的社会行动隐喻，女性的就业流动受到社会性别系统衍生的传统性别观念、父权制、性别角色期待、社会性别话语的多重框约。传统的性别分工以及对于女性的角色定位，使得女性就业流动随生命周期变化而表现出性别化年龄的差异，未婚女性更容易就业流出，而已婚女性出于对家庭的责任和养老抚幼的性别角色任务而更多选择就业回流，除非丈夫在外地工作需要妻子的照顾，或者为了给子女提供较好的教育环境，已婚女性才会选择就业流出，这体现出性别化年龄所带来的差异，但也会因此而限制就业流动满意度的提升，已婚女性就业流动更多是家庭本位的考虑而不是个体的自我发展，她们是否就业流动以及从事的工作类型都要考虑家庭利益最大化和养老抚幼等家庭因素，在特定情况下甚至需要牺牲个体利益来维护丈夫或家庭的整体利益；随着女性整体素质的提升，社会地位有了一定的提高，父权制对女性就业流动的影响呈现出弥散的低度不平等；随着女性社会地位的提高，女性的社会性别话语成为影响其就业流动的必要因素，这也凸显了提高女性社会性别话语的重要性。

（三）由女性就业流动而产生的正负效应将影响女性和家庭的未来发展。由女性就业流动而产生的正面和负面的变迁结果，影响女性个体和家庭的发展，唤醒女性的阶级意识，使抗争表达成为弱者的社会行动隐喻，"月经政治"的运作催化保护女性权益的政策体系的构建，家庭流动的性别分工增加了女性参与公共事务的机会，有利于女性家庭、社会地位的提升，但身份地位的提升又会异化为女性权力的过度膨胀和家庭责任感的缺失，对传统性别分工、夫妻权力地位、家庭功能带来挑战。带来的负面效应是女性职业层级的低端化，女性在城市更多是在非正规部门就业，从事职业层级低、劳动条件差、薪酬水平低、发展前途有限的职业；处于最佳劳动年龄和婚配年龄的女性大量流出，造成了原生地的劳动力短缺，原生地农业发展呈现"空心化"，村庄的发展处于停滞状态；大量具有丰富人力资本的女性就业流出，造成对留守男性的婚姻挤压，加剧了男性"打光棍"的现象，也带来留守儿童、空巢老人的问题；女性出于家庭本位的考虑而回归家庭和"男工女耕"的性别分工格局，限制女性社会地位的提升。

（四）合理引导女性就业流动的重点在于对女性的职业保护和女性人力资本的积累。规避性别歧视、传统观念对女性就业流动和个体发展的压制，必须建构契合于现实语境的本土化路径。要塑造内环境的女性身体资本，养成女性对于身体资本积累的行动自觉，促进女性职业层级和社会地位的变迁与提升；同时改善外环境的文化制度、政策体系，为女性提供具有人文关怀的职业保护，给予女性弱者更多的身份认同，促进社会性别话语中女性"素质话语"的生成与建构，作为原生地政府还要为就业回流女性提供有效的资源和政策支持，以此达致个体—家庭—社会的互动和谐。但研究进一步发现，性别已不是社会分层的主要维度，女性的地位在各个方面都有所提高，虽然仍低于男性，但已乐观地呈现出弥散的低度的不平等。

第二节　对于女性就业流动的反思与政策体系

一　对于女性就业流动的反思

（一）由女性就业流动而引发的积极和消极后果

女性就业流动是和谐社会性别关系和城乡一体化问题的重要组成部分，该问题的妥善解决可以使女性获得经济独立，提高社会地位并争取男女平等。但随着女性群体就业流动中空间迁移的广度和频率的不断上升，女性在职业层级和身份地位的分层和流动，都将引致积极和消极的变迁结果，一方面会唤醒女性的阶级意识，使抗争表达成为弱者的社会行动隐喻，有利于女性家庭地位、社会地位的提升，但身份地位的提升又会异化为女性权力的过度膨胀和家庭责任感的缺失，对传统性别分工、夫妻权力地位、家庭功能带来挑战。

1. 积极影响

第一，女性就业流动促进个体的自我发展。女性参与劳动实现就业流动，是家庭分工和家庭投资策略的重要方式，有利于家庭利益的最大化，女性在就业流动中可以获得比原生地更高的工资收入，或者因为职业层级的向上流动而带来收益的增加，而女性经济收入的增加，可以提高其家庭地位，在夫妻权力的博弈中占据有利的地位，且女性参与就业流动可以有效拓展视野和交际网络，积累丰富的社会资本，在网络结构中获取所需的资源，为女性进一步的发展奠定良好的网络和资本。同时也要看到，随着就业流动的普遍化，即使是就业回流的女性，多年来的就业流动经历也造就了她们的独立意识，成为人格独立、精神独立、决策独立的自觉劳动者，有利于女性个体的全面自由发展。“男外出女留守”的性别分工格局也使得女性的家庭贡献鲜明突出，在家庭的作用不容小觑，提高了她们的社会声望和自我评价，促使女性享有对家庭生产和事务的“缺席领导权”，强化了她们的家庭权威，积累了家庭权力（孟宪范，1995）。

第二，女性就业流动对于家庭的正向影响。女性就业流动后常能显著提高家庭的收入水平，改善家庭的物质生活条件，也增加了家庭教育支出，有利于子代生活条件的改善和文化素质的提高。女性就业流动中的空间迁移，更多是从农村到城市，从不发达地区到发达地区的迁移，迁移中女性为了照顾家庭成员，常让子女随迁到工作地点，间接改善了子女的受教育环境，提高了子女的人力资本，为子代实现代际向上流动创造良好的环境。

第三，“月经政治”的运作催化保护女性权益的政策体系的构建。环境的恶劣和高强度的流水线工序的极限体验，超出女性生理所能承受的底线，于是产生了身体经验的内部分裂：女性将自我从身体分裂出去，然后将身体作为与自我相对立的客体来对待。这种具有周期性的身体分化形成“月经政治”，女性通过身体的疼痛实现自我和客我的分离，来表达对于工作环境的不满，并进一步衍生出维护自我权益的抗争表达，采取“用脚投票”等方式促使制度做出有利于她们的改变。也让我们乐观地看到，女性群体在就业流动及其反抗中已然形成独立的阶级意识，有着合理化的叛离行动，使抗争表达成为弱者的社会行动隐喻。这些都促使制度环境、文化语境朝着有利于女性发展的方向进一步完善，维护女性权益的相关政策、社会组织、表达渠道开始形成，并日益形成规模化的体系结构，对女性权益的保障起着正向的积极作用。

第四，家庭流动的性别分工增加了女性参与公共事务的机会。对于已婚女性来说，家庭为了实现利益最大化的目的，倾向于让男性外出打工而让女性留守从而照顾子代和长辈，男性的大量流出使得村庄留守的主要是妇女、儿童、老人。相对于儿童和老人，留守女性是相对的强势群体，且她们很多都有就业流动的经验、生产技能、公共素养，她们就业回流到农村可以为当地补充富有经验的劳动力，在外打工的经历拓展了她们的眼界和知识面，有利于她们参与农村公共事务，比如前文探讨过有些女性就业回流后成为灵媒，对村庄的公共秩序和公共事务的运作起着重要的作用，甚至在有些情况下超过公权力来影响村庄治理。可以说，男性大量就业流出在一定程度上促成了女性对于村庄公共事务的参与和对村庄治理的影响。

2. 消极影响

第一，职业层级的低端化。政策导向下劳动力市场的分割导致劳动力市场的分层，尤其是户籍制度形成的城乡二元对立格局，使得城市居民和农村居民在权利、义务、社会保障等方面存在迥然的差异。虽然国家对单向度的乡城人口迁移有了政策性控制以保障系统内部的平衡，但就业流动还是对城市的住房、教育、公共设施等方面造成冲击，挤占城市有限的公共资源，形成打工者与城里人之间的心理隔阂和行动对立。在这种情境下，女性就业流动到城市后经常遭遇性别歧视，而且由于社会性别角色期待对于女性照顾家庭的需要，以及女性个体人力资本的欠缺，女性在城市更多是在非正规部门就业，从事职业层级低、劳动条件差、薪酬水平低、发展前途有限的职业。

第二，原生地农业发展的空心化。处于最佳劳动年龄和婚配年龄的女性大量流出，造成了原生地的劳动力短缺，农业生产主要由中老年女性承担，大量强壮劳动力已经不愿意和难以胜任土地耕种等农业生产，造成农业生产的低素质化和农村社会的空心化。由于缺乏专业技能的培训，从事农业生产的女性只能采取原始的低水平的耕作方式。农业效益相对比较低下，农业生产村庄自然风险和市场风险等不确定因素，她们对农业投入的积极性不高，家庭成员的就业流动减少了劳动力，降低了家庭对于农业的投入，很多女性选择效益更高的非农就业，这些都不利于农业的长期高效发展。然而通过土地流转可以减少劳动力不足所带来的农业负担，增加非农就业的机会，但现实是当前农村的土地流转滞后，留守劳动力大多保留家庭农业生产，劳动力投入的减少，对农业生产产生不利影响，也降低了土地的利用效率。此外，农村中一些适合女性工作的精细化职位，比如需要较多手工劳作的工序，却大量空置没有人做，或者只有人力资本相对较弱的中老年女性来做，限制了劳动生产率的提高，使得农村社会因缺少劳动力、生产技术和现代化机器而处于停滞发展的状态。

第三，对于留守群体的负面影响。大量女性流出到外地打工，为城市输入较高文化素质和先天禀赋的女性，比如相貌较好、年龄较小、文化素质较高的女性，她们也愿意通过婚姻迁移来彻底离开原生地到城市实现对于美好生活的追求，而留守农村的女性大部分是已婚女性，或者文化素质相对较低的女性，对留守男性来说构不成吸引力，客观上造成对留守男性的婚姻挤压，加剧了男性“打光棍”的现象。同时，已婚女性随丈夫就业流出，她们无法直接对子女进行生活照顾、教育辅导和心理沟通，降低了对子女的照料水平，不利于子女健康的维持和成长所需关爱的获得。而将留守儿童的成长和教育托付给长辈，隔代抚养和教育必然造成沟通的不畅和互相理解的障碍，造成留守儿童在生理、心理、教育、交往等方面的诸多问题，在一定程度上成为少年犯罪的间接诱因。除此，女性就业流出后无法赡养老人，为了工作甚至无法回家看望父母，单纯的经济支持无法让老人感受到天伦之乐，留守老人空巢化也将衍生老年人在生活照料、经济支持、理解沟通等方面的困境。在当前农村养老问题尚未实现社会化，主要依靠家庭养老的状态下，农村空巢老人将成为日益凸显的社会问题。

第四，限制女性社会地位的提升。女性就业流出中往往从事较低层级的工作，工作环境、收入待遇、未来发展受到诸多的限制，女性在就业流动中更多处于生存型就业的状态，而没有发展型的就业趋势。在非农就业流动过程中，很多女性日复一日从事结构单一和职业层级较低的工作，使得女性尽管进入劳动力市场从事经济工作，但工作的不稳定性、低层次性和不连续性，限制其经济、社会作用的发挥，不利于女性的长期发展和观念的进一步提升。同时，对于不同生命周期的女性，比如已婚女性来说，她们在进入婚姻后更多处在依附于丈夫的角色地位，甚至在面临家庭和工作的矛盾时不得不回归家庭或者选择就业回流，从事没有经济收益的家务劳动，个人价值和家庭地位得不到展现；对于就业回流女性来说，家庭性别分工和性别角色期待的双重规制，很多家庭呈现“男工女耕”的状态，农业女性化问题凸显。女性大量回流并从事农业劳动却不等于她们在农村社会中占据主导地位。首先，“男工女耕”的分工格局意味着女性在农村工业化进程中被边缘化，男女两性的经济收入差距扩大，女性在土地、融资等农业资源占有方面处于弱势。其次，现阶段农村男性的非农转移中，有很多属于往复式就业流动，对南日岛而言，海带、鲍鱼、龙须菜等海产品养殖中的重要环节，如挂苗、收成、售卖等，仍需要就业流出的男性回岛直接参与，大多数的南日女仍扮演低技能的劳动力角色，对农村社会的生产、发展作用有限，她们人数多却无法形成农村社会的中坚力量，农村基层政权中女性缺位现象突出。正如劳蕾尔·博森所言，妇女对农业劳动的参与率不会自然而然地导致或反映男女平等，事实上，在低技术的农业劳动和高技术的城市工作的对照情况下，妇女参与耕种应该更恰当地看作是一种把妇女排除在较好机会之外的做法（劳蕾尔·博森，1994）。

二　引导女性合理化就业流动的政策体系

（一）个体层面

1. 传统和现代交融下女性的个体能动性

现代化是社会通过“祛魅”实现世俗化和理性化而成为现代文明和工业社会的过程，技术文化主宰着时代的变迁，制度设计、资本积聚和规范生成构成现代化的重要维度，父权制演绎着传统的文化谱系，村落文明延伸着集体记忆。在现代化的冲击下，女性作为积极入世的行动者，投入到就业流动的洪流中，冲击着村庄传统的主体构成和文化象征，女性的性别角色期待和父权制的规制已经无法从根本上动摇女性的就业意愿和流动的步伐。基于此，现代化的冲击和传统的歇斯底里构成矛盾冲突的二元对立，一方面是大量劳动力流出去追寻现代财富和经济价值，一方面是传统文化根基的销蚀和村庄社会的空心化。女性在这样的时代语境下，迫切需要重构和塑造新兴的思维逻辑和行为范式，有效兼顾现代的价值体系和传统的角色定位，扮演好家庭主妇和职业女性双重角色，权衡并兼顾家庭和事业，使之得以协调运转。否则，现代化的机器生产塑造出来的是高度自我规训的女性柔顺的身体，一味地迎合流水线的秩序，而忽视了个体发展的需求和家庭成员的生活安排。同理，家庭发展的停滞必然影响女性个体素质的发挥，失去工作的积极性和效率感。在结构二重性的视野下，传统与现代矛盾又调和的社会结构对人的行动具有制约作用，塑造了以家庭为本位、相夫教子、养老抚幼的女性角色定位；同时，个体行动者的行动既有对结构的维持，又有解构的作用，通过行动者创造和再创造的社会时间改变结构的规律和特性，对业已框约的结构有着解构和重塑的作用，具有知识性、反思性和实践性（吉登斯，2011）。这样的社会场域赋予女性突破藩篱的可能性和现实性，现代女性就应该有着突破结构限制的行动自觉，积极主动地实现自我发展，融入现代化的生产方式中。

2. *建构符合职业要求的人力资本，以期成为性别平等关系的基础*

真正的性别平等就是要按照男女两性都应该适合从事几乎所有工作的预设来重新设定工作的标准和要求，从而为女性提供更多的就业机会。可事实却是女性经常从事男性化的职业，比如长期的加班、出差，或者在求职阶段直接遭受性别歧视而无法进入工作岗位，抑或进入工作岗位后遭受玻璃天花板效应，无法实现职业层级的提升。女性的性别不平等状况使得女性长期处于隐形的不公平规则和竞争中，不具有自主意识，不愿意去竞争，产生所谓的“适应性偏好”，适应不平等的性别关系和地位。于是，本书认为提高女性人力资本的存量，使其能够符合职业要求，才能从根本上建构平等的性别关系。具体要做到：

第一，树立正确的家庭性别平等观念。正确的家庭性别平等观念可以使女性在家庭中享受到跟男性同等的受教育权利，父母对于子女人力资本的投资不应该有性别的偏好，不应对男性有较多的人力资本投资倾斜。只有这样女性在进入就业流动之前才能有足够的时间和精力来积累人力资本，从而在就业流动过程中能具有相对的比较优势，减少用人单位的性别歧视，在竞争博弈中占据有利的位置。

第二，女性要将人力资本提升作为自觉自愿的行为。舒尔茨认为，“一方面，高等教育这种人力资本投资是为了迎合由于经济增长而造成的需求，而另一方面，它又会促进经济的增长。人们通过从高等教育所获得的特殊能力，大多都能使显示出科技发展的新的更好的物质资本投入发挥更大的作用，而现代科研及发展活动，也得依靠这些特殊能力才能顺利进行”（舒尔茨，1990）。由此可见，在人力资本的使用价值和社会价值不断看涨的情况下，女性在争取受教育权利的同时也更应该珍惜受教育的权利，知识和智慧的女性才能展示真正的美丽，才能在就业流动和身份变迁中得到单位和社会的认可，才能将满腔的热情游刃有余地运用到工作岗位中，实现女性的价值，提升自己的社会地位，从而缩小与男性之间的性别差异，并在社会公共领域发挥聪明才智和参与能力，获得持久的发展能力。

第三，女性要与时俱进地进行职业技能的投资，避免人力资本折旧。研究发现，在进入工作岗位前，即使人力资本存量相同，工作一段时间后，人力资本也往往无法跟上日新月异的技术更新和职业要求，必须进行与时俱进的职业技能培训，从而保持在职场上的比较优势。就业流动中的女性具有家庭和事业的双重责任，在照顾好家庭的同时，也要协调好家庭和事业的关系，在空余时间积极跟进技术的学习，参与单位组织的职业培训，提高自己的知识储备和技能水平。知识经济时代，女性要消除经济收入、职业发展中的弱势地位，就要投入足够的时间和资源来接受高质量的职业技能，以减少生理弱势所带来的与男性的比较弱势，降低人力资本折旧。

（二）家庭层面

家庭经济发展能力是家庭可持续发展的动因，个体的就业流动决策、求职中关系网络的运作、家庭投资的倾向性等，都需要家庭经济发展能力作为支持，以保证家庭功能的发挥和家庭成员幸福感的体验。

1. 契合家庭生命周期，培育家庭经济发展能力

在家庭生命运行之中，家庭成员完成人生任务，家庭得到延续，母

家庭孕育了子家庭。在中国特定的背景中，计划生育使家庭养育子女延续时间有限，家庭具有网络化特征，子家庭与母家庭因经济与住房等因素使得家庭界限不清，二者呈现交互发展的过程。针对不同的家庭生命周期，需要有不同模式的家庭经济发展能力与其对应。第一，在家庭发展的成长期，即新生家庭，这一阶段是家庭人口增长的阶段，就需要提高家庭的健康行动能力，保证家庭的生殖健康和生育能力，提供诸如计生、避孕、优生等服务，以及在孩子抚养方面的优育服务，实现家庭的完整健康；第二，在家庭发展的平台期，即成熟家庭，这个阶段子女处于成长期，学习工作能力不断上升但未离家经营自己的家庭，子女的养育、教育主要由家庭负责，家庭整体收入影响着家庭的经济功能、教育功能，需要提高家庭的养教能力，科学合理地教育子女并提高家庭的学习工作能力，尽可能保障家庭的收入处于合理水平，保证家庭基本的生存发展需要，提供优越的学习、工作环境；与此同时，这一阶段家庭面临着各种考验和风险，婚姻关系、亲子关系处于变化中，表现出特殊的脆弱性，经济风险、成长风险也干扰着家庭功能的发挥，需要提高家庭抵御风险能力，父辈的经济储备、道德自律和子代的生育能力、成长能力培养可以有效规避风险；第三，在家庭发展的萎缩期，即解构家庭，这一阶段子代离家组织子家庭，或者就业流出到外地打工，父辈成为空巢老人，健康继续萎缩，家庭的释放功能减少，需要提高空巢家庭的健康行动能力，包括生理健康和心理健康两方面，减少孤独感和无助感，达到人格健康、道德健康，并促进父辈与子代间的沟通互惠，提高家庭的亲情互助能力，使家庭成员能团结互助，尊重赡养，成为利益共同体，成员间感受更多的家庭关爱和亲情，增强幸福感。

2. 改善内环境和外环境，提升家庭经济发展能力

滕尼斯在《共同体与社会》中，把共同体从社会中抽离出来，与“社会”概念相对，体现着更多熟人社会的意蕴。共同体嵌入于家庭的语境中获得重构，衍生出家庭共同体。而家庭共同体是基于婚姻和血缘关系建立起来的，家庭成员紧密联系，守望相助，有着共同的价值目标、身份认同和归属感，彼此信任，互相依赖，分享共同的利益和生活方式。可以说，家庭共同体是家庭经济发展能力产生的内环境，也是提升家庭经济发展能力的归宿和落脚点。提升和改善家庭共同体这个内环境，家庭成员才能更加和谐互动，才能感受到更多的幸福感，共同构建幸福家庭。因此，家庭

要改善家庭成员的社会经济特征、家庭结构和关系特征、家庭资源的分化、家庭成员角色的性别差异，使之达致合理配置，从而为提升家庭经济发展能力获得坚实的基础和持久的动力。

家庭共同体要具有家庭经济发展能力，还要在家庭外环境，即“社会”层面加以完善。对此，要注重和理顺家庭发展与人口发展、经济社会发展的关系，统筹人口数量和质量，在稳定低生育水平的基础上，提高人口整体素质，实现优生优育，这样家庭经济发展能力才有可持续发展的前提和动力。同时，要建立惠及全民的社会保障体系，帮助和扶持残疾人家庭、空巢家庭、留守家庭、失独家庭等特殊困难家庭，为其提供养老照料和养老保险，提供特殊的帮扶服务，缓解其经济压力，使这些家庭感受到人文关怀，增强家庭经济发展能力，保障家庭的经济安全。而且社会也要在公共物品的供给方面，改善基础设施建设和公共服务水平，实现人口计生工作由计划生育生殖健康服务转向面对家庭人口和生命全过程的公共服务，倡导家庭的社会关怀，让家庭体会到更多来自外环境的幸福感。

3. 保持家庭整体收入于合理化水平，避免两极分化和被剥夺感

与发达国家相比，我国经济收入仍较低，经济收入在当前是影响民众家庭幸福感的重要因素。同时，收入作为量化指标，其高低却是需要通过对比获得，基于个体的差异性，比较对象因人而异，量化的货币收入随着个体主观差异性得到不同的感受。从某种意义上说，家庭收入不能简单看作经济指标，而要看作主观性很强的心理指标，这样相对收入才能更有解释的科学性和可靠性。对此，倡导合理公平的收入分配是个体认知相对收入，提高家庭经济资本的重要因素。在当前中国的语境中，一方面要大力发展经济，提高就业率，使更多民众能享受到改革开放经济建设的成果，另一方面也要调节收入差距处于合理范围，避免两极分化进一步加剧，使民众感受更多的社会公平和自我尊严感，减少被剥夺感，这才是提高家庭经济资本的有效手段。

4. 建构合理的家庭网络结构，实现资源共享和情感渗透

当代社会是个高度个性化的社会，在个体的关系网络中，家庭成员往往处于中心位置。家庭成员之间存在着婚姻关系、血缘关系，共同生活，有共同的利益和期待，形成相互依存的亲密关系，使家庭成员凝聚于家庭这个场域中，实现资源共享和情感渗透。家庭成员在家庭场域中，通过彼此的互动和交往，进行经济上的相互支援，表现为子女向父母或父母向子

女提供经济支持，这样子女经济未独立前可以获得父母的资助积累人力资本，在经济独立后可以通过赡养父母为其提供稳定的住所和经济支持；家庭成员还可以通过分担家务、扶病、扶老和托幼等方式，彼此在生活上提供便利；家庭成员可以增强彼此的情感交流和沟通，释放心理压力，缓解矛盾冲突，强化家庭的同质性程度；家庭作为一个整体，还可以在家庭突发事件等方面提供社会事务的相互支持，为成员提供诸如职业选择和流动、安全保障、婚恋选择等方面的服务。可以说，在中国这个具有深远儒家文化影响的国家，家庭网络和关系资本为个体成长和就业流动起着关键性的作用。家庭场域也是传统孝道、尊老爱幼等观念在日常生活中的表现途径，因此，建构合理的家庭网络结构，使和谐团结的家庭关系在成员间彼此渗透和融合，是提高家庭经济发展能力的重要载体。

5. 契合女性就业流动的理想类型，提高家庭经济发展能力的主客观指标

根据前文对于女性就业流动理想类型的归类，主要由主观和客观指标互构而成，深刻影响着女性就业流动的选择和方式。对于“就业流出而就业满意度高”的女性，应该努力提高家庭主观指标。正如费孝通在《生育制度》中所述，“高度契洽不易凭空得来，只有在相近的教育和人生经验中获得”（费孝通，2012）。因此，家庭核心成员，应该在就业决策上提供更多的建设意见，对于有就业流出意愿的女性应该鼓励其实现个体发展，并协调好家庭性别分工来缓解就业流出的后顾之忧；对于“就业流出而就业满意度低”的女性，就改善就业流出地的制度客观指标而言，可以通过提高就业率和收入水平、改善居住环境获得，这就迫切需要有直接的政府干预，因此，政府应该进一步稳定就业格局，尽力提高就业率，从人本主义和家庭本位出发，建构家庭社会支持网络，使底层群体能平等地享受到就业机会并不再遭受性别歧视，以此有效实在地提高就业流出女性的就业满意度；对于“就业回流而就业满意度低”的女性，除了采取上述的多重举措外，还应该淡化传统的父权意识，减少家庭资源的性别分化造成的危害。因为随着国家经济的发展和劳动力市场的完善，家庭成员的收入差距有性别分化的倾向，会影响家庭成员的互动模式和心理承受力，产生被剥夺感，对女性与家庭关系产生微妙的变化。这里就凸显了完善家庭性别结构的重要性，通过实现合理的角色分工和代内代际互动，使女性也能平等地享受到受教育机会，提升人力资本积累，促进家庭成员的角色适应，共同构筑理想的就业流动格局；对于“就业回流而就业满意度高”的女性，

应鼓励她们在事业上的进一步开拓和发展，发挥个人潜能在职业层级上实现向上流动，避免“玻璃天花板”的负面效应。该类型的女性由于地理空间上的优越性，可以方便地照顾家庭，提高家庭经济发展能力，为她们的事业发展缓解了后顾之忧。

（三）社会层面

1. 实行“保护性流动”政策，深化对女性的职业保护

针对女性生理特殊性所造成的身体资本的弱势，有必要实行“保护性流动”政策[①]，使女性在具有劳动能力和劳动意愿的时期内，能够持续而稳定地作为劳动者参与到劳动关系中，实现就业能力的可持续增长。对此，就要从女性就业流动的现实规律出发制定相应的政策体系。针对女性就业流出主要是务工经商，就要加强对女性的职业培训，提高其劳动技能，增强适应现代化大生产的流水线的能力，对于有较多女性就业的企业，比如电子厂、制衣厂、罐头厂等，配合工会制定详细的培训计划，并与相关事业单位和学校合作，聘请相关教学科研人员临场指导和示范，及时解决技术问题，为女性积累从业经验，提高就业流动的选择机会。而且企业的规章制度要更加人性化和具有人文关怀，根据女性的生理特点实行轮岗、轮休制度，保护女性身体的同时也提高企业的生产效率。

2. 给予女性弱者更多的身份认同

在公众业已固化的思维框架内，女性就是弱势群体，弱势身份的建立代表着她们被划在正常范畴之外而受到排挤和歧视。无论女性如何削足适履，抑或边缘化于社会，她们都难以获得与男性平等的生存空间和就业机会。而现实情况是，女性在公领域已经成为重要的、不可忽视的力量，她们的就业流动经历，使她们从家庭走向社会，在受压抑和歧视的环境下，塑造出相对自由独立的生存和发展空间。她们作为积极的社会行动者，建构着身份共同体，其主体性、行动能力被不断地塑造并展示着正能量，多元文化汇集起来的集体行动塑造女性的社会空间。对于女性力量的崛起，社会组织更应该给予其有力的行动体现，通过大众传媒树立女性的正面典型和能动作用，营造有利于女性发展的人文舆论环境。

---

① 国际劳工组织在《世界就业报告 2004～2005》中就已提出要实行“保护性流动”政策，该政策的核心是实施积极的劳动力市场政策，除了消极的视野保障措施外，关键点着力于强调提高工人的技能、实现劳动力市场的再安置。

3. 促进社会性别话语中女性“素质话语”的生成与建构

社会性别话语由国家、市场与传统文化三个基本要素组成，现代化的日新月异使中国社会的性别话语发生了质变，由国家主导的“泛政治化”模型向市场主导的“泛市场化”模型转变（吴小英，2010）。在市场化时代，女性就业知识以“男性强势话语”被表述（佟新，2010），呈现出市场经济元素与父权制观念的相互联系与结盟，改变了单向度的国家行政命令的表述方式与内容。转型后的社会性别话语从本质上来看是“素质话语”，表现为现代化浪潮和个体化路径中对于国家、市场、父权制的力量平衡和主体选择的逻辑。于是，基于女性就业知识的女性主体性正在生成，并显示女性自主意识及其对女性“素质话语”的使用。作为女性的“素质话语”并不是与生俱来的，而是被女性群体所积极建构出来并不断变化发展的。“素质话语”更像是一个表演过程，女性接受性别角色期待和性别话语中隐含的权力，在日常生活中按照“常规”进行表演，突出表现为基于个体主义原则的现代竞争能力，是人力资本在市场化背景下的体现，获得国家权力和所营造语境的强力动员和支持，女性整体素质得以提升，掌握了建构“素质话语”的知识体系。女性“素质话语”还表现为基于两性关系的女性特殊角色定位的身体符号，是传统性别观念对女性的规制和理想期待。可以说，完整的女性“素质话语”应该兼具市场化人力资本的竞争优势和性别角色期待的女性责任义务，融合时代和传统元素，塑造新兴的女性话语体系，并在“话语即权力”的逻辑维度中提升女性的社会地位。

4. 原生地政府应为就业回流女性提供有效的资源和政策支持

很多女性不愿意选择就业回流源于原生地社会支持的缺位，特别是当地政府未能为就业回流的女性提供返乡创业的政策支持，这样无法调动劳动力回乡创业的积极性，也销蚀了农村长远发展的劳动力基础，使得村庄日益空心化。对此，当地政府应该为有意愿就业回流的女性提供经济资本、人力资本、社会资本等资源的支持。而现实情况是，当前农村社会和政府无法给就业回流女性提供足够的资源，市场机制的不健全、获取资源成本的居高不下，以及烦琐的行政手续压抑了女性就业回流的热情。她们只能寻求家庭禀赋或个人关系网络的支持，但这也需要政府提供良好的制度环境作为基础。除此，地方政府还应该为就业回流女性提供适合的岗位和再就业途径，通过信息化管理平台的运作，构建开放和规范的社会支持体系，为她们提供用人信息和招聘计划，有效联系个人—村落—用人单位。当地政府还可以通过发放小额贷款，为就业回流女性提供资金支持和政策优惠，将她们就业流出中获得的宝贵经验运用到农村发展的实践中来，提高她们作为社会行动者的积极性、主动性和创造性，成为农村未来发展的新兴力量和动力来源。

第三节　沉默的未央语：本书的主要贡献与不足

一　本书的主要贡献

本书从国内外文献的理论综述到理论解释框架的构建，再到多元回归模型建立，以及结构方程模型对研究假设的实证检验，初步实现对于女性就业流动问题研究的学术尝试。基于此，本书的主要贡献和创新点如下：

1. 选题和研究视角的创新尝试。本书着眼于女性就业流动问题，不拘于以往对于女性人口迁移、女性就业等的过多关注，是拓展研究领域的一个有益尝试；本书有效联结社会学的就业问题研究、女性学的社会性别视角、人口学的人口迁移等多学科的研究视角和工具方法，实现科际整合，同时不囿于先前研究从宏观的制度、文化、家庭等视角出发的探索，而是从微观的就业流动过程的角度出发探讨女性就业流动中的生存图景，以典型的个案进行生动立体的描述和刻画，为未来研究提供创新的典型范例。

2. 在理论分析上，从纵横两个角度对国内外文献进行系统梳理。在纵向方面，主要回顾学界什么时候开始关注女性就业流动问题，至今以来的发展态势与阶段性特点；在横向方面，侧重于综述各相关学科的研究范式、运用的理论视角、借助的分析方法与资料来源，以及研究发现与得到实证支持的理论解释等。另外，本书还对前人的学术作为进行实事求是的评价，尤其是指出还需要我们继续努力的研究方向和重点，并且将女性主义迁移理论、女性的身份变迁与流动分层、地位实现模型、新家庭经济模型等运用于女性就业流动的描述和解释中，推动理论的跨学科创新。

3. 在理论解释框架上，通过结合社会性别视角的理论模型建构，估计女性就业流动所带来身份变迁的正面和负面结果，将社会性别理论融入解释研究上来，以提升理论品质；并把个体控制变量、家庭经济发展能力变量、社会性别系统变量作为影响女性就业流动的三个变量体系纳入理论解释框架，立体生动地呈现多维影响因素和各要素之间的运作逻辑，是本书分析框架的一大创新。

4. 在数据的分析处理上，通过问卷调查和个案访谈，对女性就业流动进行多层次与多指标的统计描述；在具体操作上，采用 AMOS 软件计算出结构方程模型，利用高级统计分析方法探讨自变量间的关系结构和互动影响，根据模型的拟合结果进行实证分析和验证，摒弃了传统对于该领域研究中大多停留在简单的数据描述分析上，管理学数理统计工具的采用有效丰富了女性社会学的学科方法，为学界后续研究提供研究范例。

5. 在对主客观指标和个案访谈进行解释说明上，本书将身体资本、月经政治、性别殖民化等新兴的概念引入对于女性身份变迁的思考，借鉴国外前沿的研究成果来解释国内的现实问题，提出创新的概念体系和观点内容；剖析社会性别系统的影响，能使女性就业流动问题的解决具有性别意义，并推动个体、家庭、社会多元统筹女性的未来发展，实现国外理论与国内实践、主观和客观、宏观和微观视域的多元融合，使对策体系的提出更具有针对性和有效性，极大地推动本书的实际应用成效。

二　本书的不足

研究和写作的过程是对研究课题进一步深入了解和认识的过程，从发展来看，每一项科学研究都是对前人研究的一种延伸和进步，但对于今后新一轮的研究来说，它又存在着这样或那样的不足，有待于进一步的提高和发展（叶文振，1998）。本书在写作过程中难免存在主观和客观上难以规避的不足，也是将来在进一步研究中需要加以克服和努力的方向。

（一）女性就业流动的构成有待进一步细化

本书将女性就业流动分为就业流动意愿和就业流动满意度，还有就业流动类型却因为调查工具的局限和寻找不到合适的实证方法而没有细化进行深入的实证调研，而且作为自变量的个体控制变量，还应包括长相、婚迁与否等变量，而由于调查前没有充分考虑到这些因素而错失调查的机会，造成影响因素解释的纰漏。

（二）调查数据的局限性

作为科学规范的实证研究，田野调查获得的是数据和访谈资料，但本书在调查过程中也存在如下不足，具体表现在：

1. 被调查地点的局限性

本书选择的调查地点是南日岛，由于海岛特殊的地理位置，催生了特定的文化特质，长期发展沿袭下来的生存理念、传统观念、思维逻辑深刻影响着岛民的行为范式，特别是岛民极端的性别偏好、近乎愚昧的婚配模式、传统落后的性别期待，多重形塑着南日女的就业流动，她们在就业流动的意愿和满意度上表现出明显的海岛印记。可以说，本书更多是典型调查，典型调查不是个案“再现”总体的性质（代表性），而是个案集中体现了某一类别的现象的重要特征（王宁，2002）。本书选取的是南日岛这个具有区域特色的调查地点，所获得的样本数据只对海岛的具体情况负责，是对南日岛女性就业流动状况的全景描述，样本可以再现南日岛总体，对南日岛具有代表性，但对其他区域不具有代表性，无法由单一的海岛推广到其他区域，没有以小见大的可能性，研究结论推论到其他区域的可靠性程度不高。只能是某一类群体的特殊化表现，不具有推而广之的普遍性。因为个案研究不是统计样本，所以它并不一定需要具有代表性（王宁，2002）。今后在条件许可的情况下，可以适当将实证调查的区域进行拓展，以经济发展水平作为标准抽取出发展程度相异的地点进行调查，增加区域间的比较和对更广大区域的推论意义。

2. 所获得资料的数量较少

由于南日岛的人口是六万多人，就业流动人口也在两万人左右。本书在调查过程中动用了在南日岛的人脉关系去获取尽可能多的数据，但调查对象局限于有就业流动经历的人员，对于就业回流人员的调查比较顺利，但对于分散在祖国各地的就业流出人员却很难进行面对面的沟通访谈，更多是打电话、发邮件或 QQ 交流，样本量无法保证，因此获得的有效问卷数量只有 363 份，不能不说是一个缺憾。同时，在调查过程中，由于很多中老年南日岛女性不会说普通话，因此在问卷调查和个案访谈时必须请当地人来翻译，而且个案访谈所获得的口述材料也局限于普遍化的问询和简单的说明，无法深入地进行聊天式的访谈，这使得从这部分样本中所获得的质性材料相对较为薄弱。

3. 自变量的选择无法面面俱到

本书将女性个体控制变量、家庭经济发展能力、社会性别系统作为三个自变量，探讨变量体系对于女性就业流动意愿和满意度的影响，但对于女性身体资本，就没有将长相、是否婚迁等因素考虑在内，因变量的选择没有将就业流动的过程，包括就业流动的时间、就业流动的频率，以及就业流动中的婚姻满意度、生育状况等因素考虑进去。虽然本书的变量较多也尽量考虑各种可能因素，但根据调查地点的具体情况，有些变量无法进行问卷调查，故在问卷中没有体现，只能舍弃，亦成为本书的缺憾。

4. 主观变量的科学性不好把握

本书采用结构方程模型，在问卷设计中，对自变量中的家庭经济发展能力和社会性别系统的测量采用完全不同意（1 分）、不同意（2 分）、部分不同意（3 分）、不确定（4 分）、部分同意（5 分）、同意（6 分）、完全同意（7 分）七个维度进行主观测量，在填写问卷的过程中，很多被调查者对于这几个问题的回答主观性较强，难以逐项深思熟虑进行客观把握，所获得的数据科学性受到影响，会造成这些自变量所指向的观测题项的因子负荷系数、影响模型的路径系数分析结果的客观性有所偏颇。

第四节　女性就业流动研究的未来展望

本书力图在所检阅文献中博采众长，以得出科学合理的结论，为南日女的就业流动提出有针对性的、有见地的对策体系，但难免会存在各种纰漏和不足，无法解决所有已经存在的旧问题和日后可能出现的新问题。在研究过程中，有些领域可以有较多的学术投入：

（一）女性就业流动意愿和满意度对于深化女性就业和社会分层研究具有指标意义

在写作中发现，国内外学界对于女性就业流动的研究成果颇丰，业已发展出清晰且系统规范的历史谱系，但众多的文献缺少性别的视角，从男性的维度来看待女性的就业流动问题，较少通过典型个案对女性就业流动的过程、年龄结构、群体特征、家庭决策、弱势地位等进行质性描述，对于女性就业流动中的生存图景尚未有全方位多角度的呈现；研究方法则更多是普遍化、碎片化、时点化的调查，没有宏观整体把握和微观个体动态的有效结合，且缺乏纵向的代际比较和横向的同期群比较，本文的就业流动意愿和满意度恰恰可以使得研究紧扣这两个脉络且互相补充、相映成趣，关注家庭经济发展能力和社会性别系统等中间环节亦有利于深化对于就业流动生存图景和社会身份地位分层的理解和认知，并形成全新的研究范式，成为未来该领域研究的借鉴。

此外，女性就业流动是指具有劳动能力的女性走出家庭或家务劳动进入劳动力市场实现劳动参与的过程，会带来职业层级、家庭地位、社会地位变化而衍生的身份变迁，对于女性就业、社会地位提升、和谐两性关系的构建具有长远影响。与此同时，随着身体资本的积累，女性身份必然发生深刻的变迁。年龄、长相、学历、婚姻、家庭禀赋等身体资本变量会影响女性的就业流动，表现出差异化的流动意愿和满意度，从而带来女性身份的变迁，表现为在社会层级中的向上流动和向下流动。女性身份变迁的结果还将影响女性和家庭的未来发展，由女性身份变迁而引致的正面和负面的变迁结果，会唤醒女性的阶级意识，使抗争表达成为弱者的社会行动隐喻，有利于女性家庭、社会地位的提升，但身份地位的提升又会异化为女性权力的过度膨胀和家庭责任感的缺失，对传统性别分工、夫妻权力地位、家庭功能带来挑战。可见，身体资本和身份变迁的联系和互动，也可以成为一个创新的研究领域，成为日后努力的方向。

（二）在研究方法的选择上，未来对于女性就业流动问题的研究可以不单单采用问卷调查和个案访谈，可以采用新兴的研究方法——口述史

口述史虽然不是女性学研究的独创方法，但已成为一个有着广泛前景和受众的研究工具，可以对传统史学起着补充和校正的作用。通过女性的底层叙事，完整记录作为社会主体的“人”及其历史，呈现动态的历史过程，使得“真实的记录”成为可能，让“事件”的参与者直接对“历史”说话，“倾听她们的声音”，将生命经验融入事件的理解，有效防止转述的误差和篡改（李小江，2003）。对于女性叙事与记忆的口述史，就是站在女性的立场上，以自下而上的方式对女性的生命经验进行访谈，以“接地气”和“人民化”的价值取向来关注她们的生命事件，尤其是与日常生活紧密联系的碎片化的记忆和感受，理解话语背后所隐含的深层的价值体系并重新认识妇女意识的建构历程，揭示日常语境对于女性的塑造及其女性对于所处状态的适应和重塑，特别是她们目前所处位置所预示的社会地位状况，实现了“让女人自己说话”，发出“女性的声音”，让女人自己建构自己的妇女史。这样一种新兴的研究方法，主张从女人的立场出发，用女性的视角分析资料，“将妇女置于历史的主体地位来研究，通过重现一向被忽视的妇女的声音和视角，向男权文化为主导的传统史学挑战”（鲍晓兰，1999）。在历史发展过程中，女性作为弱势群体常处于边缘化的角色地位，她们的存在价值和付出的辛苦常被忽略，女性的话语权没有得到应有的重视，女性的声音和所表述的情感体验很少得到主流学界的关注。即使偶尔出现女性的角色描述，也大多是从男性的视角出发来评价和记载上流社会的女性，而极少出现对少数族裔和底层普通女性的专门研究（游鑑明，2009）。可以说，女性口述史“向男权文化为主导的传统史学挑战、将妇女置于历史的主体地位来研究，通过重视一向被忽视的妇女的声音和视角，以及她们在历史上一贯的主观能动性，来揭示形成社会性别的历史过程”（鲍晓兰，1999）。口述史方法的采用，可以将人类学的研究方法引入到对于女性学的研究，使得研究的过程不再是冷冰冰的沉默数据，而是形象生动、立体多元的图景再现。口述史的采用将规避宏大叙事史观的弱点，从微观的、接地气的角度对女性进行必要的关注和记录，在相关文献资料较为匮乏的情况下，口述史可以成为一个重要的补充资料，校正认识偏差，展现有血有肉的“人”的个性特征，并拓展研究领域的视角和生活经验，实现人类学与女性学、社会学、人口学的学科交融，达致科际整合。

对于女性记忆的叙述，更多是采用小叙事的方法，所谓小叙事，是相对于大叙事而言，大叙事是具有合法化功能的叙事，将社会和政治体制及实践、法律、伦理、思想方式合法化，视为“主宰叙事”，具有对小叙事的霸权（包亚明，1997）。小叙事是从微观的角度叙述个体的经历，亦可指涉从属群体（亦称庶民）的叙事。而女性作为一个从属群体存在，对于女性记忆的口述记载，则更多采用小叙事来描写。斯皮瓦克著名的“从属者无话语权”的论点，用于社会性别领域，源于女性受政治、经济及意识形态诸因素所限，失落于“历史文献”与本地“父权制”夹缝的现实。女性的叙事被这样一个话语的权力结构所压抑，通常难以“浮出历史地表”。由此，女性叙事不仅是对历史的“补白”，更是对以往那个失衡的文化符码结构的拆解，对主宰性叙事的抵抗，体现主体性解放（金一虹，2007）。

基于此，我们有必要用口述史的方法对特定区域的女性生存状态进行描述，探讨她们在村庄的语境下如何生存和发展，以及她们的存在对于村庄会产生怎样的影响。可以说，口述史恰恰提供了这样一个工具媒介，让我们以此为载体获得属于女性自己的真实情感表达，在字里行间搜寻女性的历史经历，由此展现生动的妇女史，构建多维立体的女性生存图景和历史还原。

（三）女性就业流动与未来女性发展有重要的互动和生成关系

随着我国经济的迅猛发展，为女性就业流动提供优良的发展语境，为她们提供了更多参与经济和社会生活的机会，就业流动的方向有了更大的自主性，在很大程度上拓展女性发展的空间半径，促进男女平等的落实。但对于女性未来发展来说，在城市的劳动力市场中由于家庭禀赋和个体自致因素的双重牵制，常会受到性别歧视而处于就业的弱势，这体现在就业流动满意度上。她们在城市所处的身份困境、经济的弱势，却无法动摇她们随夫迁的从属地位，难以融入城市而成为游离于城市的边缘群体。对于她们生存图景的考量和合法权益的保障，都需要建构合理的政策体系予以支持，消除户籍制度的负面影响，整合劳动力市场，并依据劳动法规加强监管，切实保障她们的合法权益；建立有利于就业流动女性的开放的、人性化的系统与网络，为女性就业流动提供必要的保护和帮助；妇联、社会工作者、志愿者从赋权、赋义、赋能的综融视角为女性提供更多职业培训和受教育的机会，以此成为有效拓展她们人力资本和社会交际网络的重要基石。

同时也要看到，大量青壮年劳动力就业流出会使得村庄缺少足够的人力资本而导致发展的“空心化”。而就业回流的女性为日益空心化的农村注入新鲜的活力，她们有着丰富的就业流动经验、劳动技能，就业流动经历带来社会资本的积累，提高了她们沟通应变的能力和构建关系网络的主动性。她们作为村庄年轻的力量参与到村庄治理中来，可以将就业流动经历中获得的人力资本和社会资本有效地应用于村庄集体事务，实现女性参政，提高女性的社会地位。今后可以将这些就业回流的女性作为一个独立的研究对象，探讨她们与村庄治理的关系和互动，对公共事务的处理，以及在公领域所展现出的女性价值，都很有深入研究的必要。与此同时，对于就业流出的女性，她们在外打拼多年后逐渐适应城市的生活节奏和文化氛围，有着强烈的城市融入的意愿，而当前的户籍制度、城乡二元结构等制度性结构阻碍她们的城市融入，如何破解政治不利因素，并为女性指引出一条适合她们未来发展的道路，也是当前重要的研究领域，可以尝试着选取合适的学科视角进行较多的学术投入。

参考文献

[1] Ammassari, S. 2004, "From Nation-building to Entrepreneurship: The Impact of élite Return Migrants in Cote d'Ivoire and Ghana." Population, Space and Place 10 (2).

[2] Anderson. Urban Household Subsidies and Rural Out-Migration: the Case of China, Communist Economies, 1990 (4).

[3] Barrington Moore, Jr., Injustice: The Social Bases of Obedience and Revolt [M]. White Plains: M. E. Sharpe, 1978: p. 125.

[4] Barro, J. Robert and S. G. Becker, 1989, Fertility Choice in aModel ofEconomicGrowth, Econometrica, 57 (2), pp. 481 -501.

[5] Bastia, T. 2011, "Should I Stay or Should I Go? Return Migration in Times of Crises." Journal of International Development 23 (4).

[6] Becker, S. G., 1988, Family Economics and Macro Behavior, The American Economic Review, 78 (1): pp. 1 -13.

[7] Becker, G. S. 1965. A Theory of the Allocation of Time [J]. Economics Journal: pp. 493 -517.

[8] Blau, Peter M. & Otis Dudley Duncan. The American Occupational Structure [M]. New York: Wiley, 1967.

[9] Blood, Robert O., Jr. and Donald M. Wolfe. Husbands and Wives: The Dynamics of Married Living [M]. Glencoe, IL: Free Press, 1960.

[10] Bourdieu Pierre. Pascalian Mediations [M]. trans. by Richard Nice. Cambridge: Polity Press, 2000.

[11] Brecht, B. 1994, "Analyse der Rickkehr von Gastarbeitern. Akademische Abhandlungen Zu den Wirtschaftswissenschaften." Verlag fur Wissenschaft und Forschung, Berlin.

[12] Bridges, William, & Rechard Berk 1974, "Determinants of White-Collar Income: An Evaluation of Equal Pay For Equal Work". Social Science Re-

search 3.

[13] Brown, A. On Foucault, Belmont [M]. CA: Wadsworth Press, 2000: p. 5.

[14] Chambers, R. & R. Conway. "Sustainable Rural Livelihoods: Practical Concepts for the 21st Century." IDS Discussion Paper 1992: p. 296.

[15] Chattopadhyay, Arpita. Gender Differences in Socioeconomic Returns to Family Migration in Malaysia: The Role of Family Decision MakingVersus Labor Market Stratification [J]. Gender Issues, Spring, 2000, pp. 29 - 48.

[16] Christiansen, R. E. & J. G. Kidd 1983, "The Return of Malawian Labour from South Africa and Zimbabwe." The Journal of Modern African Studies 21.

[17] Clark GH, Ballard KP. The demand and supply of labor and interstate relative wages: an empirical analysis. Economic Geography, 1981, 57: pp. 95 - 112.

[18] Clinchy, Blythe M. & Julie K. Norem. The Gender and Psychology Reader [M]. New York: New York University Press, 1998.

[19] Co, Y. C., I. N. Gang & M. S. Yun 2000, "Returns to Returning." Journal of Population Economics 13.

[20] Comaroff, Jean. Body of Power, Spirit of Resistance: the Culture and History of a South African People. Chicago: University of Chicago Press, 1985.

[21] Croll, Elisabeth. Women and Development in China: Production and Reproduction, Geneva: International Labor Office, 1985.

[22] Dayton-Johnson. J. L. T. Katseli. G. Maniatis, R. Münz and D. Papademetriou. "Gaining from Migration: Towards a New Mobility System" [M]. Paris: OECD Development Centre, 2007.

[23] Duncan S. Ironmonger: Modeling the Household Economy Contributions to Economic Analysis, Volume 226, Emerald Group Publishing Limited, 1995: pp. 397 - 418.

[24] Dustmann, C. 1996, "An Economic Analysis of Return Migration." Discussion Papers of University College London, Department of Economic,

No. pp. 96 – 102.

[25] Edward S. Shihadeh. The Prevalence of Husband-Centered Migration: Employment Consequences for Married Mothers [J]. Journal of Marriage and Family, 1991, 53 (2).

[26] England, Paula 1992, Comparable Worth: Theories and Evidence. New York: Aldine De Gruyter Inc.

[27] Fabian, T. & G. Straka 1991. "Altere turkische Migranten und Migrantinnen inder Spatphas des Erwerbslebens und im Ruhestand." Zeitschrift fur Gerontologie 2 (5).

[28] Farber, Henry S. The Analysis of Interfirm Worker Mobility [J]. Journal of Labor Economics, 1994, 12 (4): pp. 554 – 593.

[29] Florin. P. Vadean and Matloob Piracha. "Circular Migration or Permanent Return: What Determines Different Forms of Migration?" [J]. Discussion Paper, 2009 (4287): pp. 1 – 26.

[30] Foucault, M. The Use of Pleasure [M]. New York: Pantheon Books, 1985: p. 8.

[31] Ganzeboom, Harry B. G., R. Luijkx & P. Robert. "Intergenerational Occupational Mobility in Hungary Between 1930 and 1986: A Loglinear Analysis with Logmultiplicative Scaled Association Model" Tilburg, Neth.: University of Tilburg, Department of Sociology. Working Paper 3, 1989.

[32] Gronau, R. 1973. The Effect of Children on the Housewife's Value of Time [J]. Journal of Political Economy. 81 (2), No. 2, Part 2, pp. S168 – S199.

[33] Gronau, R. 1977. Leisure, Home Production and Work—The Theory of the Allocation of Time Revisited [J]. Journal of Political Economy. 85 (6), pp. 1099 – 1123.

[34] Gronau, R. 1980. Home Production—A Forgotten Industry [J]. The Review of Economics and Statistics. 62 (3), pp. 408 – 416.

[35] Hamermesh and Rees. The Economies of Work and Pay [M]. New York: Harper Collins College Publishers, 1993.

[36] Hare, D. 1999, " 'Push' versus 'Pull' Factors in Migration Outflows and Returns: Determinants of Migration Status and Spell Duration among

China's Rural Population." Journal of Development Studies 35.

[37] Hareven, T. K. 1976, "Modernization and Family History: Perspectives on Social Change." Chicago Journals 2 (1).

[38] Hill. J. K. "Immigrant decisions concerning duration of stay and migratory frequency" [J]. Journal of Development Economics, 1987, 25 (1): pp. 22 -34.

[39] Holmiund (1984), Labor Mobility, Industrial Institute for Ecomomic and Social Research. Stckholm, Sweden.

[40] Holmlund. Labor Mobility [M]. Stekholm, Sweden: Indusrtial Institute for Economies and Social Research, 1984.

[41] Huffman Wallace E. Human Capital: Education and Agriculture, in Bruce L Gardner and Gordon C. Rausser Edited [J]. Handbook of Agricultural Economics, 2001 (1): pp. 334 -376.

[42] Janet Saltzman Chaftz, Gender Equity: An Integrated Theory of Stability and Change [M]. Newbury Park, CA: Sage, 1990.

[43] John C. Caldwell, Toward a Restatement of Demographie Transition Theory, Population and Development Review, 1976 (6): pp. 337 -354.

[44] John Seaman, Paul Clarke, Tanya Boudreau and Julius Holt . The household economy approach. Published by Save the Children 17 Grove Lane London SE5 8RD UK, 2000: 7.

[45] John. C. Caldwell, The Mechanisms of Demographic Change in Historical Perspective, Population Studies, 35 (2), 1981.

[46] Joseph G. Altonji, Rebecca M. Blank. Race and Gender in the Labor Market. Handbook of labor Economics, O. Ashenfelter, 1999 (3).

[47] Judd, Ellen R. Gender and Power in Rural North China. Stanford: Stanford University Press, 1994.

[48] Kaufman, R. L. 1983. A Structural Decomposition of Black-White Earnings Differentials, American Journal of Sociology, Vol. 89, No. 3, pp. 585 -611.

[49] Kibum, M, Rebecca, A. Datar. 2002. The Availability of Child Care Centres in China and Its Impact on Child Care and Matermal Work Decisions. Rand Corporation. pp. 2 -12.

[50] Knight, J., L. Song, 1995, Towards a Labour Market in China, Oxford

Review of Economic Policy, Vol. 11, No. 4, pp. 97 – 117.

[51] Kondo, Dorinne K. Crafting Selves: Power, Gender and Discourse of Identity in a Japanese Workplace. Chicago: University of Chicago Press, 1990.

[52] Laclau, Renesto, New Reflections on the Revolution of Our Time [M]. London: Verso, 1990.

[53] Lee, Ching Kwan. "Engendering the Worlds of Labor: Women Workers, Labor Markets and Production Politics in the South China Economic Miracle", American Sociological Review 60 (1995): pp. 378 – 397.

[54] Lin, Nan & Yanjie Bian . 1991, "Getting Ahead in Urban China." American Journal of Sociology p. 97.

[55] Lucas, E. 2003, "The Economic well-being of Movers and Stayers: Assimilation, Impacts, Links and Proximity." Paper prepared for Conference on African Migration in Comparative Perspective. Johannesburg, South Africa, June pp. 4 – 7.

[56] MacPhail, F. and X. Dong. 2007. Women's Market Work and Household Status in Rural China: Evidence from Jiangsu and Shandong in the Late 1990s. Feminist Economics. 13 (3 – 4): pp. 324 – 358.

[57] Margery Wolf. Women and the Family in Rural Taiwan [M]. Stanford University Press, 1972.

[58] McDonald, G. W. 1980. Family Power: The Assessment of a Decade of Theory and Research, 1970 – 1979. Journal of Marriage and the Family, 42, 4: pp. 841 – 854.

[59] Meng X. The Role of Education in Wage Determination in China's Rural Industrial Sector [J]. Education Econoics, 1995, 3 (3): pp. 235 – 247.

[60] Michael Adas. From Avoidance to Confrontation: Peasant Protest in Precolonial and Colonial Southeast Asia, Comparative Studies in Society and History 23, no. 2 (April 1981): pp. 217 – 247.

[61] Mincer J. Investment in Human Capital and Personal In-come Distribution [J]. Journal of Political Economy, 1958 (66).

[62] Murphy, R. 2002. "How Migrant Labor is Changing Rural China." Cambridge: Cambridge University Press.

[63] Murrell, Audrey J. & Erika Hayes James 2001, "Gender and Diversity in Organizations: Past, Present, and Future Directions." Sex Roles 45.

[64] Pedraza, Silvia, 1991, Women and Migration: the Social Consequence of Gender, Annual Review of Sociology, 17: pp. 303 - 325.

[65] Qualls, W. J. Sex Roles. Husband-wife influence, and Family Decision Behavior [J]. Association for Consumer Research, 2001: pp. 270 - 275.

[66] Radu, D. C. and G. Epstein. "Returns to return migration and determinants of subsequent moves" [J]. EALE Conference Paper, EALE Annual Conference, September 2007: pp. 20 - 22.

[67] Randall Collins and Joan Annett, "A Short History of Deference and Demeanor," in Conflict Sociology, 1981, pp. 161 - 224.

[68] Ridgeway, Cecilial, Interaction and the Conservation of Gender Ineqality, Considering Employment, American Sociological Review, 1997, 62 (4): pp. 218 - 235.

[69] Ronald Burt. Structural Holes: The Social Structure of Competition [M]. Cambridge: Harvard University Press, 1992.

[70] Samuelson, Paul A. 1955. "Diagrammatic Exposition of a Theory of Public Expenditure." Review of Economics and Statistics 37 (4): pp. 350 - 356.

[71] Sander, M. 2007, "Return Migration and the Healthy Immigrant Effect." SOEP Papers on Multidisciplinary Panel Data Research at DIW Berlin.

[72] Sheth, Jagdish N. A Theory of Family Buying Decisions [M]. New York: Harper and Row Publication, 1974.

[73] Snooks, Graeme D. Portrait of the family within the total economy: A study in long-run dynamics, Australia 1788 - 1990. Cambridge: Cambridge University Press, 1994.

[74] Stark O, Bloom O E. The new economics of labor migration [J]. American Economic Review, 1985, 75: pp. 173 - 178.

[75] Stark, O. & J. E. Taylor. "Migration Incentives, Migration Types: The Role of Relative Deprivation." The Economic Journal, 1991, p. 101.

[76] Stolzenberg, R. M. 1975. Occupations, Labor Markets and the Process of Wage Attainment, American Sociological Review, Vol. 40 (Oct),

pp. 645 – 665.

[77] Thomas, D. Like Father, Like Son; Like Mother, Like Daughter: Parental Resources and Child Height, Journal of Human Resources, 1994, Vol. 29, No. 4, pp. 950 – 988.

[78] Todaro, M. P. 1969, "A Model of Labor Migration and Urban Unemployment in Less Developde Countries." The American Economic Review 59 (1).

[79] Tukky, Charles. Durable Inequality. Berkeley, University of California Press, 1998: pp. 15 – 45.

[80] UN, 1998, A Gender Perspective on Migration and Urbanization, in Population Distribution and Migration, United Nations Publication.

[81] V. Yakubovich, I. Kozian. The Changing Significance of Ties: An Exploration of the Hiring Channels in the Russian Transitional Labor Market [J]. International Sociology, 2001, (15): pp. 475 – 500.

[82] Wang, W. W. & C. C. Fan 2006, "Success or Failure: Selectivity and Reasons of Return Migration in Sichuan and Anhui, China." Environment and Planning 38.

[83] Weber, Max. The Religion of China: an Outline of Interpretive Sociology [M]. Edited by G. Roth & C. Wittich. Berkeley: University of California Press, 1978.

[84] World Bank. World Indication [M]. Washington D. C.: 2002.

[85] Yang, X. and F. Guo Gender Differences in Determinants of Temporary Labor Migration in China: A Multilevel Analysis, International Migration Review, 1999, 33 (4): pp. 929 – 953.

[86] Zakharenko, R. 2008, "Return Migration: An Empirical Investigation." Paper prepared for the Fifth Biennial Conference of Hong Kong Economic Association. Chengdu, China, December pp. 15 – 16.

[87] Zhang L X, Huang J K, Rozelle S. Employment, Emerging Labor Markets and the Role of Education in China [J]. China Economic Review, 2002, 13 (2 – 3): pp. 313 – 328.

[88]〔美〕A. R. 拉德克利夫 – 布朗：《原始社会的结构和功能》，纽约自由出版社，1952。

[89]〔美〕安东尼·吉登斯:《现代性的后果》,田禾译,译林出版社,2011。
[90]〔美〕艾尔·巴比:《社会研究方法》,邱泽奇译,华夏出版社,2000。
[91]〔美〕B. 特纳:《普通身体社会学概述》,〔英〕布赖恩·特纳编《社会理论指南》,李康译,上海人民出版社,2003。
[92]白南生、何宇鹏:《回乡还是外出:安徽四川二省农村外出劳动力回流研究》,《社会学研究》2002年第3期,第64~78页。
[93]白南生、李靖:《农民工就业流动性研究》,《管理世界》2008年第7期,第70~76页。
[94]鲍晓兰:《西方女性主义口述史发展初探》,《浙江学刊》1999年第6期,第85~90页。
[95]包亚明主编:《后现代性与公正游戏——利奥塔访谈、书信录》,谈瀛洲译,上海人民出版社,1997,第167页。
[96]〔美〕贝蒂·弗里丹:《女性的奥秘》,程锡麟等译,北方文艺出版社,1999。
[97]〔古希腊〕柏拉图:《柏拉图全集》,王晓朝译,人民出版社,2002。
[98]毕先萍、杨敏:《青年农民工就业流动的特征及影响研究》,《当代青年研究》2008年第4期,第44~50页。
[99]边燕杰、张文宏:《经济体制、社会网络与职业流动》,《中国社会科学》2001年第2期,第77~89页。
[100]〔美〕布拉德、沃尔夫:《丈夫与妻子:动态的婚姻生活》,1960。
[101]〔美〕布莱克等:《日本和俄国的现代化》,商务印书馆,1984。
[102]〔美〕M. 布劳格:《人力资本理论的经验研究:一个回顾》,《经济文献杂志》1976年第6期,第48~57页。
[103]〔美〕布罗尼斯拉夫·马林诺夫斯基:《功能分析中的群体与个体》,《美国社会学》1939年第44期,第938~964页。
[104]〔美〕布罗尼斯拉夫·马林诺夫斯基:《文化变迁的动力学》,新汉芬、康涅狄格译,耶鲁大学出版社,1945。
[105]蔡昉、都阳:《迁移的双重动因及其政策含义——检验相对贫困假说》《中国人口科学》2002年第4期,第1~7页。
[106]蔡昉、王德文:《作为市场化的人口流动——第五次全国人口普查数据分析》,《中国人口科学》2003年第5期,第11~19页。

[107] 蔡昉、杨涛：《城乡收入差距的政治经济学》，《中国社会科学》2000年第4期，第11～23页。
[108] 蔡昉主编：《2002年人口与劳动问题报告——城乡就业问题与对策》，社会科学文献出版社，2002。
[109] 蔡昉：《迁移决策中的家庭角色和性别特征》，《人口研究》1997年第2期，第7～12页。
[110] 蔡昉：《中国流动人口问题》，河南人民出版社，2000，第152～159页。
[111] 蔡沛婕：《嫁出去的女儿，泼出去的水?》，最后访问日期：2003年11月7日。http://women.sohu.com/61/46/article215324661.shtml。
[112] 曹景椿：《加强户籍制度改革，促进人口迁移和城镇化进程》，《人口研究》2001年第5期，第9～17页。
[113] 陈国成、王亮、黄辉：《流动人口对社会经济发展的影响》，《内蒙古农业大学学报》（社会科学版）2009年第5期，第121～123页。
[114] 陈吉元等：《人口大国的农业增长》，上海远东出版社，1996。
[115] 陈金梅、林李月、张丽琼：《不同受教育水平女性流动人口的就业差异研究——以福建省为例》，《云南地理环境研究》2012年第4期，第25～31页。
[116] 陈月新、李娜：《关于就业性别文化建设的思考》，《河北大学学报》（哲学社会科学版）2007年第1期，第7～9页。
[117] 迟书君：《深圳流动人口婚姻家庭状况调查报告》，《青年研究》2005年第11期，第33～42页。
[118] 仇为之：《对建国以来人口迁移的初步研究》，《人口与经济》1981年第4期，第8～13页。
[119] 戴霞：《流动人口工资收入影响因素中的性别差异——以厦门市流动妇女为例》，《妇女研究论丛》2005年第6期，第14～19页。
[120] 第三期中国妇女社会地位调查课题组：《第三期中国妇女社会地位调查主要数据报告》，《妇女研究论丛》2011年第6期，第5～15页。
[121] 东南网：《关于加快推进南日岛海洋牧场建设的决定》，最后访问日期：2013年9月17日，http://pt.fjsen.com/xw/2013-09/17/content_12517977.htm。

[122] 杜凤莲、董晓媛：《转轨期女性劳动参与和学前教育选择的经验研究：以中国城镇为例》，《世界经济》2010年第2期，第51~66页。
[123] 杜鹰：《走出乡村》，经济科学出版社，1997。
[124] 杜政璇：《玻璃天花板性别因素对职业流动的影响》，《商情》2008年第5期，第152页。
[125] 段成荣、张斐、卢雪和：《中国女性流动人口状况研究》，《妇女研究论丛》2009年第4期，第11~27页。
[126] 段敏芳：《中国人口迁移流动现状及发展趋势》，《中南财经政法大学学报》2003年第6期，第16~20页。
[127]〔法〕费尔南·布罗代尔：《15至18世纪的物质文明、经济和资本主义》，顾良、施康强译，上海三联书店，1992。
[128]〔法〕费尔南·布罗代尔：《菲力普二世时代的地中海与地中海世界》，唐家龙、曾培耿译，商务印书馆，1996。
[129] 费孝通：《生育制度》，天津人民出版社，1982。
[130] 风笑天：《社会学研究方法》，中国人民大学出版社，2001。
[131] 冯友兰：《新事论》，生活·读书·新知三联书店，2007。
[132]〔法〕福柯著：《规训与惩罚》，刘北成、杨远婴译，生活·读书·新知三联书店，2012。
[133] 甘满堂：《"用脚投票"压力下的企业工资调整机制——以泉州民营企业为例》，《福建行政学院学报》2013年第6期，第91~96页。
[134] 甘满堂：《社会学的"内卷化"理论与城市农民工问题》，《福州大学学报》2005年第1期，第33~38页。
[135]〔美〕甘泽布姆、特莱曼、乌尔蒂：《代际分层比较研究的三代及以后的发展》，宋时歌译，社会科学文献出版社，2003。
[136] 葛红兵、宋耕：《身体政治》，上海三联书店，2005。
[137] 葛晓巍、林坚：《影响我国外出劳动力回流的因素浅析》，《西北农林科技大学学报》（社会科学版）2009年第1期，第31~35页。
[138] 辜胜阻、简新华主编：《当代中国人口流动与城镇化》，武汉大学出版社，1994。
[139]〔美〕古特曼、汤普森：《民主与分歧》，杨立峰译，东方出版社，2007。
[140] 国家统计局：《2005年全国1%人口抽样调查数据》，最后访问日

期：2006 年 3 月 22 日，http://www.stats.gov.cn/tjsj/ndsj/renkou/2005/renkou.htm。

[141] 国家统计局人口和就业统计司：《人口总量平稳增长 就业形势保持稳定——“十一五”经济社会发展成就系列报告之三》，最后访问日期：2011 年 3 月 2 日，http://www.stats.gov.cn/tjfx/ztfx/sywcj/t20110302_ 402706838.htm。

[142]〔德〕哈贝马斯：《在事实与规范之间》，董世骏译，生活·读书·新知三联书店，2003。

[143] 郝虹生、杜鹏：《我国大城市外来人口管理问题与对策：由北京市海淀区案例分析引发的思考》，《人口研究》1998 年第 1 期，第 13 ~ 20 页。

[144]〔美〕海迪·哈特曼：《资本主义、家长制和性别分工》，王昌滨译，李银河主编：《妇女：最漫长的革命》，上海三联书店，1997。

[145] 何明洁：《劳动与姐妹分化：中国女性农民工个案研究》，清华大学出版社，2007。

[146] 侯风云：《中国农村人力资本收益率研究》，《经济研究》2004 年第 12 期，第 75 ~ 83 页。

[147] 胡焕庸、张善余：《中国人口地理》，华东师范大学出版社，1986。

[148] 胡湛、彭希哲：《家庭变迁背景下的中国家庭政策》，《人口研究》2012 年第 2 期，第 3 ~ 10 页。

[149] 黄华：《原生家庭对婚姻关系的影响：基于 Bowen 理论的探讨》，《经济与社会发展》2006 年第 4 期，第 85 ~ 86 页。

[150]〔美〕E. 克莱尔：《对农业的促进或冲击：中国农民外出务工的村级研究》，《社会学研究》1998 年第 3 期，第 71 ~ 82 页。

[151] 黄宗智：《华北小农经济与社会变迁》，中华书局，2000。

[152] 贾春增：《外国社会学史》，中国人民大学出版社，2000。

[153]〔美〕加里·贝克尔：《家庭论》，商务印书馆，1998。

[154]〔美〕加里·贝克尔：《家庭论》，王献生、王宇译，商务印书馆，2007。

[155] 蒋永萍：《妇女的社会经济地位》，全国妇联妇女研究所课题组：《中国社会转型中的妇女社会地位》，中国妇女出版社，2006。

[156] 金沙：《农村外出劳动力回流决策的推拉模型分析》，《统计与决策》

2009 年第 9 期，第 64 ~ 66 页。
[157] 金一虹：《非农化过程中的农村妇女》，《社会学研究》1998 年第 5 期，第 106 页。
[158] 金一虹：《父权的式微》，四川人民出版社，2000。
[159] 金一虹：《流动的父权：流动农民家庭的变迁》，《中国社会科学》2010 年第 4 期，第 151 ~ 165 页。
[160] 金一虹：《女性叙事与记忆》，九州出版社，2007，第 7 ~ 8 页。
[161] 靳小怡、彭希哲、李树茁、郭有德、杨绪松：《社会网络与社会融合对农村流动妇女初婚的影响——来自上海浦东的调查发现》，《人口与经济》2005 年第 5 期，第 53 ~ 59 页。
[162]〔美〕凯琳·萨克斯：《重新解读恩格斯——妇女、生产组织和私有制》，柏棣译，王政、杜芳琴主编《社会性别研究选译》，上海三联书店，1998。
[163]〔美〕凯特·米利特：《性的政治》，钟良明译，社会科学文献出版社，1999。
[164] 康雯琴、丁金宏：《大城市开发区流动人口居住特征研究——以上海浦东新区为例》，《城市发展研究》2005 年第 6 期，第 43 ~ 46 页。
[165]〔印度〕考姗姆比：《印度的人口流动、扶贫和城市社区》，中印城市发展与挑战研讨会论文，1997。
[166]〔美〕科恩主编：《19 世纪至 20 世纪初资产阶级社会学史》，梁逸译，上海译文出版社，1982。
[167] 赖德胜：《教育、劳动力市场与收入分配》，《经济研究》1998 年第 5 期，第 42 ~ 49 页。
[168]〔美〕莱宾斯坦：《经济落后与经济增长》，1957。
[169]〔加拿大〕劳蕾尔·博森：《中国农村妇女：什么原因使她们留在农田里》，《性别与中国》，生活·读书·新知三联书店，1994。
[170] 雷洁琼：《改革以来中国农村婚姻家庭的新变化》，北京大学出版社，1994。
[171]〔美〕理查德·伊斯特林：《生育率革命：一种供求分析》，1970。
[172] 李德滨：《黑龙江移民概要》，黑龙江人民出版社，1987。
[173] 李竞能：《当代西方人口学说》，山西人民出版社，1992。
[174] 李玲、欧阳慧、陈耀森、林文生：《大城市流动人口特征及管理：

以广州为例兼与北京、上海比较》，《人口研究》2001 年第 2 期，第 46～52 页。

[175] 李路路、李汉林：《中国的单位组织：资源、权力与交换》，浙江人民出版社，2000。

[176] 李萌：《劳动力市场分割下乡城流动人口的就业分布与收入的实证分析——以武汉市为例》，《人口研究》2004 年第 6 期，第 70～75 页。

[177] 李梦白：《流动人口对大城市发展的影响及对策》，经济日报出版社，1991。

[178] 李培林、张翼：《走出生活逆境的阴影——失业下岗职工再就业中的“人力资本失灵”研究》，《中国社会科学》2003 年第 5 期，第 85～101 页。

[179] 李培林：《就业与制度变迁——两个特殊社会群体的求职过程》，浙江人民出版社，2001。

[180] 李强、龙文进：《农民工留城与返乡意愿的影响因素分析》，《中国农村经济》2009 年第 2 期，第 46～55 期。

[181] 李强：《“双重迁移”女性的就业决策和工资收入的影响因素分析：基于北京市农民工的调查》，《中国人口科学》2012 年第 5 期，第 104～110 页。

[182] 李强：《影响中国城乡流动人口的推力和拉力因素分析》，《中国社会科学》2003 年第 1 期，第 125～136 页。

[183] 李强：《中国大陆城市农民工的职业流动》，《社会学研究》1999 年第 3 期，第 93～101 页。

[184] 李实、邓曲恒：《中国城镇失业和非正规再就业的经验研究》，《中国人口科学》，2004 年第 4 期，第 2～10 页。

[185] 李实：《农村妇女的就业与收入》，《中国社会科学》2001 年第 3 期，第 56～69 页。

[186] 李通屏：《人口经济学》，清华大学出版社，2008。

[187] 李小江主编《让女人自己说话：民族叙事》，生活·读书·新知三联书店，2003。

[188] 李小星：《改革开放以来中国女性就业规模与结构的变化》，《南京人口管理干部学院学报》2010 年第 3 期，第 15～20 页。

[189] 李银河：《女性权力的崛起》，文化艺术出版社，2003。

[190] 林聚任、刘翠霞：《论乡村社会秩序的重建——“共同体”之路》，《当代社会发展研究》第2辑，山东人民出版社，2007。

[191] 林善浪、王健：《家庭生命周期对农村劳动力转移的影响分析》，《中国农村观察》2010年第1期，第25~33页。

[192] 林善浪、张作雄、林玉妹：《家庭生命周期对农村劳动力回流的影响分析——基于福建农村的调查问卷》，《公共管理学报》2011年第4期，第76~85页。

[193] 刘成斌、风笑天：《三峡移民迁移满意度的转变及其根源》，《人口研究》2007年第1期，第76~85页。

[194] 刘大可：《传统与变迁：福建民众的信仰世界》，社会科学文献出版社，2010。

[195] 刘德中、牛变秀：《中国的职业性别隔离与女性就业》，《妇女研究论丛》2000年第4期，第18~20页。

[196] 刘俊：《江西省农村劳动力流动就业规律实证研究》，《中国农村经济》2001年第7期，第66~69页。

[197] 刘强：《户籍制度改革应从农民工开始》，《农民日报》，2008年11月15日，第1版。

[198] 刘晓昀：《农村劳动力就业与流动的性别差异》，社会科学文献出版社，2011。

[199] 刘妍：《农村女性劳动力转移就业的弱势及其社会根源》，《江苏农村经济》2009年第11期，第74~75页。

[200] 刘拥华：《布尔迪厄的终生问题》，上海三联书店，2009。

[201] 刘铮：《劳动力无限供给的现实悖论——“农民工回流”的成因及效应分析》，《清华大学学报》2006年第3期，第125~129页。

[202]〔德〕鲁道夫·阿恩海姆：《艺术与视觉心理学》，李长俊译，台北作者印行，1976。

[203] 卢婧、曹莉莉：《混沌理论视角下原生家庭影响力探析》，《齐齐哈尔大学学报》(哲学社会科学版) 2011年第1期，第71~74页。

[204] 陆益龙：《户口还起作用吗——户籍制度与社会分层和流动》，《中国社会科学》2008年第1期，第149~162页。

[205]〔美〕罗斯·埃什尔曼：《家庭导论》，中国社会科学出版社，1991，

第 445 页。

[206] 罗凯:《打工经历与职业转换和创业参与》,《世界经济》2009 年第 6 期,第 77~87 页。

[207] 罗明忠:《农村劳动力转移后回流的原因:逻辑推理及实证检验》,《经济学动态》2008 年第 1 期,第 15~27 页。

[208] 罗小锋:《制度、家庭策略与半工半耕型家庭生计策略的形成——兼论农民工家庭劳动力的再生产》,《福建行政学院学报》2013 年第 5 期,第 46~51 页。

[209] 吕卓文:《社会性别意识下的农村流动妇女就业排斥研究》,《社会工作》2008 年第 2 期,第 16~19 页。

[210] 马克思:《1844 年经济学哲学手稿》,中共中央马克思恩格斯列宁斯大林著作编译局译,人民出版社,2000。

[211]〔美〕马克·赫特尔:《变动中的家庭——跨文化的透视》,宋践、李茹译,浙江人民出版社,1987。

[212]〔英〕马林诺夫斯基:《巫术科学宗教与神话》,李安宅译,上海文艺出版社,1987。

[213]〔英〕马林诺夫斯基:《两性社会学——母系社会与父系社会之比较》,上海人民出版社,1924。

[214]〔英〕马林诺夫斯基:《文化论》,费孝通译,中国民间文艺出版社,1987。

[215]〔法〕马塞尔·莫斯:《礼物》,汲哲译,上海人民出版社,2002。

[216]〔美〕玛格丽特·米德:《男性和女性:变迁世界中的性别角色研究》,美国,1949。

[217] 孟宪范主编《转型社会的中国妇女》,中国社会科学出版社,2004。

[218] 孟宪范:《改革大潮中的中国女性》,中国社会科学出版社,1995。

[219] 孟昕、张俊森:《上海若干企业外来劳动力研究》,《中国人口科学》2000 年第 3 期,第 43~48 页。

[220] 穆光宗:《论家庭幸福发展》,《中国延安干部学院学报》2012 年第 1 期,第 89~90 页。

[221]〔德〕尼采:《权力意志——重估一切价值的尝试》,张念东、凌素心译,商务印书馆,2000。

[222] 潘毅、卢晖临、张慧鹏：《大工地：建筑业农民工的生存图景》，北京大学出版社，2012。

[223] 裴宜理：《上海罢工：中国工人政治研究》，刘平译，江苏人民出版社，2001。

[224] 彭希哲、戴星翼：《试析风险最小化原则在生育决定中的作用》，《人口研究》1993 年第 6 期，第 2～7 页。

[225] 彭希哲、郭秀云：《权利回归与制度重构——对城市流动人口管理模式创新的思考》，《人口研究》2007 年第 4 期，第 1～8 页。

[226] 彭希哲：《有关我国流动人口问题的理论再思考》，《南方人口》2001 年第 1 期，第 10～15 页。

[227]〔法〕皮埃尔·布尔迪厄：《实践与反思：反思社会学导引》，〔美〕华康德、李猛、李康译，中央编译出版社，1998。

[228] 彭勋等：《人口迁移与社会发展》，山东大学出版社，1992。

[229]〔法〕皮埃尔·布尔迪厄：《言语意味着什么——语言交换的经济》，上海商务印书馆，2005。

[230]〔俄〕恰亚诺夫：《农民经济组织》，萧正洪、陈越光译，中央编译出版社，1996。

[231] 千庆兰、陈颖彪：《我国大城市流动人口聚居区初步研究——以北京“浙江村”和广州石牌地区为例》，《城市规划》2003 年第 11 期，第 60～64 页。

[232]〔美〕乔纳森·特纳：《社会学理论的结构》上，华夏出版社，2001，第 244 页。

[233] 佘凌、罗国芬：《家庭自我认同意识理论：留守儿童问题研究的新视角》，《河南大学学报》2008 年第 1 期，第 22～25 页。

[234] 沈奕斐：《被建构的女性——当代社会性别理论》，上海人民出版社，2005。

[235] 盛运来：《中国农村劳动力外出的影响因素分析》，《中国农村观察》2007 年第 3 期，第 2～15 页。

[236] 石智雷、杨云彦：《家庭禀赋、家庭决策与农村迁移劳动力回流》，《社会学研究》2012 年第 3 期，第 157～181 页。

[237] 石智雷、杨云彦：《金融危机影响下女性农民工回流分析——基于对湖北省的调查》，《中国农村经济》2009 年第 9 期，第 28～35 页。

[238] 司徒柴尔、定扬：《工业主义和工业人》，《国外社会科学文摘》1961 年第 12 期，第 31 页。

[239] 宋冬霞：《沿海开发视野下乡村女性社会流动探析》，《内蒙古民族大学学报》2012 年第 3 期，第 83～84 页。

[240] 宋月萍、李龙：《随迁子女学前教育与流动女性的就业实证研究》，《妇女研究论丛》2012 年第 6 期，第 20～30 页。

[241] 苏群、刘华：《农村女性劳动力流动的实证研究》，《农业经济问题》，2003 年第 4 期，第 39～43 页。

[242] 孙敬之主编《80 年代中国人口变动分析》，中国财政经济出版社，1996。

[243] 孙敬之主编《中国人口》，中国财政经济出版社，1987。

[244] 孙淑清：《市场经济与女性流动人口研究》，《南方人口》1996 年第 4 期，第 41～44 页。

[245]〔美〕塔尔科特·帕森斯、〔美〕罗伯特·贝尔斯：《家庭社会化和互动过程》纽约自由出版社，1955，第 16～17 页。

[246]〔美〕塔尔科特·帕森斯：《社会系统》，纽约自由出版社，1952。

[247] 谭深：《农村劳动力流动的性别差异》，《社会学研究》1997 年第 1 期，第 42～47 页。

[248] 谭深：《外出和回乡：农村流动女性的经历》，《农村·农业·农民》2005 年第 10 期，第 8～11 页。

[249] 田方主编《中国人口迁移》，知识出版社，1986。

[250] 田雪原：《中国 1992 年家庭经济与生育 10 省市抽样调查资料》，中国经济出版社，1995。

[251] 佟新：《妇女劳动的理论建构》，《国外社会科学》2001 年第 1 期，第 48～55 页。

[252] 佟新：《主流话语与妇女就业知识的建构》，《中国社会科学》2010 年第 2 期，第 135～149 页。

[253]〔法〕涂尔干：《社会分工论》，渠东译，上海三联书店，2013。

[254] 汪三贵、刘湘琳、史识洁、应雄巍：《人力资本和社会资本对返乡农民工创业的影响》，《农业技术经济》2010 年第 12 期，第 4～10 页。

[255] 王春光：《我国城市就业制度对进城农村流动人口生存和发展的影

响》，《浙江大学学报》（人文社会科学版）2006年第5期，第5~15页。

[256] 王春光：《中国职业流动中的社会不平等问题研究》，《中国人口科学》2003年第2期，第27~36页。

[257] 王德文、蔡昉、张国庆：《农村迁移劳动力就业与工资决定：教育与培训的重要性》，《经济学》2008年第4期，第1131~1148页。

[258] 王国敏主编《20世纪的中国妇女》，四川大学出版社，2000。

[259] 王红扬：《我国户籍制度改革与城市化进程》，《城市规划》2000年第11期，第20~24页。

[260] 王良虎：《农民进城：农民怎么看》，《农业经济问题》2007年第1期，第94~99页。

[261] 王宁：《代表性还是典型性？——个案的属性与个案研究方法的逻辑基础》，《社会学研究》2002年第5期，第123~125页。

[262] 王树新、刘秀花：《都市流动人口中的女性半边天》，《市场与人口分析》1995年第3期，第25~29页。

[263] 王天夫、赖扬恩、李博柏：《城市性别收入差异及其演变：1995－2003》，《社会学研究》2008年第3期，第1~23页。

[264] 王西玉、崔传玉、赵阳、马忠东：《中国二元结构下的农村劳动力流动及其政策选择》，《管理世界》2000年第5期，第61~69页。

[265] 王跃生：《中国当代家庭结构变动分析》，中国社会科学出版社，2009。

[266] 王政、杜芳琴主编《社会性别研究选译》，上海三联书店，1998。

[267] 王智勇：《家庭讨价还价能力与子女教育投资研究》，《中国劳动经济学》2006年第2期，第110~120页。

[268]〔德〕马克斯·韦伯：《新教伦理与资本主义精神》，康乐、简惠美译，广西师范大学出版社，2010。

[269]〔德〕乌尔里希·贝克：《风险社会》，何博闻译，译林出版社，2001。

[270] 吴帆、李建民：《家庭发展能力建设的政策路径分析》，《人口研究》2012年第4期，第37~44页。

[271] 吴瑞君、邓春黎：《新中国职业女性人口就业环境和就业特点分析》，《中国人口科学》1996年第3期，第51~54页。

[272] 吴小英：《从国家主导到市场导向：性别话语的构成与变迁》，《中国社会科学》2010年第2期，第96~105页。

[273] 吴愈晓：《劳动力市场分割、职业流动与城市劳动者经济地位获得的二元路径模式》，《中国社会科学》2011年第1期，第119~139页。

[274] 吴苑华：《哈贝马斯的生活世界论》，《华侨大学学报》（哲学社会科学版）2012年第4期，第1~11页。

[275] 〔美〕西奥多·W. 舒尔茨：《论人力资本投资》，北京经济学院出版社，1990。

[276] 〔法〕西蒙娜·德·波伏娃：《第二性》，郑克鲁译，上海译文出版社，2011。

[277] 徐安琪、张亮：《孩子效用：转型期的特征与结构变化》，《青年研究》2005年第12期，第9~15页。

[278] 徐安琪：《夫妻权力和妇女家庭地位的评价指标：反思与检讨》，《社会学研究》2005年第4期，第134~153页。

[279] 徐安琪：《夫妻权力模式与女性家庭地位满意度研究》，《浙江学刊》2004年第2期，第208~213页。

[280] 徐安琪：《孩子的经济成本：转型期的结构变化和优化》，《青年研究》2004年第12期，第1~8页。

[281] 徐勇、邓大才：《社会化小农：解释当今农户的一种视角》，《学术月刊》2006年第7期，第5~13页。

[282] 许春荣：《女性与社会变革：唯物主义女性主义研究》，中央编译出版社，2012。

[283] 〔法〕雅克·普特：《移民在新西兰劳动力市场中的适应》，《国际移民讨论》1993年第1期，第121~139页。

[284] 杨善华、谢立中主编《西方社会学理论》，北京大学出版社，2006。

[285] 杨善华：《中国当代城市家庭变迁与家庭凝聚力》，《北京大学学报》（哲学社会科学版）2011年第2期，第150~158页。

[286] 杨雪燕、鲁小茜、李树茁：《中国转型社会中的农村家庭购买决策：基于文化规范理论的解释》，《妇女研究论丛》2011年第4期，第27~36页。

[287] 杨云彦、石智雷：《家庭禀赋对农民外出务工行为的影响》，《中国

人口科学》2008 年第 5 期，第 66 ~ 72 页。

[288] 杨云彦、朱金生：《经济全球化、就业替代与中部地区的“边缘化”》，《中南财经政法大学学报》2003 年第 5 期，第 90 ~ 96 页。

[289] 杨云彦：《劳动力流动、人力资本转移与区域政策》，《人口研究》1999 年第 5 期，第 9 ~ 15 页。

[290] 杨云彦：《劳动力流动、人力资本转移与区域政策》，《人口研究》1999 年第 5 期，第 9 ~ 15 页。

[291] 杨云彦：《人口、资源与环境经济学》，中国经济出版社，1999。

[292] 杨云彦：《人口迁移与劳动力流动的女性主义分析框架》，《中南财经大学学报》2001 年第 6 期，第 12 ~ 17 页。

[293] 杨云彦：《中国人口迁移与发展的长期战略》，武汉大学出版社，1994。

[294] 叶文振、葛学凤、叶妍：《流动妇女的职业发展及其影响因素——以厦门市流动人口为例》，《人口研究》2005 年第 1 期，第 66 ~ 73 页。

[295] 叶文振：《孩子需求论——中国孩子的成本与效用》，复旦大学出版社，1998。

[296] 叶文振：《论孩子效用和人口控制——来自厦门近千户家庭问卷调查的启示》，《人口研究》1998 年第 9 期，第 1 ~ 12 页。

[297]〔德〕尤尔根·哈贝马斯：《交往行为理论》（第二卷），曹卫东译，上海人民出版社，2003。

[298] 游鑑明：《她们的声音：近代中国女性的历史记忆谈起》，台北五南图书出版公司，2009。

[299] 余驰、石智雷：《往复式流动还是永久性回流——农村女性就业流动性差异及决定因素研究》，《南方人口》2011 年第 1 期，第 33 ~ 40 页。

[300] 袁诚、张磊：《对低收入家庭子女大学收益的观察》，《经济研究》2009 年第 5 期，第 42 ~ 51 页。

[301]〔美〕詹姆斯·米勒：《福柯的生死爱欲》，台北时报文化出版公司，1995，第 463 ~ 469 页。

[302]〔美〕詹姆斯·C. 斯科特：《弱者的武器》，郑广怀、张敏、何江穗译，译林出版社，2011。

[303] 张枫：《流动人口计划生育属地化管理机制研究——以广东为例》，《人口研究》2006年第5期，第82~86页。

[304] 张建武、李楠、赵勋：《农民工就业流动性影响因素研究——基于珠三角地区的调查》，《农业经济与管理》2012年第3期，第30~32页。

[305] 张林秀：《经济波动中农户劳动力供给行为研究》，《农业经济问题》2000年第5期，第7~15页。

[306] 张群洪：《组织际信息系统对关系治理及其绩效影响的实证研究》，厦门大学博士学位论文，2009。

[307] 张艳华、李秉龙：《人力资本对农民非农收入影响的实证分析》，《中国农村观察》2006年第6期，第9~16页。

[308] 张永健：《家庭与社会变迁——当代西方家庭史研究的新动向》，《社会学研究》1993年第2期，第97~103页。

[309] 张志敏、唐昌海：《教育水平对人口职业分层影响的实证分析——以湖北省为例》，《中国人口科学》2003年第3期，第67~73页。

[310] 章峥：《进城定居还是回乡发展？——民工迁移决策的生命周期分析》，《中国农村经济》，2006年第7期，第20~29页。

[311] 赵军：《说“用脚投票”》，《语文建设》，2010年第2期，第40页。

[312] 赵延东、风笑天：《社会资本、人力资本与下岗职工的再就业》，《上海社会科学季刊》2002年第2期，第138~146页。

[313] 赵阳、孙秀林：《暂迁流动与回乡创业的政策效应》，《农业经济问题》2001年第9期，第25~28页。

[314] 赵耀辉：《中国农村劳动力流动及教育在其中的作用——以四川省为基础的研究》，《经济研究》1997年第2期，第37~43页。

[315] 郑丹丹：《女性主义研究方法解析》，社会科学文献出版社，2011。

[316] 郑杭生、李路路主编《中国人民大学中国社会发展研究报告2005——走向更加和谐的社会》，中国人民大学出版社，2005。

[317] 郑杭生：《性别社会学》，华中师范大学出版社，2007。

[318] 郑曦原、李方惠：《通向未来之路：与吉登斯对话》，四川人民出版社，2002。

[319] 郑真真：《在流动中求发展》，谭琳：《中国性别平等与妇女发展报告》，社科文献出版社，2008，第38~49页。

[320] 中国妇女管理干部学院课题组:《北京市农村女性流动人口状况的调查与研究》,《中华女子学院学报》1992年第2期,第50~61页。

[321] 中国妇女管理干部学院课题组:《北京市农村女性流动人口状况的调查与研究》,《中华女子学院学报》1992年第2期,第50~61页。

[322] "中国城镇劳动力流动"课题组:《中国劳动力市场建设与劳动力流动》,《管理世界》2002年第3期,第74~80页。

[323] 钟甫宁、徐志刚、栾敬东:《经济发达农村地区外来劳动力的性别差异研究》,《人口与经济》2001年第2期,第31~37页。

[324] 钟甫宁、徐志刚、栾敬东:《经济发达农村地区外来劳动力的性别差异研究》,《人口与经济》2001年第2期,第31~37页。

[325] 周逸先、崔玉平:《农村劳动力受教育与就业及家庭收入的相关分析》,《中国农村经济》2001年第4期,第60~67页。

[326] 〔英〕朱丽叶·米切尔:《妇女:最漫长的革命》,陈小兰、葛友俐译,李银河主编《妇女:最漫长的革命——当代西方女权主义理论精选》,上海三联书店,1997。

[327] 朱宝树:《城市外来流动人口的滞留与更替——以上海市为例》,《人口研究》1997年第5期,第1~5页。

[328] 朱宇:《户籍制度改革与流动人口在流入地的居留意愿及其制约机制》,《南方人口》2004年第3期,第21~28页。

[329] 庄亚儿:《中国人口迁移数据集》,中国人口出版社,1995。

附录 1
问卷调查表

您好！我是厦门大学公共事务学院委托的调查员，我们正在进行一项关于就业流动的调查。依据随机抽样方法，选中您的家庭进行调查。下面我需要了解一些有关您的家庭成员的情况，请给予支持。谢谢！

厦门大学

2013 年 7 月 7 日

A 家庭成员基本情况

A1 请问您家庭的基本情况是：

代码	户口类型	性别	年龄	受教育程度	政治面貌	健康状况	收入	职业	单位类型	行政级别
1 本人 2 配偶 3 父亲 4 母亲	1 本市非农户口 2 本市农业户口 3 外地非农户口 4 外地农业户口	1 男 2 女	① 18~30 岁 ② 31~40 岁 ③ 41~50 岁 ④ 51~60 岁	1 初中及以下 2 高中及中专 3 大专 4 本科及以上	1 中共党员 2 团员 3 群众	1 很好或比较好 2 一般 3 不太好或很不好	2012 年个人总收入（包括奖金、投资等收入） ①3 万以下 ②3 万~5万 ③5 万~10 万 ④10 万以上	1 各类专业技术人员 2 国家机关、党群组织、企事业单位负责人 3 生产运输工人 4 办事人员 5 商、饮、服工作人员 6 个体劳动者 7 农林牧副渔水利生产劳动者 8 其他劳动者	1 党政机关 2 国有企业 3 事业单位 4 私营企业 5 外资合资企业 6 个体经营 7 其他	1 无行政级别 2 科级以下 3 科级 4 处级 5 处级以上

A2 您的婚姻状况是________。

1 未婚　　2 已婚　　3 离婚　　4 丧偶

A3 您的家庭子女性别结构属于：

1 独男家庭　　2 独女家庭　　3 一男一女家庭　　4 二男家庭

5 二女家庭　　6 多子女家庭　　7 无子女家庭

A4 您家 7 周岁以下子女数为________人。

①0 人　　②1 人　　③2 人　　④3 人及以上

A5 您家的子女状况是________。

1 还没有子女　　2 子女较小　　3 子女已成年　　4 子女已成家

5 子女不在身边

B 就业流动状况

B1a 您的户口性质是否发生过变化？

0 没有变化（跳答 B2）

1 农转非/居民户口

2 非转农

3 其他（请注明）________

B1b 变化的原因是：

1 升学/参军/招工

2 结婚随迁

3 随父母/子女迁移

4 政府征地/村改居

5 因各种原因主动改变户籍（如为孩子上学或享受低保而买户口）

B2 您的就业流动状况是________。

0 在家乡工作

1 在外地工作（包括有时在家乡有时在外地工作）

B3 您的就业流动类型是________。

1 固定在一个单位

2 工作换来换去，做什么工作都无所谓

3 根据自己的能力和兴趣选择工作

B4 您对自己目前的工作满意吗？

	1 很满意	2 比较满意	3 一般	4 不太满意	5 很不满意	B4
A 工作环境						
B 劳动强度						
C 工作稳定性						
D 收入水平						
E 发展前途						

B5 您在单位所处的位置是________

1 普通职工/职员　　2 基层管理人员　　3 中层管理人员

4 负责人/高层管理人员　　5 其他，是________

B6a 您目前是否有国家承认的专业技术职称？

0 没有　　1 有

B6b 级别为：

0 无职称　　1 初级职称　　2 中级职称

3 副高级职称　　4 正高级职称

B7 您在近五年换过工作吗？

0 否，没换过工作　　1 是，换过________份

B8 您目前的工作是通过什么途径得到的？

1 劳动/人事/组织部门的安排或调动

2 求职/应征/应聘/竞聘　　3 职业介绍机构介绍

4 亲友介绍/帮助安置　　5 自己创业

6 顶职/照顾子女　　7 其他（请注明）________

B9 您认为自己是城里人还是农村人？

1 城里人　　2 半个城里人　　3 农村人

4 说不清楚

B10 您希望自己以后在哪里继续生活？

1 城市　　2 农村　　3 说不清楚

B11 您对城市的工作和生活方式的态度如何？

1 喜欢　　2 不喜欢　　3 说不清楚

C 相关变量度量指标

	完全不同意	不同意	部分不同意	不确定	部分同意	同意	完全同意
1. 家庭经济资本							
X1 我家的人均住房面积比较大	1	2	3	4	5	6	7
X2 我家的生活水平已经达到小康	1	2	3	4	5	6	7
X3 我家的家庭年总收入在当地属于比较高的水平	1	2	3	4	5	6	7
2. 家庭人力资本							
X4 家里的日常开支都是男方说了算	1	2	3	4	5	6	7
X5 家里购买住房、大件商品都是男方说了算	1	2	3	4	5	6	7
X6 孩子升学、择校都是男方说了算	1	2	3	4	5	6	7
X7 我们夫妻的文化程度总体比较高	1	2	3	4	5	6	7
X8 跟我生活在一起的家人身体都很好	1	2	3	4	5	6	7
3. 家庭社会资本							
X9 我家经常交往的对象包括亲戚、朋友、同事、陌生人	1	2	3	4	5	6	7
X10 我家人与这些人经常保持联系，关系都很好	1	2	3	4	5	6	7
X11 跟我家交往比较多的都是亲戚、老乡、朋友	1	2	3	4	5	6	7
X12 跟我家交往比较多的都是职场上的人	1	2	3	4	5	6	7
X13 与我家经常交往的都是有身份有地位的人	1	2	3	4	5	6	7
4. 家庭自然资本							
X14 我家的耕地很多	1	2	3	4	5	6	7
X15 我家的养殖海域很多	1	2	3	4	5	6	7
X16 我家的产业在当地具有较大的影响力	1	2	3	4	5	6	7
5. 家庭政治资本							
X17 家里有很多党员	1	2	3	4	5	6	7
X18 家里人都拿到了城镇户口	1	2	3	4	5	6	7
6. 传统性别观念							
A1 干得好不如嫁得好	1	2	3	4	5	6	7
A2 男女同工不同酬	1	2	3	4	5	6	7
A3 因性别而不被录用或提拔	1	2	3	4	5	6	7
A4 因结婚/怀孕/生育而被解雇	1	2	3	4	5	6	7

续表

	完全不同意	不同意	部分不同意	不确定	部分同意	同意	完全同意
A5 因生女孩而被瞧不起	1	2	3	4	5	6	7
A6 男性能力天生比女性强	1	2	3	4	5	6	7
7. 父权制							
A7 女性要牺牲自己的利益来维护家庭利益	1	2	3	4	5	6	7
A8 女性在家都要听从丈夫的意见	1	2	3	4	5	6	7
A9 婆婆会影响丈夫对你的看法	1	2	3	4	5	6	7
A10 女性要不要工作，去哪工作都是丈夫的意思	1	2	3	4	5	6	7
A11 女性赚的钱都要用做家用	1	2	3	4	5	6	7
8. 性别角色期待							
A12 男主外女主内	1	2	3	4	5	6	7
A13 赚钱是男人的事情	1	2	3	4	5	6	7
A14 女方需要做更多的家务劳动	1	2	3	4	5	6	7
A15 照顾孩子和赡养老人是女人的事情	1	2	3	4	5	6	7
A16 丈夫的发展比妻子的发展更重要	1	2	3	4	5	6	7
9. 社会性别话语							
A17 女性有自由表达自己想法的渠道	1	2	3	4	5	6	7
A18 在讨论中女性的意见很重要	1	2	3	4	5	6	7
A19 家庭的决策会充分考虑到女性的利益	1	2	3	4	5	6	7
A20 社会政策的拟定兼顾男女	1	2	3	4	5	6	7
A21 女性所作出的贡献得到大家的肯定	1	2	3	4	5	6	7
A22 男女双方交谈常有共同的主题和观点	1	2	3	4	5	6	7
10. 就业流动意愿							
Y1 目前选择到外地工作	1	2	3	4	5	6	7
Y2 目前选择回家乡工作	1	2	3	4	5	6	7
11. 就业流动满意度							
Y3 就业流动后中工作环境变好	1	2	3	4	5	6	7
Y4 就业流动后劳动强度减少	1	2	3	4	5	6	7
Y5 就业流动后工作稳定性更高	1	2	3	4	5	6	7
Y6 就业流动后工资更高	1	2	3	4	5	6	7
Y7 就业流动后未来前途更好	1	2	3	4	5	6	7

D 对策研究

D1 目前您最需要的帮助或支持是什么？（按重要程度选择三项排序）第一______第二______第三______

1 增加收入	2 改善住房	3 提高医疗保障水平
4 公平的就业机会	5 创业资金支持	6 免费职业/技术培训
7 助老服务	8 公共托幼服务	9 子女教育指导
10 减轻家务负担	11 心理健康咨询/指导	12 维权服务
13 其他（请注明）____________		

调查结束，谢谢您的合作！

附录 2
访谈提纲

（一）访谈南日镇政府工作人员

1. 南日岛的地理环境如何，拥有哪些资源？

2. 南日岛有文字记载的人口迁移历史。

3. 南日岛现有人口数、性别比例、家庭户数、家庭人口结构、家庭子女性别结构。

4. 南日岛民主要的经营方式是什么？每个村是否都有特色经营项目？

5. 南日岛现有鲍鱼养殖面积、养殖户数、投入资金、每年跟进投资的数额、鲍鱼价格是怎样的情况？自从 2013 年南日鲍获得中国驰名商标后，迄今为止其品牌效应如何？

6. 南日岛女性何时普及普通话和九年义务教育？

（二）访谈就业回流的岛民

1. 您为何选择回到南日岛？

2. 您现在岛上具体做什么事情？

3. 在回岛之前做过几份工作，每份工作做多久，对于就业环境、工资收入的满意度如何？

4. 您之前做过几份工作？每份工作做多久？您对所做的几份工作满意吗？对于工作环境、劳动强度、工作稳定性、收入水平、发展前途有怎样的理解和体会？

5. 您的家庭性别分工是什么？（以下选项四选一）您这样安排的理由是什么？

A 男打工女留守

B 男女共同经营

C 女打工男留守

D 男女共同外出打工，男打工女顾家

6. 您家庭的代际分工如何？为什么？（以下选项四选一）

A 父母照顾孙辈和种地，子女外出打工

B 父母子女共同外出

C 丈夫外出打工，父母和妻子留守

D 妻子外出打工，父母和丈夫留守

7. 您家庭的就业流动安排是谁决定的？您家里的重要事件都是谁做主的？

8. 您在工作过程中有否遇到不公平的对待，是如何解决的？

9. 您认为女性在就业流动中是否处于弱势，应该从哪些方面帮助她们提高就业能力？

（三）访谈就业流出的岛民

1. 您为何选择到外地工作？

2. 您工作的地点在哪里？

3. 您在外地具体做什么事情？

4. 您之前做过几份工作？每份工作做多久？您对所做的几份工作满意吗？对于工作环境、劳动强度、工作稳定性、收入水平、发展前途有怎样的理解和体会？

5. 您的家庭性别分工是什么？（以下选项四选一）您这样安排的理由是什么？

A 男打工女留守

B 男女共同经营

C 女打工男留守

D 男女共同外出打工，男打工女顾家

6. 您家庭的代际分工如何？为什么？（以下选项四选一）

A 父母照顾孙辈和种地，子女外出打工

B 父母子女共同外出

C 丈夫外出打工，父母和妻子留守

D 妻子外出打工，父母和丈夫留守

7. 您家庭的就业流动安排是谁决定的？您家里的重要事件都是谁做主的？

8. 您在工作过程中有否遇到不公平的对待，是如何解决的？

9. 您认为女性在就业流动中是否处于弱势，应该从哪些方面帮助她们提高就业能力？

附录3
关于加快推进南日岛海洋牧场建设的决定①

各县区委（工委）、人民政府（管委会），市直各单位：

为深入贯彻落实国务院《关于促进海洋渔业持续健康发展的若干意见》（国发〔2013〕11号）和省委、省政府《关于加快发展海洋经济的若干意见》（闽委发〔2012〕8号）精神，充分发挥我市海洋资源优势，加快推进南日岛海洋牧场建设，打造省级海洋经济综合开发试验区，促进我市海洋经济又好又快发展，现作出如下决定：

一　加快推进南日岛海洋牧场建设的重大意义

（一）是实施海洋经济发展战略的重要举措。加快推进南日岛海洋牧场建设，对集约节约利用海洋资源，保护滨海生态环境，促进海洋渔业持续健康发展，推动海洋资源优势向产业优势、经济优势转化以及培育海洋经济新增长极等方面具有重要的支撑和推动作用。

（二）是统筹陆岛联动发展的重要载体。以南日岛海洋牧场建设为载体，构建“风行海西，鲍打天下”海洋经济产业集群，打造省级海洋经济综合开发试验区，有利于统筹陆岛联动发展，加快传统海洋产业转型升级、培育壮大海洋新兴产业和海洋现代服务业，推动海洋经济全面发展；有利于进一步扩大莆田对外开放水平，加快创新海岛开发和海域利用新模式，推动区域海洋生态文明建设。

二　明确南日岛海洋牧场建设的总体布局与目标

（三）战略任务。加快推进南日岛海洋牧场建设，统筹推进现代海洋

① 《关于加快推进南日岛海洋牧场建设的决定》，最后访问日期：2013年9月17日，http://pt.fjsen.com/xw/2013－09/17/content_12517977_3.htm.

渔业、海洋新兴产业和现代服务业等产业协调发展，打造国家现代生态渔业产业发展示范区，对接福建海峡蓝色经济试验区，构筑海峡西岸海洋产业交流合作基地，建立福建海岛合作开发先行先试区，建设富有浓郁海洋文化特色的滨海小城镇，全力推动省级海洋经济综合开发试验区建设。

（四）总体布局。按照“两核一带”的总体布局，推进南日岛海洋牧场建设，打造省级海洋经济综合开发试验区。着力打造两大海洋产业核心区。建设海洋生态渔业发展核心区，以南日岛及平海湾海域为载体，依托风电产业，重点发展海洋养殖，探索海上风电场与海洋牧场建设相结合的开发模式，建设全省乃至全国规模最大的海洋牧场生态养殖基地；着力打造海洋文化创意核心区，依托湄洲岛妈祖文化，整合南日岛生态岛屿群，创新海岛开发模式，发展海岛旅游及文化创意产业，积极引进台湾文化创意资源，加快妈祖文化的推广和传播。着力构建海洋经济发展带。以埭头半岛为中心，依托兴化湾、平海湾，实施陆岛联动开发，拓展海洋牧场建设空间，打造形成全新的沿海海洋经济发展带，作为连接南日群岛、湄洲岛与大陆的纽带。依托南日岛水道和兴化湾的全面开发，在埭头半岛建设现代物流园区，重点发展以海洋渔业物流为主的专业物流产业；依托平海湾优越的生态环境条件，大力推进海洋健康产业园建设，重点发展海洋保健品研发制造、高端医疗咨询服务、疗养旅游、海上健康运动等产业。

（五）发展目标。按照“一年全面启动，三年拉开框架，五年实现跨越”的发展目标要求：到2014年，海洋牧场建设工作全面启动，完成海洋牧场建设规划和试验区产业发展总体规划，发挥规划引领作用，南日群岛及埭头半岛沿海公路、码头基础设施等支撑体系建设取得重大进展，为海洋经济综合开发试验区建设打下坚实基础；到2016年，海洋牧场建设初具规模，以海洋牧场为基础的海洋经济综合开发试验区建设步伐加快，试验区“一区多园”的开发格局初步形成，建设面积达300平方公里；现代海洋渔业、海洋新兴产业和海洋服务业加快发展，海岛开发稳步推进，海洋经济总产值达300亿元；到2018年，建成1000平方公里现代海洋牧场，形成“北有獐子岛，南有南日岛”的海洋牧场建设示范基地，试验区成为莆田、福建对外开放合作的全新载体和海洋经济新增长极，海洋经济总产值达1000亿元。

三 突出发展重点产业

（六）大力发展现代海洋渔业。着力提升海洋牧场生态养殖功能，根据南日岛浅海海区的底质、地形和气候水文条件，海洋牧场建设主要划分为风电基座保护区、潮间带滩涂贝藻增养殖区、浅海增殖型人工鱼礁区、筏式养殖区和海珍品底播区、大型离岸网箱养殖区和10万亩种质资源保护区等多个功能区，集约节约利用海洋自然资源和生物资源，大力发展海洋生态健康养殖业。积极创新海洋渔业养殖模式，在南日岛海洋牧场推广海珍品筏式养殖、多营养层次立体综合养殖、"陆海接力"养殖等养殖模式，加快建设增殖型、资源修复型浅海牧场，进一步推动莆田渔业创新化、规范化和规模化发展。改造提升传统海洋渔业，做大做强优势品牌，推进鲍鱼、花蛤、海带等主导品种规模化、品牌化养殖，大力构建绿色产业链条，提高渔业资源产出率。建立海陆互补的新型生态渔业示范基地，加快形成集海水立体养殖、物流加工、科技研发于一体的海洋渔业新业态。加快专业化、标准化远洋渔船建造步伐，组建远洋捕捞船队，大力发展现代远洋渔业。

（七）着力发展海洋新兴产业。以海洋药物、海洋保健品、功能食品、疗养旅游、康体养生为重点，建设布局合理、竞争力较强的研发生产基地和产业园区，逐步打造完整的海洋健康养生产业链条。依托当前国家对新能源示范应用的支持力度，加快发展南日岛周边及埭头半岛沿海地区海上风能资源开发，有序开发潮汐能、海洋藻类生物质能，适度发展太阳能光伏应用，提高区域新能源示范利用水平。积极探索发展海水综合利用产业，加大与国内外高新技术企业、科研院校的合作，在南日岛创建海水淡化及循环开发利用示范区，组织实施海水淡化和海水直接利用、综合利用产业化示范工程。加快发展邮轮游艇研发制造，推进邮轮游艇产业与相关配套服务业的融合发展。

（八）加快发展海洋服务业。积极创新海岛开发模式，充分利用南日周边海岛及人文资源，努力打造集红色教育、渔业体验、休闲会议、海洋运动、岛上田园、生态观光、休闲垂钓、度假居住等为一体的特色休闲旅游区。充分利用独特的区位优势和良好的港湾资源，发展高端海上旅游业，打造南日岛全国垂钓基地和渔家游船游艇特色休闲旅游业。深入整合湄洲岛、妈祖城、南日岛、平海湾等滨海旅游资源，打造旅游产业链条，创建富有妈祖文化特色的“海峡旅游”品牌。积极拓展海洋文化创意产品，形成以妈祖文化为特色的海洋文化创意产业集群。以海洋渔业专业物流为核心，加快建设现代海洋渔业冷链物流集散地，加大与台湾地区合作，积极建设海峡两岸水产品交易中心，打造两岸水产品冷链物流网。充分挖掘岛陆自然资源优势和文化内涵，利用山、海、岛、滩等生态资源的空间组合，加快规划和建设一批民俗、文化、渔业等特色风情小城镇，成为区域休闲旅游、商贸会展、教育培训的重要载体。

四 创新综合管理体制

（九）创新体制机制。探索建立海洋经济综合开发管理体制，设立莆田市南日海洋经济综合开发试验区管委会，加大统筹协调组织海洋牧场开发建设力度，打造省级、国家级海洋经济综合开发试验区，积极争取国家优惠政策，提高对外开放水平。建立海域海岛储备和流转交易平台，以莆田市作为全省海域收储试点市为契机，加快筹建海域海岛储备中心和海洋产权交易中心，发挥海域海岛统一储备和海洋资源流转增值功能，更好地服务海洋牧场建设。

（十）完善运营模式。按照现代企业制度的要求，在设立海洋开发投资、渔港开发建设、海洋投资担保、滨海旅游等公司的基础上组建南日集团，完善南日岛海洋牧场经营管理体制机制。按照“政府推进、行业联动、市场运作、社会参与”的运作机制，探索“政府＋科研＋信贷＋公司＋基地＋农户”的“六合一”模式，通过经济联合体或者专业合作社的组织形式，推进海洋牧场集约化经营。

（十一）深化区域合作。充分利用海峡西岸经济区发展契机，加大与台湾地区的海洋经济合作，共建闽台渔业创业产业园。加强与平潭综合试验区的协调互动发展，在开放合作、信息共享、体制机制创新等方面加强合作，共同开创沿海海岛经济新模式。加强与海峡西岸其他省市以及国内其他沿海地区的合作，在产业承接、园区共建、科技研发等方面加强沟通和交流。

五 强化建设保障措施

（十二）加强组织领导。成立莆田市南日岛海洋牧场建设工作领导小组，负责组织制定和实施海洋牧场及试验区建设发展的规划和政策，加强海洋牧场建设工作重大事项的综合协调和督促检查。下设领导小组办公室，配备专职人员，协调落实领导小组决定事项和建设推进的日常工作。相关县区政府（管委会）也要成立相应的组织机构，切实加强领导，细化工作方案，强化组织实施，确保目标任务、项目建设、政策措施的落实。

（十三）强化规划引领。海洋牧场建设涉及海、岛、陆统筹规划，要与海域、岸线、土地、城镇等规划和相关政策衔接，高起点、高水平、高标准编制《南日岛海洋牧场建设规划》、《南日海洋经济综合开发试验区产业发展总体规划》和《南日岛总体规划》。要加大规划宣传力度，严格实施相关规划，充分发挥规划引领海洋牧场建设和产业发展的作用。

（十四）突出项目带动。大力实施项目带动战略，推进海洋牧场建设，促进海洋产业集聚发展。按照南日岛海洋牧场规划和产业布局，精心组织做好项目策划和招商引资工作。要在海岛开发利用模式、园区共建体制机制、利益分享机制等方面加快创新和先行先试。引进战略合作伙伴，加强与央企、外企、民企的“三维”项目对接，积极推动海洋总部经济建设，增强南日岛海洋牧场开发力度。

（十五）完善基础设施。完善南日岛、埭头半岛中心渔港等渔业港口物流基础设施建设规划，增强综合防灾减灾和应急管理能力。完善区域综合交通体系建设，加强南日岛水道、兴化湾、平海湾航道建设，加快南日岛贯岛路、环岛路和埭头半岛沿海高等级公路建设，提升埭头半岛至莆田市区公路等级，强化南日岛轮渡和岛内公交设施，有效实现南日岛海洋牧场“陆岛联动”发展。实施南日岛海岛绿化提升工程，开展海岛生态修复，加强环境卫生整治，严控陆源污染物入海。

（十六）增强科技支撑。加强海洋人才队伍建设，建立海洋产业技术和管理人才专职、挂职、在岗培养新模式，积极引进海洋高端科技、管理人才，提高科技创新能力，增强产业发展后劲。出台促进企业技术创新、加快科技成果转化等优惠政策，鼓励企业申报海洋专项科技项目、现代渔业示范项目、标准化养殖等项目，促进海洋新技术新产品的示范推广。利用“6·18”海交会、“9·8”投洽会等技术转化、交流平台，加大对企业技术创新成果推广转化的扶持力度。实施“渔业科技入户工程”，示范推广鲍藻套养、鲍参混养、南度北越、鲍贝底播等养殖技术模式，促进渔业增效渔民增收。

（十七）打造融资平台。积极构建南日岛海洋牧场建设多元化融资平台，对海洋牧场海域海岛进行统一储备，出让开发，明晰产权，盘活海域海岛资源，拓展海域海岛使用权抵押贷款业务。设立南日岛海洋牧场发展产业风险基金，构建“政、银、企”合作融资平台，增强南日岛海洋牧场建设融资能力。

（十八）加大政策扶持。产业政策方面，实施差别化产业政策，在项目核准、资源配置等方面给予积极支持。按照福建省节能减排总体要求和环境容量，合理确定南日岛海洋牧场建设节能减排指标和主要污染物排放总量。制定促进南日岛风电、太阳能发电等行业发展的上网电价。财税政策方面，积极争取国家、省海洋经济发展专项资金对南日岛海洋牧场建设的支持，落实对海洋新兴产业、海洋服务业和现代海洋渔业以及台资企业等的相关财税优惠政策，设立海洋牧场建设专项资金，在海洋牧场建设期，通过市财政一般预算每年安排1000万元，整合市级有关部门现有各类涉海专项资金4000万元共5000万元，重点用于扶持海洋牧场建设和现代渔业建设，同时加大资金监管力度。金融政策方面，积极争取国家、省、市级各金融机构对南日岛海洋牧场重点产业、重点项目给予信贷规模和政策倾斜；探索海洋中小企业发行私募债券，为中小型海洋企业提供信托贷款支持。资源利用政策方面，积极支持南日岛海洋牧场项目建设，在分解下达土地、海域、林地利用年度计划时给予倾斜，优先保障。

中共莆田市委

莆田市人民政府

2013年9月5日

附录 4
南日岛照片

图 1　南日岛原生态的海滩

图 2　南日岛对于生和死的宣传标语

图 3　迁移到南日岛的惠安女还保留着传统的文化形态

图 4　优良的避风港

图 5　建在海上的鲍鱼场

图 6　培殖鲍鱼苗的池子

图 7　岛上随处可见的风车排列在海岸线

图 8　坐在轿子上作法的男性灵媒

图 9　清明节南日岛人艰辛的回家路，渡轮是他们上岛唯一的交通工具

图书在版编目(CIP)数据

就业流动中的生存图景和影响模型：南日女的个案研究/严静著. —北京：社会科学文献出版社，2015. 12
ISBN 978 - 7 - 5097 - 8163 - 0

Ⅰ. ①就… Ⅱ. ①严… Ⅲ. ①农村 - 妇女 - 就业 - 研究 - 中国 Ⅳ. ①D669. 2

中国版本图书馆 CIP 数据核字(2015)第 238931 号

就业流动中的生存图景和影响模型
——南日女的个案研究

著　　者 / 严　静

出 版 人 / 谢寿光
项目统筹 / 王　绯
责任编辑 / 孙燕生

出　　版 / 社会科学文献出版社 · 社会政法分社(010)59367156
地址：北京市北三环中路甲 29 号院华龙大厦　邮编：100029
网址：www. ssap. com. cn
发　　行 / 市场营销中心 (010) 59367081　59367090
读者服务中心 (010) 59367028
印　　装 / 三河市尚艺印装有限公司

规　　格 / 开　本：787mm × 1092mm　1/16
印　张：18. 5　字　数：309 千字
版　　次 / 2015 年 12 月第 1 版　2015 年 12 月第 1 次印刷
书　　号 / ISBN 978 - 7 - 5097 - 8163 - 0
定　　价 / 79. 00 元